역사 아는
십대가
세상을
바꾼다

역사 아는 십대가 세상을 바꾼다

김상훈 지음

카시오페아
Cassiopeia

역사를 안다는 건, 과거를 통해 미래를 준비한다는 것

언젠가 유명한 TV 예능프로그램에서 한국사를 소재로 한 프로그램을 내보냈습니다. MC들이 각자 한국사를 공부해서 아이돌 스타에게 강의하는 형식이었지요. MC들의 강의가 끝나면 아이돌이 가장 강의를 잘 했다고 생각하는 사람에게 투표를 했습니다.

어느 정도 예상은 했지만, 아니나 다를까 역사적 의미를 짚어보기보다는 재미를 앞세운 강의를 한 MC가 가장 많은 표를 얻었습니다. 우리의 아픈 근현대사를 진지하게 강의한 MC는 거의 표를 받지 못했습니다. 재미가 없다는 게 이유였지요.

예능프로그램이 다 그런 거 아니냐고 얘기할 수도 있습니다. 하지만 역사는 놀이의 대상이 아닙니다. 역사를 다룬다면 조금은 신중할 필요가 있지요.

사실 필자는 이 예능프로를 즐겨보지 않는 편입니다. 그런데도 굳이

이 이야기를 꺼낸 것은, 이 프로그램의 주 시청자가 10대 청소년이기 때문입니다. 요즘 10대 청소년에게 연예인은 막강한 영향을 미치는 존재입니다. 특히 아이돌의 경우에는 그 영향력의 크기를 가늠하기도 힘들 정도지요. 그런 아이돌이 TV 프로그램에서 역사를 개그의 소재로나 활용한다면 문제가 이만저만 큰 게 아닙니다.

10대 청소년에게 솔직히 물어볼 필요가 있습니다. "여러분에게 '한국사'는 무엇인가요?"라고요.

아마 '학교에서 배우는 여러 과목 중 하나'라는 대답이 가장 많이 나오지 않을까 싶습니다. 혹은 '고리타분한 옛날이야기'라고 답할 수도 있겠지요. 어쩌면 '무슨 말인지도 모르는 데 암기하느라 진땀만 빼는 수업'이라고 생각할 수도 있습니다. 필자가 TV 예능프로그램과 아이돌의 흥미 위주의 '역사 놀이'가 걱정스러운 것은 바로 이런 점 때문입니다.

인문학 열풍이 몇 년째 이어지고 있습니다. 고루한 학문 정도로만 여겨졌던 인문학이 이렇게 조명을 받다니 정말 의외의 일입니다. 하지만 엄밀하게 말하면 이런 열풍은 늦은 감이 없지 않습니다.

미국이나 유럽의 선진국에서도 인문학은 교양을 갖추기 위한 필수 학문으로 인정받고 있습니다. 물론 학교에서도 인문학 수업이 진행되지요. 미국과 유럽에서는 5지선다로 답을 찍는 시험보다 자신의 생각을 논리적이고 창의적으로 써 내려가는 에세이 시험을 더 중요하게 여깁니다.

인문학 열풍은 계속 끌고 가야 합니다. 한 순간의 유행으로 그쳐서는 안 된다는 이야기입니다. 그렇습니다. 인문학이야말로 영어나 수학보다 더 10대 청소년이 배워야 할 학문입니다. 인문학을 접하면서 10대 청소년은 사회의 부조리한 문제를 냉정하고 비판적으로 바라볼 수 있는 시각을 얻을 것입니다. 그러면서도 힘겨운 이웃을 감싸고 보듬는 따뜻한 마음을 키워나갈 것입니다. 이런 과정을 겪으면서 스스로 미래의 삶을 계획해 나가겠지요.

이 인문학에서 가장 기본적인 분야가 바로 역사입니다. 역사야말로 세상의 모든 것을 담은 학문이지요. 그 안에 철학과 문학, 과학, 종교, 사회학, 심리학, 경제학 등 모든 학문이 담겨 있습니다.

기왕이면 우리나라 뿐 아니라 세계의 역사까지 이해할 것을 10대 청소년들에게 권하고 싶습니다. 만약 시간이나 다른 모든 상황이 허락하지 않는다면, 한국사만이라도 충분히 이해할 수 있도록 시간을 투자하길 권합니다.

우리 역사는 우리 조상들이 살아온 길을 압축해 놓은 것입니다. 하지만 이 역사는 과거에서 멈추지는 않습니다. 현재 우리가 살아가고 있는 이 길 위에서도 역사는 만들어지고 있습니다. 우리가 선조의 길을 물려받았듯이 우리의 후손들도 이 길을 계속 걸어갈 것입니다. 그게 바로 역사니까요.

2017학년도 대학수학능력시험부터 한국사는 필수 과목이 됩니다. 그 전에도 한국사 시험은 있었지만 필수가 아니라 선택이었습니다. 시험 문제를 마구 비비 꼬아서 내는 바람에 수험생들은 한국사를 외면했습니다. 어려워도 너무 어렵기 때문이었지요. 한국사를 공부하라며 격려해도 시원찮을 판에 '너, 이런 문제 풀 수 있어?'라는 식으로 문제를 내니 누가 한국사를 선택하겠습니까?

다행히 필수 과목이 됐기 때문에 '합리적인 난이도' 수준에서 시험문제가 나오리라 생각됩니다. 이 말은, 한국사 공부가 좀 더 수월해질 수 있다는 뜻이기도 합니다. 역사를 시험과 연결시킨다는 게 참으로 안타깝지만, 대한민국의 입시 현실을 무시할 수는 없지요. 그래도, 덕분에 앞으로 한국사 공부가 재미있어진다면 좋겠습니다.

21세기 동북아시아가 매우 혼란스럽다는 말을 많이 들어봤을 겁니다. 우리나라에 해당되는 문제도 많습니다. 일본은 독도를 호시탐탐 노리고 있습니다. 중국은 동북공정을 통해 고구려와 발해 같은 우리 고대사를 자기들 역사에 편입시키려 하고 있지요. 바다에서는 자원을 둘러싼 치열한 대결이 펼쳐지고 있습니다.

10대 청소년 여러분에게 묻고 싶습니다. 이 많은 외교 문제에 우리 대한민국이 어떻게 대처하면 좋을까요? 그 방법을 10대 여러분은 알고 있습니까? 역사를 알아야 하는 이유가 여기에 있습니다.

우리의 선조들은 수많은 외적의 침략에 맞서 싸웠습니다. 때론 고통스러웠지만, 때론 통쾌한 승리를 거두기도 했습니다. 단 한 방울의 피도 흘리지 않고 외교전을 통해 영토를 얻은 적도 있지요. 역사를 모른다면 그 선조들의 지혜를 배울 수가 없습니다. 우리의 미래를 설계하는 것도 쉽지 않지요.

우리 민족은 아픈 근현대사를 가지고 있습니다. 일본제국주의에 나라를 빼앗긴 채 고통의 세월을 살아야 했지요. 하지만 그 역사를 창피하다며 모른 척 해서는 안 됩니다. 힘이 없다면 나라를 지키지 못한다는 진리를 배웠으니까요.

네, 그렇습니다. 역사를 모르면 세상을 안다고 말할 수 없습니다. '역사 아는 10대'가 세상을 바꾸는 법입니다. 여러분들이 이 책을 통해 역사 아는 10대가 됐으면 하는 바람입니다.

김상훈 드림

고대
시대

01

고조선 탄생

한반도에
국가 탄생하다

지금으로부터 2만여 년 전의 한반도. 아직 구석기 시대야. 만약 이때 비행기가 있어서 높은 곳에서 한반도를 볼 수 있다면 아주 놀랐을 거야. 중국과 한반도, 일본 열도가 모두 붙어있거든.

구석기인들은 동굴 안에서 좀처럼 나올 수가 없었어. 주변이 모두 꽁꽁 얼어붙었거든. 특히 산악 지대는 온통 빙하 천지였어. 식량 구하는 것도 정말 어려웠어. 이 시대를 '빙하기'라고 불러.

5천여 년이 흘렀어. 기온이 서서히 올라갔어. 얼어붙었던 대지가 녹기 시작했어. '쩍, 쩍' 곳곳에서 빙하 녹는 소리가 들려왔어. 빙하가 물러가고 있었어. 1만 5천여 년 전, 한반도에서 빙하기가 끝이 났지.

육지를 뒤덮었던 얼음이 녹아 바다로 흘러갔어. 해수면이 올라가기 시작했지. 중국과 한반도 사이, 한반도와 일본 사이에 물이 차더니 곧 땅덩어리가 떨어졌어. 구석기인은 이제 걸어서 다른 나라로 이동할 수 없어. 배가 있어야 해. 그래, 오늘날의 모습이 된 거야.

다시 5천여 년이 흘렀어. 그동안 날씨가 많이 좋아졌어. 사람들은 동굴에서 나와 해안가나 평지에서 살기 시작했어. 강이나 바닷가에서는 물고기를 잡았고, 평지에서는 열매를 채취했지.

사람들은 씨앗을 먹지 않고 땅에 심으면 시간이 지나 열매를 맺는다는 사실을 우연히 알게 됐어. 그렇게 농사를 짓기 시작했어. 그래, 신석기 시대로 접어들었어. 사람들은 농사를 짓고 가축을 키웠어. 농업생산량은 비약적으로 늘어났지. 이를 두고 '신석기혁명' 또는 '농업혁명'이라고 부른다.

먹고 사는 걱정을 조금은 덜었어. 사람들은 식량이 부족한 겨울에 대비해 먹을 것을 토기에 담아 저장했어. 한반도에서 이때 사용된 토기가 '빗살무늬토기'야.

신석기 사회는 피붙이나 같은 씨족끼리 모인 씨족사회 형태였어. 지배자도 없고, 피지배자도 없었어. 모두 평화롭게 살았어. 인류는 평등했고 그렇게 신석기 시대는 흘러갔어.

다시 긴 시간이 흘렀어. 그 사이에 인구는 더 늘어났고 사회도 더 커졌어. 씨족이 모여 부족이 됐지. 부족은 강한 부족과 약한 부족으로 나뉘었고, 강한 부족은 약한 부족을 정복하기 시작했어. 사회가 달라지고 있는 게 느껴지니? 그래, 원시 평등 사회가 서서히 무너지고 있었어.

기원전 2000년~기원전 1000년 무렵 한반도가 청동기 시대로 접어들었어. 농기구는 아직 돌로 된 것이었지만 무기는 달라졌어. 강한 부족은 청동 무기를 썼고, 그런 부족의 족장은 청동 장식품을 차고 다녔어. 하늘에 제사를 지낼 때도 청동 용품을 썼지.

강한 부족의 족장은 이웃 부족을 정복해 더 세력을 키웠어. 전쟁에서 패하면 그 부족 사람들은 대부분 노비가 됐어. 이제 '약육강식'의 시대로 바뀐 거야. 족장이 죽으면 거대한 돌무덤을 만들었어. 바로 고인돌이야. 한반도는 전 세계에서 고인돌이 가장 많은 나라 중 하나야. 남한과 북한을 합쳐 약 3만 5천 개의 고인돌이 발견됐단다.

구석기나 신석기 시대와 비교하면 족장의 힘이 아주 강해졌지? 족장을 '군장'이라고도 불렀어. 강한 군장이 있는 부족은 사실상 초보적인 형태의 나라로 봐도 무방해. 이런 국가를 '군장 국가'라고 한단다. 한반도의 대표적인 군장국가가 바로 고조선이지.

고려 후기의 승려 일연이 쓴 《삼국유사》. 몇 년 후 유학자이자 신진 사대부 이승휴가 쓴 《제왕운기》. 두 책에는 공통점이 있어. 그전까지 우리 역사서에 존재하지 않았던 나라를 발굴해냈다는 거야. 그 나라가 바로 고조선이지. 《제왕운기》에서는 고조선의 건국 연도를 기원전 2333년으로 계산했어.

《삼국유사》에는 야사와 전설, 민담이 많이 수록돼 있어. 고조선 이야기도 신화 형식으로 구성돼 있어. 그것이 단군신화야.

"하늘의 신 환인의 아들 환웅이 '널리 인간을 이롭게 하겠다!'는 홍익인간 이념을 표방하며 지상으로 내려왔다. 그는 청동 검, 청동 거울, 청동 방울 등 천부인을 가지고 있었다. 바람을 관장하는 풍백, 비를 통제하는 우사, 구름을 요리하는 운사를 거느렸다. 태백산 신단수에 신시를 열고는, 인간세계를 다스리기 시작했다."

황당하지? 신화니까 그럴 수 있어. 이 이야기가 실제로 벌어졌을 가능성은 거의 없지.

"어느 날 인간이 되고 싶다며 곰과 호랑이가 찾아왔다. 환웅은 쑥과 마늘만 먹고 100일간 인내하면 인간이 될 수 있다 했다. 곰만 이 시련을 견디고 여자가 됐다. 바로 웅녀이다. 웅녀는 환웅과 결혼해 아이를 낳았는데, 그가 단군이다. 단군은 1500년간 고조선을 다스린 후 산신이 됐다."

신화에는 많은 역사적 사실이 숨어있어. 신화를 잘 뜯어보면 당시 상황을 비슷하게나마 알 수 있다는 얘기야. 대표적인 몇 가지만 추려서 살펴볼게.

첫째, 이 건국 신화는 당시 사회가 청동기 시대였음을 보여주고 있어. 환웅이 천부인을 소지하고 있다는 대목이 바로 그 근거야.

둘째, 농사를 가장 중요하게 여기는 사회였다는 점을 알 수 있어. 바람, 비, 구름의 신을 거느린 것은 자연과 밀접하다는 뜻이 돼. 날씨와 농사는 떼어놓으려야 떼어놓을 수 없는 관계야.

셋째, 환웅이 하늘에서 내려왔다는 것은 외부에서 강력한 부족이 들어왔다는 뜻일 거야. 지배자를 신성시하기 위해 '하늘'을 끌어들였겠지.

넷째, 외부에서 온 강한 부족은 아마도 곰을 숭배했을 것이고, 약한 부족은 호랑이를 숭배했어. 곰만 인간이 됐다는 게 그 증거야. 약한 부족이 섬기는 호랑이는 인내심도 없는 미물로 전락했지?

다섯째, 고조선이 종교와 정치 지배자가 같은 '제정일치' 사회였어. 단군은 제사장, 왕검은 정치 지배자를 뜻하는 말이야. 그러니 단군왕검은 종교와 정치를 모두 관장한 지배자를 가리키는 호칭이었어.

자, 또 다른 이야기를 해볼까? 고조선의 건국 연도에 대해 논란이 있다는 거 아니? 《제왕운기》에는 기원전 2333년이라고 명시돼 있어. 정말, 이 해에 고조선이 건국됐을까? 정답부터 말하자면, 그럴 수도 있고 아닐 수도 있어.

전 세계적으로 국가는 지배자와 피지배자가 나뉜 청동기 시대 이후에 등장했어. 한반도 주변에 청동기 시대가 시작된 것은 길게 잡아야 기원전 2000년이야. 고조선이 건국됐다는 기원전 2333년은? 여전히 신석기 시대였어. 따라서 실제로 기원전 2333년에 강력한 고조선이 건국됐을 가능성은 아주 낮아. 게다가 설령 이 무렵에 만들어졌다 하더라도 아직은 군장 국가에 불과해.

고조선이 왕국다운 왕국이 된 것은 아마도 시간이 한참 더 지난 후일 거야. 여러 연구 결과를 종합하면, 대략 기원전 12세기와 기원전 10세기 사이에 제대로 된 고조선이 탄생했어. 그리고 기원전 4세기 무렵이 되면 활동의 중심지가 한반도에 더 가까워지지. 이때의 고조선은 각 부족이 연대해 왕국을 이루는 형태였어. 이런 국가 형태를 '부족연맹 왕국'이라 불러.

고조선은 이 무렵부터 상당히 강력한 왕국으로 성장했어. 요동 지방을 놓고 중국의 나라들과 쟁탈전을 벌이기도 했어. 안타깝게 요동 지방을 빼앗기기는 했지만…. 나름대로 법체계도 갖추기 시작했단다. 오늘날 그 일부가 남아있는 '8조법'이 그 증거야.

"사람을 죽이면 사형에 처한다. 상처를 입히면 곡식으로 갚는다. 도둑질하면 노비로 삼거나 돈을 낸다."

중국 한나라 대군이 고조선 수도 왕검성으로 들이닥쳤어. 육군만 무려 5만 명. 따로 수군은 7천여 명이었어. 고조선으로서는 벅찬 상대였지. 1년을 버텼지만 막강한 군사력으로 밀어붙이는 한의 군대를 물리치는 것은 불가능했어. 우거왕이 목숨을 잃었고, 수도 왕검성이 함락됐어 기원전 108년.

우리 민족 최초의 국가 고조선이 멸망했어. 한은 다른 나라를 정복할 때 군을 설치해 식민 지배를 했지. 고조선에도 4개의 군을 설치했어 한사군.

유민들이 한반도 남쪽으로 이동했어. 당시 남쪽에는 마한, 진한, 변한 등 삼한이 있었어. 고조선 유민들은 삼한에 융화됐어. 그렇다면 만주에서는? 고조선의 멸망과 더불어 우리 민족은 만주 일대를 영원히 잃어버린 것일까? 아니야. 여전히 만주에 우리 민족의 국가가 있었어. 부여 또한 고조선과 마찬가지로 우리 민족의 조상이 세운 나라지.

이 무렵 만주와 한반도에서 성장하던 고대 민족이 '예맥'이야. 이제 감이 좀 오니? 그래, 이 예맥이 오늘날 우리의 직접적인 조상이란다. 사실 예맥이 어느 날 갑자기 '짠' 하고 나타난 건 아니야. 그전부터 오랜 세월을 살아오면서 부족을 이루고, 민족을 이뤘다고 할 수 있지.

예맥은 자연스럽게 고조선 백성이 됐어. 예맥이 고조선 말고 다른 나라를 세우기도 했어. 오늘날로 치면 시골의 읍면 정도밖에 되지 않는 나라도 있었고, 중소도시 규모의 나라도 있었어. 그 가운데 대표적인 나라가 바로 부여였던 거야.

부여는 부족연맹 왕국으로 발전했어. 부여는 왕이 있는 수도야. 수도인 부여를 중심으로, 사방으로 4개의 부족 마을이 있어. 이를 '사출도'라 불러. 부족장은 '마가'라고 불러. 호칭이 희한하지? 족장의 호칭은 가축 이름을 딴 거야. '마가'는 말의 이름을 딴 거야. 나머지 세 마을의 족장은 우가소, 저가돼지, 구가개라고 불러. 각 족장이 다스리는 마을은 제아무리 왕이라 해도 통치력이 미치지 못해. 왕이 군대를 일으켜 공격한다면 네 족장이 힘을 합쳐 왕을 몰아낼 수 있을 정도로 왕도 부족 마을에서는 권력자가 아니었어. 이처럼 부족연맹 왕국에서는 왕의 힘이 그다지 강하지 않았어. 각 부족은 부족장이 통치했고, 공동의 적이 쳐들어왔을 때는 힘을 합쳐 싸웠지. 죄인에게는 법에 따라서 부족장이 선고를 내렸어.

마당에는 오랏줄에 묶인 사내가 앉아 있어. 그러고 보니 오늘날의 법정 풍경과 비슷해. 맞아, 재판이 열리고 있던 거야. 이윽고 부족장이 선고를 내렸어.

"죄인은 사람을 죽였다. 따라서 사형에 처한다. 죄인의 가족은 노비로 삼는다."

고조선에는 8조법이 있었지? 부여에도 법이 있었어. 고조선의 영향을 많이 받아서 그런지 내용도 비슷해. 고조선과 부여가 같은 혈통이란 사실, 여기서도 알 수 있겠지?

부여 말고도 함경도에는 옥저, 강원도 동해안에는 동예가 있었어. 남쪽에는 마한, 진한, 부여의 삼한이 있었지. 이 나라 모두가 우리 조상이 세운 나라야.

매년 하늘에 제사를 지내는 풍습도 같았어. 부여는 영고, 동예의 무천이 대표적이야. 삼한에서는 5월과 10월 제천행사를 지냈어. 고구려도 동맹이란 제천행사가 있었단다.

안타깝게도 이 나라들은 오래가지 못했어. 부여나 옥저, 동예는 모두 고구려에 흡수됐단다. 마한, 진한, 변한 또한 시간이 지나면서 각각 백제와 신라, 가야로 발전했어. 왜 이 나라들은 번영하지 못했을까?

중앙집권제를 바탕으로 한 고대 국가로 발전하지 못했기 때문이야.

국가의 최초 형태는 군장 국가였지? 그 뒤를 이어 나타난 형태가 부족연맹 왕국이야. 부여나 고구려는 5부족이 함께 나라를 만들었어. 5부족 연맹 왕국인 셈이지. 동예나 옥저 등은 이 부족연맹 왕국의 단계에도 이르지 못했어.

부족연맹 왕국 단계를 넘어서면 강력한 왕을 중심으로 한 '중앙집권 왕국'으로 발전해. 부여는 이 단계를 넘어서지 못했어. 그렇다고 해도 부족연맹 왕국들의 역사적 의의를 무시해서는 안돼. 이 나라들이 존재했기에, 한 걸음 더 발전한 고대 국가들이 등장할 수 있었던 거지.

그렇다면 중앙집권제는 어떻게 해야 구축할 수 있을까? 고구려, 백제, 신라의 발전 모습을 살펴보면 해답을 찾을 수 있어.

중앙집권제 구축

삼국시대, 고대 국가의 발판 다지다

주몽이 고구려를 세웠어 기원전 37년. 만주 벌판을 달리던 바로 그 고구려! 제국의 역사가 시작됐지.

하지만 초기 고구려는 부여와 마찬가지로 5부족 연맹체였어. 그러나 역사는 발전하는 법. 70여 년이 지난 후 대담한 시도가 나타났단다

태조왕이 고구려 6대 국왕에 올랐어 53년. 태조왕은 5개 부족이 힘을 겨루는 정치 체제를 고쳐야 한다고 생각했어. 왕이 강해져야 나머지 부족장들이 머리를 조아리지 않겠어? 맞아. 중앙집권 체제를 갖춰야 하는 거야. 태조왕은 한 혈통에서만 왕이 배출돼야 한다는 결론을 내렸어.

"앞으로 왕위는 고구려를 건국하신 동명왕 주몽의 부족인 계루부 고

씨 혈통만 이을 수 있다!"

첫 번째 단추는 잘 꿴 것 같지? 왕족의 혈통을 정했다는 것은, 왕족이 부족장보다 레벨이 높음을 분명히 한 거야. 태조왕은 더 강하게 개혁을 밀어붙였어.

'부족을 아예 없애버리자. 모두 왕이 직접 통치하는 거야. 그래야 진정한 중앙집권제를 구축할 수 있어.'

이 개혁은 당장 성공하지 못했어. 100년이 더 지난 후에야 성공한단다. 그래도 태조왕의 업적은 기억해두는 게 좋아. 동옥저를 정복한 것을 비롯해 고구려 영토를 크게 넓혔지. 영토를 넓히는 것 또한 중앙집권제의 필수 요소야. 어느 정도 통치 영역이 있어야 왕권이 강해지지 않겠어?

시간이 흘러 고국천왕이 고구려 9대 국왕에 올랐어 179년. 고국천왕도 중앙집권 개혁을 추진했어. 5부족을 해체하고 행정구역인 5부로 바꿔 버렸어.

"이제 고구려에서 부족은 더는 존재하지 않는다. 부족장도 없다! 따라서 모든 백성은 부족장이 아닌 왕의 통치를 받는다."

부족연맹 왕국의 껍데기를 비로소 벗은 것 같지? 고국천왕은 한 걸음 나아가 왕위를 오로지 아들이 계승하도록 '부자상속제'를 시행했어. 그전에는 동생이 왕위를 잇기도 했어. 왕위를 노리는 사람이 많겠지? 하지만 아들만이 왕위를 이을 수 있다면? 태자는 자연스럽게 왕에 이어 서열 2위의 왕족이 돼. 아무도 태자를 무시할 수 없지. 왕과 태자의 지위가 강해질 거야. 그 결과는? 그래, 왕권 강화로 이어지지.

나아가 고국천왕은 '진대법'을 시행했어 194년. 이 제도는 우리 역사에서 처음으로 시행된 구휼 사업이야. 봄에 농민들에게 곡식을 빌려줬어. 그럼 농민들은 그 곡식으로 농사를 지었지. 가을이 되면 수확을 하겠지? 그 후에 농민들은 빌렸던 곡식을 나라에 돌려줬어. 오늘날로 치면 저소득층이나 긴급한 상황에 부닥친 사람들을 돕기 위한 복지 정책과 비슷해.

진대법도 왕권 강화에 보탬이 됐어. 귀족이나 부족장의 권한이 강했다고 생각해봐. 가난한 농민들이 누구에게 도와달라고 손을 내밀겠니? 귀족이나 부족장이겠지. 그 후 빌린 곡식을 못 갚으면? 농민은 귀족이나 부족장에게 질질 끌려다닐 거야.

하지만 진대법이 시행되면서 귀족에게 곡식을 꿀 필요가 없어졌어. 자, 농민은 누구에게 더 의지하겠니? 바로 왕이야! 그러니 왕권이 강해질 수밖에 없지. 고국천왕의 지혜가 돋보이는 대목이야. 가난한 백성을 구제하면서, 동시에 왕권도 강화했잖아?

고구려, 백제, 신라 삼국 가운데 고구려가 가장 먼저 중앙집권제에 다가섰지? 하지만 백제에서도 중앙집권제를 향한 부단한 노력이 이어지고 있었어. 마침내 결실이 나왔어. 놀라운 점은, 고구려보다 더 혁신적이었다는 거야.

고구려가 건국되고 약 20여 년이 지난 후 백제가 한강 일대에서 건국됐어 기원전 18년. 건국 당시의 백제는 크게 두드러지지 않았어. 왕의 힘도 미약했지. 그랬던 백제를 단숨에 고대 국가의 수준으로 끌어올린 왕이 8대 고이왕이야.

고대 국가의 자격을 갖추려면 중앙집권 체제를 구축해야 해. 고구려에서 이미 시행된 제도들, 즉 왕족의 혈통을 정하고 부자상속제를 확정하며 부족을 통합하는 것은 기본 중의 기본이야.

고이왕도 고구려의 개혁을 눈여겨봤어. 그것만으론 모자라다! 더 새로운 게 추가돼야 한다! 이런 고민을 하던 고이왕이 마침내 16관등제 시행을 선언했어 260년.

"관제를 시행하노라. 앞으로 모든 신하는 16등급으로 나눌 것이다. 이 관료의 등급, 즉 '관등'에 따라 신하들의 신분이 결정될지니, 모두 이에 따르도록 하라."

관등 제도는 고구려에서도 시행하지 못하고 있었어. 부족장들의 반발이 컸기 때문이야. 물론 외형상으로는 부족이 해체됐어. 하지만 실제로는 여전히 부족장의 입김이 셌단다.

고이왕은 이를 극복하기 위해 모든 부족장을 중앙귀족으로 흡수하기로 했어. 강력한 부족장들에겐 높은 관등을 줬고, 약한 부족장에게는 중간 관등을 줬어. 관등은 신분과 직결돼. 1관등은 1품, 제16관등은 16품이 되는 거야. 고이왕의 발표를 더 들어볼까?

"제1품은 좌평으로 삼을 것이다. 2~6품은 '솔'의 관직이다. 2품은 달솔, 3품은 은솔, 4품은 덕솔, 5품은 한솔, 6품은 나솔로 부르도록 하라. 6품 이상은 자색 관복을 입고, 은으로 만든 꽃을 관에 달라. 7~11품은 중간 관리 비색 관복, 12~16품 청색 관복 은 하급 관리로 분류한다."

1~6품은 지배층이야. 특히 제1품인 좌평은 총 6명으로, 최고 권력층이라고 할 수 있지. 이 6좌평은 오늘날의 장관과 비슷해. 6좌평 중 내신좌평은 국무총리로 볼 수 있지. 왕 다음으로 서열 2위의 권력자지. 물론 태자는 빼고.

이 관등제의 시행으로 백제가 고구려보다 먼저 중앙집권 체제를 구축했어. 이제 공식적으로는 부족이 소멸하고 모두 왕의 '국민'이 됐어.

하지만 아직도 갖춰야 할 요소가 남아 있어. 바로 법, 즉 '율령'이야. 고이왕은 삼국에서 가장 먼저 율령도 반포했어.

"관료들은 뇌물을 받아선 안 된다. 남의 것을 사사로이 훔쳐서도 안된다. 이를 어기면 율령으로 다스릴 것이니, 뇌물 액수나 훔친 액수의 3배를 배상해야 할 것이다. 더불어 평생 감옥에 가둘 것이니 모두 명심하기 바란다."

영토도 넓어야지? 그래야 왕의 권위도 설 거 아냐? 고이왕은 한강 일대를 거의 장악했고, 낙랑 및 대방과도 일합을 겨뤘어. 백제가 한반도 중부의 강국으로 성장한 거야. 자신감을 얻은 고이왕은 귀족과 왕이 확실히 다름을 선언했어.

"왕과 신하들이 모여 국가 중대사를 결정하는 '남당'을 운영하겠다. 남당에 참여하는 고위 대신들은 정책을 내놓도록 하라. 나는 그중에서 가장 맘에 드는 것을 선택할 것이다. 왕과 신하의 지위는 결코 같을 수 없다."

그로부터 110여 년이 흘렀어. 평양성에서 고구려와 백제의 전투가 벌어졌어 평양성 전투, 371년. 가장 먼저 체제 정비를 마친 백제의 대승. 개혁을 완성했으니 기회가 찾아온 셈이지. 이 사건은 곧 살펴볼 거야.

이 전투에서 고구려 고국원왕 16대은 백제군이 쏜 화살에 목숨을 잃었어. 왕도 전사하고, 평양성도 내어주고, 서해안 일대도 넘겨주고…. 고구려는 비상사태에 맞닥뜨리게 됐어. 즉시 고국원왕의 아들이 왕에 올랐어. 그가 소수림왕 17대이야.

소수림왕은 백제에 이를 갈았어. 하지만 괜히 흥분해 백제와 다시 전투를 치르는 어리석음을 범하지 않았어. 그랬다가는 고구려가 더 몰락했을지도 몰라. 소수림왕은 침착했어.

'나라부터 안정시켜야 한다. 제도를 정비하고, 학문과 문화를 부흥시켜야 한다. 선진 중국의 문물을 받아들이고 외교를 탄탄히 해야 한다. 중앙집권제를 완성하고 왕권을 강화해야 한다. 개혁을 통해 고구려의 내실부터 다져야 한다.'

소수림왕은 중국과의 교류에 나섰어. 당시 중국은 극도로 혼란스러운 5호16국 시대였어. 그중 전진은 안정적으로 발전하던 나라였어. 소수림왕은 그 전진으로부터 불교를 수입했어. 중국 남쪽의 동진으로부터 승려도 받아들였어. 이를 통해 고구려는 중국 남북 지역의 두 강대국과 외교 관계를 맺을 수 있었어.

백제 고이왕이 관등제를 시행하고 율령을 반포했지만, 종교는 정비하지 못했어. 소수림왕이 가장 먼저 불교를 수입한 셈이야. 이게 왜 중요하냐고?

당시에는 전국의 백성이 믿는 통일된 종교가 없었어. 그러니 나라의 '정신'이 하나로 통일될 수가 없어. 왕이 "뭉쳐라!"라고 외쳐도 따르지 않아. 뭔가 구심점이 필요해. 소수림왕은 불교가 그 역할을 해줄 것이라 믿었어. 소수림왕은 신하들에게 말했어.

"지금까지 고구려에는 원시종교밖에 없었다. 이제 고급종교인 불교가 들어왔으니 우리 백성이 하나로 뭉칠 것이다. 불교는 종교를 넘어 고구려의 호국 사상이다. 백성이 하나로 뭉치면 왕권도 강해질 것이다"

불교를 공인한 소수림왕은 같은 해 '태학'도 세웠어. 태학은 최초의 국립학교야. 주로 지배층 자녀가 다녔어. 어떤 과목을 배웠을까? 주로 고위층으로서의 교양을 쌓고 나라 통치에 도움이 되는, 유교 경전이나 역사를 공부했어.

이어 율령까지 반포함으로써 소수림왕의 중앙집권 개혁은 어느 정도 마무리됐어. 백제에서는 고이왕의 개혁 성공 이후 근초고왕13대이란 강력한 군주가 등장했어. 고구려에서도 소수림왕이 중앙집권 체제를 구축하자 광개토대왕19대이 등극해 맹활약을 벌인단다.

백제는 3세기에, 고구려는 4세기에 확실하게 중앙집권 국가로 탈바꿈했어. 그렇다면 신라는?

신라는 삼국 가운데 가장 먼저 세워졌어 기원전 57년. 하지만 발전은 가장 늦었단다. 4세기가 됐는데도 왕위 세습조차 이뤄지지 않았어. 박씨, 석씨, 김씨가 주거니 받거니 하면서 왕에 올랐어. 부족연맹 왕국 수준을 여전히 벗어나지 못한 거지.

17대 내물왕이 즉위356년한 후 개혁에 나섰어. 이제 첫 걸음마! 그의 업적을 살펴볼까?

첫째, 김씨만이 왕에 오를 수 있게 했어. 비로소 왕위 세습이 가능해졌어. 이후 신라에서는 김씨가 왕위를 독차지하게 된단다.

둘째, 내물왕은 처음으로 왕에 대해 마립간이란 칭호를 썼어. 신라의 왕에 대한 호칭은 여러 차례 변해 왔어. 최초에는 거서간이라 불렀고, 그다음에는 이사금이라고 했지. 이 호칭을 내물왕은 다시 마립간으로 바꾼 거야. 마립간이 이사금보다 더 존칭이었거든. 왕의 권위가 조금은 올라갔겠지?

셋째, 영토를 꾸준히 넓혔어. 내물왕 무렵에는 진한 지역의 대부분을 신라가 정복했단다. 진한의 소국 중 하나였던 신라가, 이제는 진한의 우두머리가 된 거야.

신라의 발전이 기대되니? 하지만 당장은 아니야. 내물왕은 말년에 백제와 왜, 가야 연합군의 침략을 받아 힘든 시절을 보냈단다. 이 전쟁에 대해서도 차차 살펴볼 거야.

자, 이제 삼국의 중앙집권 개혁에 대해 모두 살펴봤어. 백제가 가장 앞섰고, 고구려가 그 뒤를 이었어. 신라는 아직 걸음마 수준이었지. 가장 먼저 세력을 키운 나라는? 백제야. 일등으로 중앙집권 국가를 건설했기에 가능한 일이었지. 그 증거가 있어. 바로 평양성 전투야.

03 고대 시대
평양성
전투

백제,
가장 먼저 세력을 떨치다

칼바람이 부는 371년의 고구려 평양성. 백제왕의 진격 명령이 떨어졌
어. 평양성 전투가 시작됐단다. 백제가 한반도의 '패자'로 등극하게 되
는 전투!

백제가 가장 먼저 세력을 떨칠 수 있었던 원동력은? 그래, 고이왕의
개혁이야. 사실 그가 죽고 난 후 약간의 권력다툼이 있었어. 하지만 워
낙 체제를 탄탄하게 정비해놨기에 혼란이 오래가지는 않았어. 게다가
그 혼란을 잠재울 영웅이 나타났어. 바로 근초고왕[13대]이야.

근초고왕은 타고난 정복 군주였어. 곧 살펴볼 고구려의 광개토대왕,
신라의 진흥왕과 더불어 삼국시대의 3대 정복 군주로 꼽힌단다.

사실 근초고왕은 왕자일 때 몇 차례 죽을 고비를 맞았었어. 왕위를

놓고 권력다툼이 치열했기 때문이야. 그 투쟁 속에서 근초고왕은 살아 남았고, 마침내 왕위에 올랐어.

오늘날 우리가 알고 있는 백제 역사 대부분이 《삼국사기》의 기록에 바탕을 두고 있어. 물론 일본이나 중국의 역사책에도 근초고왕에 대한 기록이 남아있어. 그런데 그 어느 역사책에도 근초고왕의 초기 20여 년에 대해서는 별 언급이 없어.

도대체 왜 그럴까? 근초고왕이 초기에는 크게 두드러지지 않았다는 뜻일까? 아마도 이 기간 근초고왕은 왕권을 강화하기 위해 백방으로 노력하고 있었을 거야. 지금의 성과보다는 미래를 위한 투자라고나 할까?

백제의 지방 행정구역인 '담로' 제도를 처음 시행한 것도 같은 이유에서였을 거야. 이 제도를 제대로 시행한 왕은 훗날의 무령왕이야. 근초고왕은 지방에 관리를 직접 파견하려고 했어. 그래야 전국에 왕의 명령이 고스란히 전달될 수 있잖아? 지방의 실력자들도 조정에서 보낸 관리를 함부로 대할 수 없었을 거야. 결국, 왕의 영향력이 더 커지겠지.

이렇게 20여 년이 흘렀어. 백제가 뻗어 나갈 만반의 준비를 끝냈어. 마침내 근초고왕이 움직였어. 그래, 본격적인 정복 활동이 시작된 거야.

"백제 병사여. 일어서라! 마한의 남은 세력을 복속시키고, 한반도 남부를 통일할 것이다!"

마한으로 진격하라는 명령이 떨어졌어 369년. 백제가 건설되기 전부터 충청도와 전라도 일대에 있던 54개 소국의 연합체인 마한. 백제도 처음에는 마한의 왕에게 충성을 맹세했었어. 그러나 이후 하나씩 마한의 소국을 흡수했고, 4세기 무렵에는 마한 대부분을 정복하는 데 성공했지.

하지만 여전히 영산강 일대에는 백제에 충성하지 않는 마한 세력들이 남아있었어. 그들을 제압해야 비로소 마한을 통일하게 돼. 백제군은 질풍노도같이 달려갔어. 백제군은 손쉽게 마한의 남은 세력을 제압했어. 이로써 전라도 전 영역을 정복하는 데 성공했어.

승리의 기쁨을 맛보기도 전에 백제군은 소백산맥을 넘어 낙동강 유역에 이르렀어. 적어도 7개 이상의 가야연맹 소국들이 백제에 항복했어. 그 나라들은 백제를 상국王의 나라으로 모시겠다고 약속했지.

이제 한반도 남서부가 완전히 백제의 수중에 떨어졌어. 실로 대단한 업적이야. 하지만 여기에서 끝나지 않았어. 바다 건너 일본倭과도 교류를 넓혔단다.

사실 일본은 마한을 평정하고 가야를 제압하는 과정에도 꽤 이바지했단다. 근초고왕은 일본 병사를 용병으로 고용했거든. 맞아. 백제와 일본은 서로 우방이었어. 그랬으니 사신 교환도 더러 있었어. 일본 사신이 근초고왕을 알현하기 위해 백제 궁궐을 찾았을 때야369년. 일본 사신들은 백제의 앞선 문화에 눈이 휘둥그레졌어.

"저것 봐. 백제의 비단은 정말 아름다워. 우리나라로 가져가면 귀족들이 아주 좋아할 텐데….."

"난 백제의 강력한 철제 무기에 구미가 당긴다네. 우리 왜국도 강해지려면 금속을 더 잘 다뤄야 하네."

근초고왕이 숙덕이는 사신들을 불렀어. 그리고는 이렇게 말했어.

"짐은 마한과 가야를 평정할 때 왜국이 도운 점을 고맙게 생각하고 있다. 이에 대한 감사의 표시로 칼을 하사하겠노라. 무쇠를 백 번 두들

겨 정성으로 만든 칼이니라. 사신은 칼을 귀하게 여기고, 당신의 왕에게 전달하도록 하라."

이 칼이 '칠지도'야. 칼날이 나뭇가지처럼 7개로 갈라져 있어서 이런 이름이 붙었어. 실물이 현재 일본 이소노카미신궁에 있어. 칼에는 61자의 글자가 새겨져 있어. 당시 백제가 일본과의 협력을 강화하려고 이 칼을 하사했을 걸로 추정돼.

어떤 학자들은 이 칼을 근거로 백제가 일본의 상국이었다고 주장해. 하지만 백제가 군사적으로 완전히 일본을 제압하지 못했어. 그러니 백제가 일본의 상국은 아니었을 거야. 그렇다고 해서 일본의 일부 학자들이 주장하는 것처럼 백제가 칠지도를 일본 왕에게 '헌상'한 것은 절대 아니야. 헌상은 제후국이 상국에게 공물을 바칠 때나 쓰는 표현이란다. 말도 안 되지.

자, 이제 남쪽은 평정했어. 더는 크게 신경 쓰지 않아도 돼. 그렇다면 다음은? 북쪽으로 세력을 넓힐 차례야.

일본에 칠지도를 하사한 바로 그 해, 북방 전선에서 다급한 전갈이 날아왔어. 2만여 명의 고구려군이 치양_{황해도 배천군}으로 진격해 오고 있다는 거야.

"태자는 당장 정예 부대를 거느리고 가라. 고구려 군대를 물리쳐 승전고를 울리도록 하라!"

근초고왕의 명령에 따라 태자가 고구려 진영을 급습했어. 작전 성공! 백제 태자가 이끄는 선봉대가 고구려 정예부대를 무너뜨리자 고구려 병사들이 흩어지기 시작했어. 그다음 전투는 말하나마나야. 백제의 대승이었어. 백제의 태자는 고구려 병사 5천여 명을 붙잡아 귀환했단다.

이 전투를 이끌었던 고구려의 왕이 고국원왕16대이었어. 고국원왕은 그전까지 중국 전연과 갈등을 벌였어. 그 갈등이 어느 정도 해결되자 백제로 세력을 뻗으려 했던 거야. 그런데 작전이 실패했어! 고국원왕은 머리끝까지 화가 치밀었어.

다시 고구려의 공격371년. 전투는 예성강 언저리에서 벌어졌어. 이 전투에서도 고구려는 백제에 패했어. 백제군이 숨어 있다가 기습공격을 하는 바람에 앉아서 당한 거야. 고구려군은 평양성으로 후퇴할 수밖에 없었어.

어느덧 겨울이 찾아왔어. 근초고왕은 때가 됐다고 판단했어. 병사들에게 이렇게 외쳤어.

"이제 적진의 심장부로 갈 것이다! 고구려의 왕을 잡고, 평양성을 정복할 것이다! 백제의 용사여, 칼을 잡아라. 진격이다!"

백제의 3만 정예 부대가 움직이기 시작했어. 목표는 평양성! 이렇게 해서 평양성 전투가 벌어진 거란다.

고구려는 처음에 성 안에서만 싸웠어. 만약 이 전술을 고수했더라면 결과는 달라졌을지도 몰라. 하지만 고구려 고국원왕은 그전의 패배를 설욕하고 싶었어. 직접 군대를 이끌고 성 밖으로 나갔지. 결과는? 백제군이 쏜 화살에 목숨을 잃었어.

이 평양성 전투는 백제의 압도적인 승리로 끝났어. 백제는 평양성을 완전히 정복하지는 못했어. 하지만 대동강 이남의 영토를 빼앗는 데는 성공했어. 바로 이 시기가 백제의 최고 전성기였단다. 더불어 삼국 가운데 백제가 가장 먼저 '한반도의 패자'로 등극하는 순간이야.

이제 백제를 막을 세력은 당분간, 적어도 한반도에는 없었어. 백제는 중국의 동진, 일본을 오가며 활발한 교류를 했지. 일본에는 왕인과 아직기를 보내《천자문》과《논어》를 가르치도록 했어.

중국의《송서》와《양서》란 역사책을 보면 백제가 중국 요서 지방을 차지했다는 기록이 나와. 이를 근거로 어떤 학자들은 이렇게 주장한 단다.

"근초고왕은 중국 요서 지방을 정복해 그곳에 백제인의 거주지인 '백제군'을 설치했다!"

이게 사실인지는 아직 확실하지는 않아. 다른 책에서는 이런 기록을 찾을 수 없고, 중국 현지에서 백제 관련 유물도 출토되지 않았어. 하지만 무조건 "아니다!"라고 말해서도 안 돼. 앞으로 증거가 나오면 '분명한 역사'가 될 수 있잖아? 백제가 일본과도 교류를 활발히 했고, 해상 능력이 탁월했으니 중국 요서 지방까지 진출하지 말라는 법도 없지.

근초고왕은 박사 고흥에게《서기》라는 역사서를 편찬하게 했어. 자신의 업적을 기록으로 남기고 싶어서 그랬을 수도 있지. 하지만 안타깝게도 이 책은 오늘날 전해지지 않고 있어.

최고의 전성기를 달리는 백제! 반면 평양성 전투에서 박살이 난 고구려는 뭐 하고 있을까? 이미 살펴봤어. 맞아. 소수림왕이 아버지 고국원왕의 뒤를 이어 왕에 올라 중앙집권 개혁을 추진했어. 개혁이 어느 정도 완성됐어. 그렇다면 이젠 고구려가 부활할 순서야. 고구려는 한반도를 넘어 요동 지방으로 달려갔어. 왜? '요동 정벌'을 위해!

04 요동 정벌

고구려, 만주를 호령하다

요동 지방은 원래 고조선의 영토였어. 기원전 4세기 말 중국 연나라에게 빼앗긴 후 되찾지 못하고 있었지. 그 후 고조선의 중심지는 한반도로 옮겨왔어. 3세기 초반부터 고구려는 요동 지방을 되찾으려고 노력했어. 하지만 쉽지는 않았어.

소수림왕 때는 중국이나 백제 모두와 큰 전쟁이 없었어. 중국에 대해서는 새로 들어선 전진과 우호적인 관계를 유지했어. 불교도 전진에서 수입했다고 했지? 백제에 대해서는 힘을 우선 키우고 나서 벌하리라 마음먹었지.

소수림왕은 13년간 고구려를 통치했어. 그 짧은 기간에 중앙집권 체제를 탄탄히 구축했지. 소수림왕은 아들이 없었어. 그의 동생이 18

대 고국양왕에 즉위했어. 같은 해, 고구려와 철천지원수인 모용선비족이 후연을 건설했어. 고국양왕은 즉위와 동시에 이렇게 선언했어.

"고구려의 원수 모용선비족을 벌하리라. 또한, 남쪽의 백제 도당들도 가만히 두지 않으리라."

그 후 고국양왕은 여러 차례 후연 및 백제와 전투를 벌였어. 고구려의 기상이 서서히 살아나는 분위기였어. 이 모든 전투에서 두각을 나타낸 인물이 있었어. 바로 태자 담덕이야. 그가 고국양왕에 이어 19대 왕에 올랐어 391년. 이 인물이 누구인지 아니? 바로 우리 민족 역사상 최고의 정복 군주로 기록된 광개토대왕이란다.

광개토대왕은 후연, 백제와 동시에 전쟁을 벌였어. 둘 중 한쪽과만 전쟁하기에도 벅찰 수 있지만, 광개토대왕은 개의치 않았어. 요동 정벌을 살펴보기 전에, 우선 백제 정벌부터 따라가 볼까?

고구려의 4만 대군이 한강의 코앞까지 진격했어. 대왕이 지휘하는 고구려군의 기세는 하늘을 찌르고 있었어. 백제군은 제대로 저항도 못해보고 10개의 성을 내어줬단다.

그다음 목표는 관미성. 오늘날의 강화도 또는 경기 파주에 있었던 백제의 요새야. 광개토대왕이 거란을 정벌하고 막 돌아왔을 때였어. 피곤할 법도 하지만 대왕은 막사에서 관미성 지도를 뚫어지게 처다봤어.

'관미성은 백제 도읍인 위례성오늘날의 서울과 가깝다. 관미성을 차지하면 서해를 장악할 수 있다. 반드시 정복해야 한다. 하지만 저항도 만만치 않으리라. 게다가 관미성은 사면이 절벽인 천연 요새이지 않은가. 흠. 성을 공략할 묘안을 찾아야 한다.'

광개토대왕은 군사전략의 귀재였어. 부대를 7개로 나눴어. 총 7개

37

요동 정벌

의 길로 성을 공격하기 시작했어. 일부는 육지로 상륙해 직접 성문을 공격했어. 신출귀몰한 공격에 백제군은 우왕좌왕, 정신이 없었어.

20일 만에 백제가 항복했지. 관미성은 고구려의 수중에 떨어졌어. 광개토대왕의 전략이 들어맞은 거야! 백제가 입은 타격은 꽤 컸어. 결국, 내분이 일어났고, 그 와중에 왕 진사왕 이 사망하기도 했단다. 그 후 백제에서는 아신왕 17대 이 등극했어.

아신왕은 복수심에 눈이 멀어 고구려를 공격했어. 당연히 실패. 오히려 광개토대왕의 화만 돋웠어. 대왕은 중대 결심을 내렸어. 백제를 확실히 정벌하기로 한 거야 369년.

'때가 왔다. 지금 백제를 치면 완승을 할 수 있다. 백제왕의 무릎을 꿇리고, 평양성 전투의 패배와 할아버지의 죽음에 대한 원수를 갚자.'

광개토대왕이 직접 수군을 지휘해 백제로 향했어. 질풍노도처럼 고구려 군대가 백제로 밀려들었어. 육지와 바다에서 동시에 백제를 공략했어. 백제 58개의 성을 순식간에 점령했고, 얼마 후 백제 수도 위례성까지 포위했어. 백제로서는 나라를 잃을 수도 있는 초대형 위기를 맞은 셈이야.

백제의 아신왕도 별수 없었어. 더 저항했다가는 백제가 흔적도 없이 사라질 수 있잖아? 아신왕은 대신들과 함께 성 밖으로 나가 광개토대왕을 맞았어.

"백제의 왕이 대고구려의 태왕을 알현하나이다. 미천한 저의 불찰을 용서해주시고, 백제를 어여삐 여기소서. 백제는 대고구려의 신하가될 것임을 약속하나이다."

백제의 굴욕적인 항복. 하지만 고구려로서는 통쾌한 복수였어. 광개토대왕은 아신왕을 죽이지는 않았어. 그 대신 그의 동생과 대신 10명을 인질로 끌고 돌아왔어. 아신왕은 이를 갈았어. 언젠가는 고구려를 다시 제압하겠노라고 맹세했어. 군대를 보강하고, 가야 및 일본과 우호 관계를 증진했어. 미래의 전투를 위해.

정말로 아신왕이 광개토대왕에게 다시 도전했어! 가야, 일본과 연합해 신라를 친 거야 399년. 왜 고구려가 아니고 신라냐고? 이때 신라는 고구려의 보호를 받고 있었어. 아신왕은 신라를 공격함으로써 백제의 부활을 고구려에 알리려 했던 거야. 물론 고구려를 믿고 우쭐대는 신라를 혼내주겠다는 의도도 있었어.

이때 신라의 왕은 내물왕이었어. 김씨가 왕위를 세습하도록 제도를 고친 바로 그 왕이야. 내물왕은 즉시 고구려에 도움을 요청했어.

고구려가 5만 대군을 신라로 보냈어 400년. 누가 고구려를 당해낼 수 있겠어? 백제와 일본 연합군은 추풍낙엽처럼 떨어졌어. 고구려군은 내친김에 남쪽 깊숙이 진격해 김해의 금관가야를 쳤어. 가야 연맹의 큰형님인 금관가야가 휘청거리면서 사실상 전기 가야 연맹의 역사가 끝이 나 버렸어. 얼마 후 가야는 고령의 대가야를 중심으로 후기 가야 연맹의 역사를 시작한단다.

이제 한반도에서 고구려에 대적할 세력은 단언컨대 단 한 나라도 없어. 4세기 중후반이 백제의 시대였다면 4세기 후반부터 5세기까지는 오롯이 고구려의 시대가 됐어.

광개토대왕은 백제 정벌에 나선 바로 그 해, 요동 지방으로도 군대를 보냈어. 앞에서 살짝 얘기했는데, 첫 목표는 거란족이었어. 거란족이 수시로 고구려 영토를 침략해 약탈하고 백성을 끌고 갔기 때문이야. 더 도발하지 못하도록 확실하게 본때를 보여주자!

이 전투는 고구려의 승리로 끝났어. 광개토대왕이 거란을 제압했지? 대왕은 이어 주변 지역을 하나씩 정리했어. 비려, 숙신과 같은 다른 민족들도 고구려 밑으로 들어왔어.

요동 지방에는 후연이란 나라가 있었어. 그 후연의 왕 모용성이 고구려를 주시하고 있었어. 모용성은 고구려가 대제국으로 성장할지 모르니 미리 싹을 잘라야 한다고 생각했어. 모용성은 호시탐탐 기회를 엿봤어.

마침 그 기회가 왔어. 바로 400년, 고구려가 신라를 돕기 위해 군대를 남쪽으로 보냈을 때야. 고구려 병력이 분산돼 있잖아? 이 틈을 노려 후연의 3만 대군이 기습적으로 고구려를 공격했어. 고구려는 신성과 남소성을 비롯해 700여 리의 영토를 빼앗겼어.

광개토대왕은 화가 났지만, 섣불리 움직이지 않았어. 후연은 강한 상대. 그러니 감정적으로 대응해서는 안 돼. 광개토대왕은 백제 정벌을 마저 끝내고, 군대도 정비했어. 맞아. 제대로 싸우기 위해 전열을 가다듬는 거야.

얼마 후 후연의 왕 모용성이 사망했어. 그의 뒤를 이어 모용희가 왕에 올랐어. 왕이 교체되는 시기는 다소 어수선할 수밖에 없어. 바로 이때다! 광개토대왕이 마침내 후연과의 전쟁에 돌입했어. 요동으로 진격 402년! 잠들어있던 고구려가 깨어나는 거야!

고구려가 곧 후연의 숙군성을 점령했어. 후연이 당황했어. 숙군성이야말로 후연에게 아주 중요한 곳이기 때문이야. 이 성에서 후연의 수도인 용성까지의 거리가 얼마 되지 않았어. 고려군이 맘만 먹으면 당장에라도 후연 수도를 공략할 수 있게 된 거야.

그 후에도 여러 차례 전투가 벌어졌지만 대부분 고구려가 승리했

어. 고구려군은 후연의 수도 용성으로 조금씩 다가가고 있었어. 마침
내 광개토대왕이 총공격 명령을 내렸어 407년. 고구려 병사들과 고구려
에 복속한 거란과 숙신, 비려 등 이민족 병사들이 일제히 후연의 수도
인 용성을 향해 진격했어.

이 전투는 당시 동북아시아에서 치러진 최대의 국제전 중 하나로
평가받고 있어. 후연도 최후의 1인까지 저항했어. 여기에서 물러나면
멸망할 게 뻔하잖아? 전투는 치열했어.

고구려가 용성을 점령했을까? 아쉽게도 그러진 못했어. 물론 전투
에서 승리하기는 했어. 귀한 갑옷을 1만여 벌이나 빼앗았으니, 이 점
만 봐도 명백한 고구려의 승리였지. 게다가 이 전투에서 패한 후연은
곧 내분에 휩싸였다가 멸망하고 말았어.

후연의 내분을 잠재운 인물은 풍발이란 한족 사람이야. 그는 고구
려 귀족의 후손인 고운을 왕으로 추대했어. 이 나라가 대연, 또는 북연
407~436년이야. 그 후 고구려는 대연과 사이좋게 지냈어.

자, 고구려의 영토를 볼까? 요동 정벌이 성공적으로 끝났지? 서쪽
으로 고구려는 몽골 입구까지 확장됐어. 410년에는 동부여까지 정복
함으로써 북쪽으로는 쑹화 강, 동북쪽으로는 블라디보스토크까지가
모두 고구려의 영토가 됐어. 우리가 만주라 부르는 지역 전체를 고구
려가 장악한 거야. 실로 대단한 업적이 아닐 수 없어.

광개토대왕에 대해 하나 더 알아둬야 할 게 있어. 바로 '영락'이란
연호를 사용했다는 거야. '연호'는 중국 황제들만이 써 오던, 일종의 달
력 표기법이야. 그 연호를 우리 민족에서 가장 먼저 쓴 인물이 바로 광
개토대왕이란다.

대왕을 부를 때는 '태왕'이란 존칭을 썼던 걸로 알려졌어. 태왕은 대

고대 시대

왕보다는 한 단계 높은 호칭이야. 광개토대왕, 아니 광개토태왕 자신이 중국 황제에 버금가는 지위에 있다고 생각했다는 증거이지.

 광개토대왕의 뒤를 이어 아들인 20대 장수왕이 등극했어 413년. 장수왕 또한 영토를 넓히는 데 전력을 쏟았어. 덕분에 고구려의 전성기는 계속됐어. 다만 장수왕은 대륙이 아니라 한반도 남쪽으로 세력을 넓혔다는 게 아버지와 달랐어. 이를 위해 수도를 국내성에서 평양성으로 옮겼지 427년.

 장수왕이 평양성으로 천도한 게 옳은 판단이었는가에 대해서는 여러 추측이 나오고 있어. 대표적인 것만 살펴볼까?

 "중국이 5호16국 시대의 혼란이 끝나가고 있었다. 장수왕은 요동지방을 계속 지킬 수 없다고 판단해 평양성으로 근거지를 옮겼다."

 "척박한 만주지역보다는 곡창지대가 펼쳐진 한반도 중남부가 고구려를 번영시키기에 좋은 장소였다. 장수왕은 평양을 중심으로 해서 대제국을 건설하려 했다."

 글쎄, 어느 주장이 실제 장수왕의 생각과 가까웠을까? 그건 알 수 없지만, 확실한 것은 이 평양성 천도 이후 백제와 신라가 더 죽을 지경이 됐다는 거야. 백제와 신라는 고구려에 맞서기 위해 '나제동맹'을 맺었어 433년. 하지만 막강한 고구려를 막기에는 역부족이었단다.

 장수왕은 백제를 공격해 위례성을 함락시켰어 475년. 또다시 백제의 왕이 고구려의 왕에게 무릎을 꿇었어. 광개토대왕과 달리 장수왕은 백제의 왕을 용서하지 않았어. 처형! 이 비운의 백제왕이 개로왕 21대이란다. 장수왕은 자신의 용맹을 과시하기 위해 중원고구려비를 세웠어. 장수왕은 이어 신라를 공격했어 481년. 고구려군은 순식간에 죽령 이북의 영토를 차지했어.

장수왕은 97세에 세상을 떠났어 491년. 당시 수명을 고려하면 엄청나게 오래 장수한 셈이야. 더불어 고구려의 시대도 서서히 저물고 있었어. 한반도의 주인이 바뀔 조짐이 보이고 있었거든. '늦깎이' 신라가 서서히 변신하고 있었어. 6세기 중반, 신라는 관산성 전투에서 확 달라진 모습을 보여준단다.

05
관산성
전투

늦깎이 신라가 펼친
반전 드라마

지금의 충북 옥천, 당시에는 관산성이라 불렸어. 이곳에서 신라와 백제의 전투가 벌어졌어 관산성 전투, 554년. 백제 성왕26대은 전사했어. 신라 진흥왕의 승리.

나제동맹까지 결성했던 두 나라가 왜 갑자기 서로에게 칼을 겨눈 것일까? 게다가 삼국 중 가장 약체였던 신라가 백제를 꺾었다니! 궁금한 게 많지?

이 관산성 전투는 늦깎이 신라가 한반도의 최고 강대국으로 등장하는 신호탄이었어. 약체였던 신라가 강해진 건 지증왕과 법흥왕의 개혁 덕분이야. 우선 관산성 전투가 치러지기 이전으로 가서 두 왕의 개혁부터 살펴볼까?

고구려의 장수왕이 세상을 떠나고 9년 후 신라 22대 지증왕이 등극했어500년.

이 무렵까지만 해도 신라는 중앙집권제를 제대로 갖추지도 못했어. 내물왕이 김씨 혈통만 왕위를 잇게 했지? 거기서 딱 멈춰 있었어. 그런 신라를, 지증왕이 확 바꿔 놓았어. 지증왕이 이렇게 선언했어503년.

"오늘부터 나라 이름을 신라로 바꾸겠노라. 대신은 물론 백성은 이 나라를 신라로 부르도록 하라. 짐을 부르는 호칭도 왕으로 바꾸겠다."

이때까지만 해도 신라의 국명은 서라벌이었어. 왕은 마립간이라 불렀어. 지증왕은 이 모든 호칭을 중국식으로 바꿨어. 중국의 우수한 문화를 받아들여 신라를 선진화하려는 시도였다고 할 수 있지.

지증왕은 이어 전국을 주, 군, 현으로 나눴어. 군사적으로 중요한 곳에는 따로 군주라는 지방관을 파견했어. 왕의 명령을 지방 구석구석까지 전달하겠다는 의지가 보이지? 중앙집권제를 구축하려는 의도야.

이사부 장군을 시켜 우산국울릉도도 정복하게 했어512년. 농사에 우경이 도입된 것도 이 무렵이야. 우경이란 소를 농사에 활용하는 경작법이야. 덕분에 농업생산량이 많이 늘어났어. 지증왕은 순장 제도도 폐지했어. 순장은 지배층 인사가 죽었을 때 노비와 식솔을 함께 묻는 야만적인 풍습이야. 지증왕의 업적이 꽤나 많지?

지증왕의 뒤를 이어 23대 법흥왕이 등극했어514년. 법흥왕은 아버지의 개혁을 이어받아 신라를 확실한 중앙집권국가로 만들었어. 백제의 고이왕, 고구려의 소수림왕이 시행했던 그 개혁을 신라는 6세기 들어서야 완성한 셈이야.

첫째, 병부를 설치했어. 오늘날로 치면 국방부와 같아. 왕이 군대를 직접 지휘한다는 뜻이야. 귀족과 성주들도 군대를 가지고 있었지만,

왕의 병부 앞에서는 꼼짝하지 못했지.

둘째, 율령을 선포했어. 왕권을 뒷받침하는 법이 마련된거지. 이로써 법흥왕은 군대와 법을 장악하는 데 성공했어.

셋째, 관료제를 정비했어. 백제 고이왕이 16관등제를 시행했지? 법흥왕은 17관등제를 시행했단다. 이 관등제는 신라만의 독특한 신분제인 '골품제'를 토대로 시행됐어.

골품제는 '골'과 '품'을 가리키는 말이야. 가장 높은 신분은 부모 양쪽이 모두 왕족인 성골이야. 그다음은 한쪽이 왕족인 진골이지. 그 아래로는 6두품에서 1두품까지 서열이 결정돼 있어. 골품제는 부족연맹 왕국에서 중앙집권 국가로 발전하는 과정에서 만들어졌어. 진골 이상의 신분은 주로 경주 출신의 귀족과 왕족이란다.

집의 크기며 옷, 살림살이까지 모두 이 골품제에 따라 엄격하게 규제됐어. 6두품은 전체 17등급 중 6등급까지만 오를 수 있었어. 아무리 능력이 있어도 5등급은 될 수 없었던 거야. 1~5등급에는 진골만이 오를 수 있었지.

넷째, 상대등을 신설했어. 상대등은 총리나 재상에 가까워. 이제 왕과 귀족의 차이가 명백해졌지?

다섯째, 불교를 공인했어. 사실 불교는 오래전에 신라에 들어왔어. 하지만 귀족들이 불교를 인정하지 않으려 했어. 왜? 불교에서는 귀족의 특권을 인정하지 않기 때문이야. 마침 이차돈이란 충성스런 신하의 순교를 계기로 불교를 공인할 수 있었어.

여섯째, 신라에서 가장 먼저 연호를 사용했어. 법흥왕은 '건원'이란 연호를 사용했단다.

일곱째, 중앙집권국가가 되기 위해 갖춰야 할 또 하나의 요건. 바로 영토 확장이야. 법흥왕은 금관가야와 아라가야를 완전히 정복했어532년. 이 두 가야를 손에 넣음으로써 신라는 낙동강 일대를 거의 장악할 수 있게 됐단다.

이쯤에서 잠시 백제 상황을 살펴보고 갈까?

백제는 장수왕의 침략을 당한 후 수도를 웅진오늘날의 충남 공주으로 옮겼어. 지증왕이 등극하고 1년이 지난 후 백제에도 25대 무령왕이 등극했어501년.

무령왕은 왕릉으로 유명해. 무령왕릉은 1971년에 발견됐어. 그 안에서 무려 108종류, 2906점의 유물이 발굴됐어. 무령왕릉은 중국, 일본의 영향을 받아 만들어졌단다. 벽돌을 쌓아 왕릉을 만들었는데, 이는 중국 남쪽 지역의 양식이었어. 왕과 왕비의 시신은 금송으로 만든 관에 보관했어. 이 나무는 일본 남쪽 지방에서 자라는 거란다. 백제가 중국 남조 및 일본과 활발히 교류했다는 사실이 이 왕릉에서도 입증됐지?

무령왕에 이어 26대 성왕이 등극했어. 성왕은 찬란했던 백제의 영광을 재현하기 위한 프로젝트에 돌입했어. 우선 수도를 웅진에서 사비충남 부여로 옮겼어. 성왕은 웅진이 너무 좁다고 생각했어. 드넓은 벌판이 있는 사비가 새로운 백제의 수도로 적합하다고 생각했던 거지. 성왕은 백성에게 이렇게 선포했어.

"이제 치욕의 백제를 잊어라. 새로운 백제의 이름은 남부여로 하겠노라. 우리의 뿌리를 잊었는가? 만주 벌판을 누비던 부여가 우리의 조상이 아닌가? 우리의 뿌리를 되찾고, 부여의 기상을 이어받아 이 나라를 다시 번영케 하리라!"

성왕은 전 분야에서 개혁을 추진했어. 새로 중앙에 22개 관청을 설치했어. 행정구역도 정비해 수도를 5부, 지방을 5방으로 나눴단다. 중국 남조와도 교류를 계속 해나갔어. 이 무렵 중국은 동아시아에서 최고의 선진국이었어. 그런 중국과의 교류를 통해 우수한 문화를 꾸준히 수입한 거야. 반면 일본에 대해서는 우방 관계를 유지하면서 선진 문화를 전파했어. 노리사치계를 일본에 보내 불교를 전파한 게 대표적 사례야.

성왕의 노력에 힘입어 백제가 제2의 전성기를 맞는 것 같았어. 꿈에도 그리던 숙원을 달성할 시간이 됐어! 성왕은 병사들을 집결시킨 뒤 연설을 하기 시작했어.

"이제 우리의 원수, 고구려를 칠 것이다. 고구려 장수왕이 강탈해 간 한강 일대를 되찾을 것이다!"

이 목표는 달성됐단다. 백제는 신라와 나제동맹을 맺었었지? 나제동맹군은 고구려를 공격해 북쪽으로 밀어붙였어. 백제는 한강 하류를 되찾았고, 신라도 한강 상류를 차지했지. 하지만 이 나제동맹은 곧 깨어지고 말았어. 신라의 진흥왕이 배신했기 때문이야. 화가 난 성왕이 신라와 전투를 벌였는데, 그게 바로 관산성 전투였단다.

진흥왕은 법흥왕의 뒤를 이어 신라 24대 왕에 등극했어540년. 고구려 광개토대왕, 백제 근초고왕에 맞먹는 신라 정복군주이지.

진흥왕에 이르러 늦깎이 신라가 고구려와 백제를 모두 꺾고 한반도의 지배자로 떠오를 수 있었어. 이 무렵 고구려는 많이 약해진 상태였어. 성왕과 진흥왕은 나제동맹을 더욱 강화하고, 고구려를 압박했어 550년. 나제동맹의 사기에 밀려 그토록 강력했던 고구려가 후퇴하기 시작했어. 곧 한강이 눈에 보였어.

"고지가 눈앞에 있다! 한강을 넘어라! 적을 살려두지 마라!"

전투 결과는 놀라웠어. 나제동맹의 대승! 백제는 한강 하류 6개 군을 되찾았고, 신라는 한강 상류 10개 군을 확보했어. 오늘날 충북 단양에 있는 '단양적성비'는 당시 진흥왕이 고구려 땅을 빼앗은 걸 기념하기 위해 세운 비석이란다. 이걸로는 성에 안 찼던 걸까? 진흥왕은 백제 성왕을 만났어.

"지금, 고구려는 북쪽의 돌궐과 싸우고 있고, 내분도 심하다 하더이다. 북진할 절호의 기회가 아니오리까? 한강으로 성이 차겠소이까?"

"그걸 말해 뭐하겠소이까? 우리 조상이 저들에게 처형된 적도 있소이다. 한강을 되찾은 것만으로는 이 마음에 쌓인 응어리를 다 해소할 수 없소이다."

나제동맹 군대가 다시 북진을 서둘렀어. 그런데 갑자기 상황이 바뀌었어! 진흥왕이 전략을 수정해 백제를 친 거야. 나쁘게 말하면 배신을 한 셈이지. 진흥왕의 명을 받은 장군 김무력(김유신의 할아버지)이 백제가 고구려로부터 되찾은 한강 하류로 진격했어.

백제는 신라군이 기습 공격을 해 올 것이라고는 꿈에도 생각하지 못했어. 바로 어제까지만 해도 서로 힘을 합쳐 고구려와 싸웠잖아? 하지만 그건 백제의 생각일 뿐이야. 처음부터 진흥왕은 백제와의 동맹을 유지할 생각이 없었단다.

'한반도를 통일하려면 한강 하류를 차지해야 한다. 그래야 중국과 직접 교류할 수 있다. 게다가 지금은 고구려가 정신을 못 차리고 있는 상황. 다시 약진하는 백제부터 꺾어야 한다. 백제와의 의리도 중요하지만, 신라의 부흥이 먼저다.'

신라의 기습공격은 성공했어. 한강 하류가 신라의 수중에 떨어졌어. 백제 성왕이 화가 났겠지?

"뭐라? 신라가 배신했다고? 내가 지금껏 정성을 다해 신라를 도왔거늘, 은혜를 원수로 갚아? 당장 군사를 집결시켜라. 신라를 칠 것이다."

성왕은 군대를 이끌고 관산성으로 향했어. 대가야와 왜국의 병사들도 동원했어. 이렇게 해서 시작된 게 관산성 전투야. 이 전투에서 백제는 승리하지 못했어. 게다가 성왕까지 전사했어. 백제의 치명적 패배. 한강 하류는 신라의 영토가 됐고, 백제는 다시 이 영토를 되찾지 못했단다.

8년 후, 진흥왕은 우산국을 정복한 이사부 장군에게 대가야를 치도록 했어. 이 정복 전쟁을 끝으로 가야는 역사 속으로 사라졌어 562년.

백제와 가야를 쳤으니, 다음엔? 그래, 다시 고구려를 쳤어. 신라 군대는 강원도를 따라 쭉 진격했어. 오늘날의 함경남도와 강원도 사이에 있는 영흥만까지 올라갔단다. 그 결과 진흥왕 시절, 신라는 역사상 가장 넓은 지역을 정복했어. 그 후 진흥왕은 정복 지역을 쭉 둘러봤고, 기념비를 세우도록 했어. 이게 진흥왕순수비야. 창녕, 북한산, 황초령, 마운령 등 네 곳에 있단다.

백제의 근초고왕이 평양성 전투의 승리를 역사로 남겼고, 고구려의 광개토대왕이 요동 탈환의 위업을 남겼다면, 신라 진흥왕은 앞선 두 나라를 모두 꺾음으로써 한반도의 패자로 등극했다는 업적을 이뤄냈다고 할 수 있어.

아 참. 신라 화랑도를 공식적인 국가 '사관학교'로 만든 왕도 진흥왕이야. 지금은 존재하지 않지만, 신라 최대의 사찰이었던 황룡사를 짓도록 한 왕도 진흥왕, 거칠부를 시켜 《국사》를 편찬하도록 한 왕도 진흥왕이었어. 참으로 많은 일을 했지?

진흥왕이 세상을 떠났어 576년. 그 뒤를 진지왕, 진평왕, 선덕여왕이 이었어. 우리나라 최초의 여왕인 선덕여왕은 진흥왕의 업적을 바탕으로 신라를 더욱 강하게 만들었어.

이 무렵, 고구려에서는 무슨 일이 벌어지고 있었는지 아니? 중국을 통일한 수 · 당과 전쟁을 벌이고 있었어. 이 전쟁에 이어 한반도 통일 전쟁까지…. 이제 삼국 시대 최고의 격동기로 가볼까?

고구려-수·당 전쟁과
삼국 통일 전쟁

격정의 드라마,
아쉬운 한반도 통일

6세기 후반, 중국에 큰 변화가 생겼어. 5호16국과 남북조 시대의 어수 선함이 끝이 난 거야. 수나라가 중국을 통일했어589년. 수는 이어 주변 이민족들을 하나씩 공략했어. 물론 고구려를 포함해서. 하지만 쉽지 않 아. 고구려가 약해졌다고는 하지만 아직도 중국을 위협할 만큼 강하기 때문이야.

　이 무렵 동북아시아 지도는 매우 복잡했어. 백제는 신라와의 나제 동맹이 깨어진 후 고구려와 가깝게 지냈어. 나중에는 고구려-백제가 여제동맹을 맺지642년. 백제는 왜국과 우방 관계였고, 고구려는 돌궐 과 친하게 지냈어. 그렇다면 신라는? 한강 하류를 차지한 후 수와의 직접 교류를 늘려나갔어.

자, 정리해볼까? 고구려-백제-돌궐-일본이 한 편이었어. 여기에 맞서는 진영은 신라-수야. 동아시아 전체가 양편으로 나뉘어 대결하는 형국이지? 이 나라들이 모두 참전한 대형 전쟁이 터졌어. 바로 고구려와 수의 전쟁이야. 줄여서 고수전쟁이라고도 불러 598~614년.

수가 먼저 고구려에 시비를 걸었어. 사신을 보내 신하의 예를 갖추어 달라고 요구한 거야. 이에 고구려 장군 강이식이 군대를 이끌고 요서 지역의 임유관을 선제공격함으로써 전쟁이 사실상 시작됐어 598년. 이 공격은 큰 성과를 거두지 못했단다.

수의 반격. 때마침 폭풍우가 불어 닥치고 전염병이 나돌았어. 수의 군량미도 떨어졌지. 어쩌겠어? 수는 아무런 성과도 거두지 못한 채 철수했단다. 참고로, 진주 강씨 족보에는 이때 강이식 장군이 수의 30만 대군을 격퇴했다고 기록돼 있어. 이 기록이 사실인지는 정확하지 않지만 어쨌든 1차전은 이렇게 끝이 났어. 학자에 따라 이 전쟁을 고구려-수 전쟁에 아예 넣지 않는 일도 있단다. 알아두렴.

얼마 후 수에 큰 변고가 생겼어. 태자가 아버지를 살해하고 황제에 오른 거야. 그 패륜아가 바로 양제였어. 양제 또한 고구려에 이를 갈았어.

113만 대군. 보급병사까지 합하면 200만. 병사가 다 출발하는 데만 40일이 걸렸어. 당시 인구 상황을 고려하면 상상을 초월하는 대군이야. 이렇게 수의 침략이 시작됐어 612년.

"육군은 고구려 관문인 요동성을 함락시킨 후 바로 평양으로 가라. 수군은 서해안을 거쳐 바로 평양으로 가라. 그곳에서 힘을 합쳐 평양을 무너뜨리도록 하라."

이 작전대로 됐을까? 아니야. 고구려가 이에 맞서 '청야수성' 작전을 폈기 때문이야. 들판을 깨끗이 비우고, 백성은 모두 성 안으로 들어가 지키는 작전이지. 그렇게 하면 수의 병사들이 식량을 못 구할 것이고, 무기력해질 거야. 그때를 노려 기습공격을 할 수도 있어.

이 청야수성 작전 때문에 수의 군대는 요동성에 이르렀으면서도 몇 개월이나 함락시키지 못했단다. 수 양제는 마음이 급해졌어. 육군과 수군이 평양에서 만나기로 했는데 차질이 빚어졌잖아? 식량도 떨어져 가고 있어. 시간을 더 끌면 수가 크게 불리해지겠지?

수 양제는 30만 병사를 따로 추려 별동대를 만들었어. 우중문과 우문술을 별동대의 지휘관으로 임명하고 평양 진격을 명했어. 별동대 병사들은 자신의 식량을 각자 운반했어. 무겁겠지? 많은 병사가 슬쩍 식량을 버렸어. 나중에 민가를 약탈하면 될 거라 생각한 거야.

고구려는 다시 청야작전을 폈어. 먹을 만한 것은 모두 태우고 도망 가다가, 다시 공격하고, 또다시 도망간 거야. 수의 병사들은 미칠 지경 이었어. 그래도 어찌어찌 해서 평양성 어귀에는 이르렀어. 바로 그때 고구려 을지문덕 장군이 우중문에게 편지를 보냈어. 그 편지에는 시 한 수가 적혀 있었어.

"귀신같은 계책은 천문을 통달했고, 기묘한 셈은 지리를 꿰뚫었네. 전투에 이긴 공이 이미 매우 높으니, 만족하고 그만 하는 게 어떻겠 나?"

을지문덕은 이 시를 전달하면서 항복의 뜻을 밝혔어. 물론 작전이 었어. 사실 지칠 대로 지친 수의 병사들은 전쟁을 끝내고 싶었어. 철수 할 명분을 주려고 거짓으로 항복한 거야. 예상대로 우중문은 군대를 철수하기 시작했어.

수의 긴 철군 행렬이 청천강 에 이르렀어. 사방에서 고구려 병사들이 들이닥쳤어. 그래, 을지문덕은 살수에서 수의 군대를 일망타진하려고 전략을 짰던 거야.

"한 놈도 살려 보내지 마라. 고구려를 건드린 대가를 똑똑히 보여줘라!"

일방적인 전투! 수의 군대는 도망가기에 급급했고, 고구려군은 칼을 휘두르기에 바빴어. 전투가 끝나자 살수 일대가 수 병사들의 시신으로 뒤덮였어. 살아 돌아간 병사는 2700여 명. 30만 명이었던 별동대의 99% 이상을 죽인 거야.

이게 그 유명한 살수대첩이야. 살수대첩은 고구려-수 전쟁뿐 아니라 우리 역사 전체를 통틀어 가장 위대한 전투 중 하나로 손꼽혀. 우리나라의 3대 대첩은 살수대첩, 귀주대첩, 한산도대첩이야. 나머지 2개 대첩은 나중에 다루게 될 거야.

수는 이듬해 다시 고구려를 침략했어. 하지만 본국에서 반란이 일어나는 바람에 급히 철군했단다. 그다음 해에도 다시 고구려를 침략했지만, 이번에도 꺾을 수 없었어.

전쟁은 오래 하면 할수록 모두 피곤해져. 수뿐 아니라 고구려도 마찬가지야. 백성의 삶도 힘들어지지. 고구려가 먼저 사신을 보내 화친하자고 제안했어. 수도 제의를 받아들였어. 이렇게 해서 고구려-수 전쟁은 일단락이 됐단다.

살수대첩을 통해 고구려가 여전히 동북아시아의 강자임을 입증했어. 수는? 고구려와의 전쟁에 너무 많은 에너지를 쏟은 바람에 스스로 멸망하고 말았단다618년.

수를 무너뜨린 나라는 당나라야. 고구려는 당과 잘 지내려고 노력했어. 당도 마찬가지였어. 새로 건국된 나라이니 이것저것 정비할 게 많겠지? 덕분에 10여 년간은 두 나라 사이에 전쟁이 터지지 않았어.

태종이 당 2대 황제가 되면서 상황이 달라졌어626년. 당 태종은 수를 괴롭혔던 돌궐을 몰아냈고, 다른 민족들도 모두 복속시켰어. 다음 타깃? 그래, 고구려야. 고구려 조정에 비상이 걸렸어.

"아직 수와의 전쟁 피해도 다 복구하지 못했습니다. 더 강한 당과의 전쟁이라니요. 절대 막아야 합니다. 일단 당에 복속하고, 차차 힘을 길러야 할 것이외다."

"무슨 소리요! 언제부터 이렇게 나약해졌소이까? 30만 대군을 격파한 살수대첩의 위용을 다 잊었단 말이오? 뭉치면 당을 이길 수 있소이다. 싸울 준비를 합시다."

의견은 분분했지만, 당의 침략에 대비하기 위해 천리장성을 쌓는 데는 대체로 의견이 모였고, 곧 공사가 시작됐어631년. 연개소문이 공사의 책임자로 임명됐어. 연개소문은 성을 쌓으면서 결심했어. 물러터진 온건파를 제거하고 당과 싸우자! 마침내 기회가 왔어.

연개소문이 평양 외곽에서 병사들의 열병식을 거행했어642년. 많은 귀족이 초대됐어. 한창 행사가 무르익고 있는데, 갑자기 어디선가 병사들이 쏟아져 나왔어.

"으악! 사람 살려!"

곳곳에서 비명이 들렸어. 그래, 연개소문의 계략이었던 거야. 연개소문은 귀족들을 제거하고는, 군대를 이끌고 궁으로 진격했어. 반란을 일으킨 거야. 연개소문은 당과 싸우지 말자고 했던 왕영류왕을 죽이고 새 왕보장왕을 임명했어. 물론 허수아비 왕에 불과해. 연개소문은 대막리지란 벼슬에 오른 뒤 모든 국정을 장악했어. 이어 당과의 결전을 준비하기 시작했어.

얼마 후 신라의 김춘추가 연개소문을 찾아왔어. 이 무렵 신라는 위기를 맞고 있었어. 백제 의자왕이 백제의 부활을 외치며 다시 신라를 공격해 40여 개의 성을 빼앗아 간 거야.

"신라를 도와주시오. 그렇게 해준다면 나중에 당이 고구려를 침략할 때 신라가 돕겠소." 김춘추

"죽령 이북의 땅을 돌려 달라. 그 땅은 원래 고구려의 것이었으나 너희 진흥왕이 빼앗아 간 것이다. 그 땅을 돌려주면 신라의 제의를 검토해보겠다." 연개소문

협상은 결렬됐어. 그러자 신라는 당에 손을 내밀었어. 신라를 돕도록 고구려를 설득해달라는 거야. 당 태종이 사신을 고구려에 보냈어. 연개소문은 그 사신에게 호통을 쳤어.

"신라와의 문제를 왜 당이 간섭한단 말인가? 신라와의 화친은 우리가 정할 일. 당은 왈가왈부하지 마라."

당에 대한 도전! 당 태종은 고구려를 꺾지 않으면 동북아시아를 온전히 장악하지 못할 거란 사실을 깨달았어. 그렇다면 선택은 하나뿐이야. 전쟁. 이렇게 해서 고구려-당 전쟁, 줄여서 고당전쟁이 시작됐어 644~668년. 이 전쟁의 끝은 고구려 멸망으로 이어진단다.

당 태종은 직접 15만 대군을 이끌고 요동 지방으로 진격했어. 목표는 요동성! 수 양제가 꺾지 못했던 난공불락의 요새였지? 하지만 수보다 당이 훨씬 강했어. 요동성은 12일 만에 함락됐어.

이번에 당의 진격을 막은 곳은 안시성이었어. 안시성은 아주 작은 성이었어. 그러니 태종도 얕잡아봤을 거야. 하지만 성 안의 백성과 병사들이 똘똘 뭉쳐 매일 6~7회의 전투를 버텨냈어. 당의 병사들이 성

벽을 넘기 위해 흙산을 쌓으면 안시성 백성은 성벽을 더 높이 쌓았어. 백성은 서로서로 독려하며 포기하지 않았어.

열악한 조건에서도 백성은 잘 싸웠어. 무려 3개월이나! 그 사이에 겨울이 다시 찾아왔어. 당나라 진영에 비상이 걸렸어. 군량미는 떨어졌고, 얼어 죽거나 굶어 죽는 병사들이 속출했거든. 천하의 당 태종도 더는 어쩔 수 없었어.

"짐이 이런 모욕을 당하다니! 저 작은 성 하나를 빼앗지 못하고 철군해야 하는가? 분통하다. 하지만 어쩌겠는가?"

당 태종이 마침내 철군 명령을 내렸어. 고구려가 막아낸 거야! 당 태종은 그 후로도 고구려를 호시탐탐 노렸지만 결국, 뜻을 이루지 못하고 사망했단다. 연개소문의 승리!

연개소문이 살아있는 한 고구려의 무패 신화는 깨뜨릴 수 없을 것 같았어. 당은 혼자 힘으로는 고구려를 삼킬 수 없다는 사실을 깨달았어. 대신 신라와 연합하는 전략을 취했어.

마침 신라로부터 "도와주세요!"라며 구원 요청이 끊이지 않았어. 누가 당에 도움을 요청했다고? 그래, 김춘추야. 그 김춘추가 신라 29대 왕으로 등극했으니 곧 태종무열왕이야(65대,). 신라는 당과 손을 잡고, 나당연합을 출범시켰어.

고구려는 백제와 여제동맹을 맺었고, 신라는 당과 나당연합을 체결했어. 왜국은 백제와 우호 관계를 유지했으니 여제동맹의 편이었어. 여전히 국제전이 계속되고 있지? 신라의 삼국 통일 전쟁도 이 안에서 진행되고 있었단다.

신라는 먼저 백제부터 공략하기로 했어. 당이 대군을 신라에 파견했어. 백제가 저항했지만 역부족이었어. 백제의 수도가 함락됐어. 백제가 역사 속으로 사라졌어660년.

1년 후 무열왕은 세상을 떠났어. 삼국 통일의 대업을 채 이루지 못하고…. 그의 아들이 문무왕에 올랐어. 문무왕은 당과 함께 고구려를 쳤어. 당의 군대가 평양성을 포위해 공격했고, 신라는 후방에서 지원했지. 이번에도 고구려를 무너뜨리지는 못했어. 연개소문이 건재했기 때문이야. 하지만 그 연개소문도 얼마 후 세상을 떠났단다.

고구려가 엉망이 돼 버렸어. 연개소문의 아들들이 권력투쟁을 벌였어. 장남인 연남생은 당에 투항했고, 나중에는 당의 군대를 이끌고 고구려를 함께 공격했어. 이러니 망할 수밖에. 결국, 고구려 수도 평양성이 무너졌지668년. 고구려-당 전쟁도 막을 내렸지. 더불어 광활했던 고구려의 영토도 중국에 빼앗기고 말았어. 이 전쟁의 패배는 우리 민족에게는 정말로 안타까운 사건이야.

오늘날 중국은 고수전쟁과 고당전쟁을 중국의 중앙정권과 지방정권의 전쟁이라고 주장하고 있어. 수와 당이 고구려라는 지방정권을 흡수하려고 벌인 전쟁이란 얘기야. 말도 안 되지. 정말 그랬다면 고구려가 천리장성을 쌓을 이유가 없어. 지방정권과 중앙정권 사이에 성을 쌓아 국경선을 정하는 경우가 세상 어디에 있니? 게다가 고구려 유민들이 발해를 세울 때 고구려를 계승한다는 점을 분명히 했어. 중국의 역사왜곡에 대처하려면 이런 역사적 사실을 확실히 알고 있어야겠지?

이제 신라가 한반도를 통일한 것일까? 아직은 아니야. 당이 그동안 숨겨왔던 본색을 드러냈어. 한반도를 집어삼키려는 야욕!

당은 정복지에 '도독부'라는 통치기관을 뒀어. 그 관례에 따라 백제 땅에 5개의 도독부를 설치했어. 신라에도 계림도독부를 설치했어. 고

구려 땅에는 9도독부를 뒀어. 또 이를 총괄하는 군사기구인 안동도호부도 평양에 설치했어.

이제 더는 참을 수 없는 지경이야. 신라가 한반도의 진정한 주인이 되려면 반드시 넘어야 할 산. 그래, 중국과의 전면 승부를 벌일 때야. 문무왕이 마침내 전쟁을 선포했어.

"재건운동을 펼치는 백제 및 고구려 유민들과 힘을 합쳐라. 특히 고구려 유민을 지원해 당과 싸우게 하라. 신라 정규군은 당으로부터 백제를 접수하도록 하라. 지금 당장 군대를 출격시켜라!"

신라군이 곧 백제의 사비성을 되찾았어 671년. 매초성 경기 양주에서 당군을 격파했어 675년. 이윽고 총반격에 나선 당을 다시 기벌포 금강 하구에서 격퇴했어 676년.

잇단 전투에서 모두 패한 당은 결국, 한반도에서 손을 뗐어. 신라의 통일 대업이 마침내 달성된 거야. 다만 고구려의 영토를 되찾지는 못했어. 대동강~원산강 이남의 영토만 확보했지. 아쉬운 일이야.

그래도 고구려 유민들은 꿋꿋했어. 고구려의 옛터에 다시 나라를 세웠지. 그 나라가? 맞아, 발해야.

해동성국

발해의 역사를
이야기하다

'바다 건너, 동쪽에 있는 융성한 나라.'

이 말을 한자로 옮기면 '해동성국海東盛國'이 돼. 그래, 발해야. 고구려를 계승한 나라. 전성기 때는 고구려보다 더 넓은 영토를 정복한 나라. 하지만 어느 순간 갑자기 멸망해버린 나라.

당은 세계 최강의 제국으로 손꼽히는 나라였어. 그런 당마저도 해동성국이란 찬사를 발해에게 보낸 거야. 동아시아가 모두 놀랄 만한 일이었지.

해동성국 칭호를 받을 때의 발해 국왕은 10대 선왕이야. 시기적으로는 9세기 초반. 대동강~원산만 이남으로는 통일신라가 있었으니, 역사적으로는 '남북국 시대'에 해당하던 때였어. 발해가 해동성국의 전성기를 달리는 동안 신라는 극도의 혼란을 경험하고 있었단다. 그 이야기는 차차 하기로 하고, 발해가 해동성국이란 찬사를 얻기까지의 과정을 살펴보도록 할까?

고구려가 역사 속으로 사라진 지 30년이 흘렀어. 그 사이에 고구려 유민들은 통일신라로 넘어가 살거나, 원래 살던 곳에서 '망국의 백성'으로 살아가고 있었어. 저항하는 사람들은 당으로 끌려가 모진 삶을 살아야 했어. 대조영도 그런 사람 중 한 명이었지.

대조영이 고구려 유민과 말갈족을 이끌고 동쪽으로 이동하기 시작했어. 몇 차례 당군과 전투가 벌어졌지만 모두 격파했어. 이윽고 동모산오늘날의 중국 지린에 도착했어. 이 곳에서 발해의 건국을 선포했어698년.

"드디어 고구려의 땅에 도착했습니다. 지금 서 있는 여기가 어떤 곳인지 아십니까? 고구려 동명성왕의 혈족, 계루부 고씨의 근거지였습니다. 이 역사적 현장에서 우리는 선언합니다. 고구려의 부활을!"

대조영은 발해의 초대 국왕인 고왕에 올랐어. 그가 세상을 떠난 후, 아들 대무예가 2대 무왕에 올랐어. 무왕은 신라를 용서할 수 없었어. 신라를 견제하기 위해 일본과는 우호적인 관계를 맺었어. 일본에 사절단을 보내기도 했는데, 함께 보낸 국서에 "발해가 고구려의 옛 땅을 회복했다!"며 고구려를 계승했음을 분명히 밝혔단다.

무왕은 고구려를 멸망시킨 당에 대해서도 적대적이었어. 장수 장문휴를 시켜 당의 등주오늘날의 산둥 반도를 치도록 했어732년. 이 전투에서 등주의 자사태수를 죽이는 전과를 거두기도 했어. 세계적인 제국을 상대로, 한 치도 물러서지 않는 기백과 용맹. 당이 놀랄 법도 하지? 나아가 무왕은 '인안'이란 독자 연호를 사용했어. 당과 대등하다는 상징이야. 정말 대단하지 않니?

무왕에 이어 아들 대흠무가 3대 문왕에 올랐어. 문왕은 아버지와 성향이 많이 달랐어. 이름시호을 보고 추론해봐. '무왕'은 군사적 활약이 뛰어났지? '문왕'은? 군사력보다는 문치에 신경을 썼고, 제도를 정비했어. 칼보다는 붓에 의존한 왕이라고 할 수 있지.

문왕은 당과의 관계를 우호적으로 바꿔놓았어. 선진 문물을 받아들이기 위해서였어. 왕으로 있는 동안 60회 이상 사신을 보냈다는구나. 60년 가까이 왕위에 있었으니 평균 연 1회 정도 사신을 보낸 셈인데, 상당히 적극적이지? 혹시 고구려가 당을 무너뜨렸다는 사실을 잊은 걸까? 아니야. 문왕은 늘 이런 고민을 했어.

'당을 넘어서려면 당의 선진 문물을 배척해선 안 된다. 당은 세계 제국이 아닌가. 당의 제도를 적극 받아들여 발해를 재정비해야 한다. 당에 대한 복수심만 불태워서는 안 된다. 설령 적이라 하더라도 배울 점은 배워야 한다!'

문왕 때 발해는 당의 중앙통치조직인 3성6부제를 수입했어. 물론 그대로 적용하지는 않았어. 발해만의 독창적인 색깔을 입혔지. 정말 실리적인 왕이지? 이용할 것은 이용하되, 섬기지는 않는다! 문왕 또한 아버지와 마찬가지로 자신을 황제라 칭하고 '대흥'이란 독자 연호를 사용했어.

문왕은 수도를 상경용천부로 옮기기도 했어. 동시에 지방행정조직도 정비했어. 오늘날의 광역시에 해당하는 '경' 외에 각 지방을 '부-주-현'으로 나눴단다. 문왕은 또 일종의 국립대학인 주자감도 만들었단다. 이 또한 중국의 국자감을 벤치마킹한 거야.

어때? 뭔가 많이 발전한 느낌이 들지 않니? 삼국 시대를 떠올려봐. 근초고왕, 광개토대왕, 진흥왕이 등장할 수 있었던 배경이 뭐였지? 국가 체제를 정비하는 것!

이 법칙이 발해에도 그대로 적용됐어. 물론 당장은 아니었어. 문왕이 죽고 난 후 한동안 발해는 혼란스러웠단다. 왕위를 놓고도 권력투쟁이 심했어. 이 모든 혼란은 9세기 초, 10대 국왕에 오른 선왕 때 말끔히 해소돼. 그래, 해동성국의 시대가 온 거야.

우리 민족 최고의 정복군주라고 하면 누구를 뽑니? 광개토대왕? 맞아. 하지만 그에 못지않은 정복군주가 발해에 있었어. 바로 선왕이란다. 그의 정복 활동을 따라가볼까?

"고구려를 계승한 발해 병사들이여! 이제 세계로 뻗어 나갈 때가 왔다. 먼저 발해와의 연대를 끝까지 거부한 흑수말갈족부터 칠 것이다!"

흑수말갈족은 발해의 동북쪽 지역 오늘날의 중국 흑룡강성에 살던, 말갈족의 한 분파였어. 발해는 고구려 유민과 말갈족 등 여러 민족이 함께한 다민족 국가야. 대부분 말갈족이 모두 발해의 지배를 받았는데, 유독 흑수말갈만이 거부했단다. 그러니 제압할 필요가 있었던 거야.

발해의 대군이 동북 방면으로 행군을 시작했어. 흑수말갈은 야성이 강하긴 했지만, 정식으로 군사훈련을 받진 못했어. 사기가 꺾이면 오합지졸이 돼 버릴 수가 있지. 실제로 발해군이 밀려오자 흑수말갈은 버티지 못하고 항복했어. 이로써 모든 말갈족이 발해의 지배를 받게 됐단다. 훗날 거란은 발해를 멸망시킨 뒤 말갈족을 여진이라 불러. 이 여진족이 금, 더 후에는 청을 세운다.

동북쪽으로 발해의 영토가 훨씬 넓어졌어. 선왕은 다시 군대를 서

쪽으로 진격시켰어.

"요동 지방의 방비가 느슨해졌다. 당의 관리가 허술한 지금이 요동 지방을 되찾을 기회다.

그야말로 파죽지세야. 발해의 군대가 요동 지방을 기습 공격했어. 작전 성공! 발해는 요동성 지역을 되찾았어. 발해는 또 남쪽으로도 진격했어. 신라의 국경선인 대동강~원산만 일대까지 세력을 확장했지.

자, 발해의 영토를 봐. 고구려의 영토를 대부분 회복했지? 아니, 오히려 고구려보다 더 영토가 넓었어. 동북쪽으로는 헤이룽 강 흑룡강까지 뻗었고, 동쪽으로는 연해주 오늘날의 러시아 블라디보스토크까지 진출했어. 선왕 때 우리 민족의 영토는 역사상 가장 넓었던 거야. 우리가 발해 역사에 조금만 더 관심이 있었다면 충분히 알 수 있는 사실이었지.

영토가 넓어졌으니 행정구역도 정비해야겠지? 선왕은 전국에 5경 15부62주를 세웠단다. 국사 교과서에 나오는 발해의 최종 지도가 이 선왕 때 확정됐다는 사실을 알아 둬. 이렇게 융성했으니 당나라도 감탄할 수밖에 없었던 거야. 그래서 해동성국이란 칭호를 내렸던 거고.

선왕 덕분에 발해는 100여 년간 꽤 번성했어. 하지만 10세기 초반으로 접어들면서 동북아시아의 지도가 바뀌고 있었어. 요동 지방에 새로운 강자가 나타난 거야. 바로 몽골 계통의 유목 민족인 거란족이지.

10세기 초반, 당이 멸망하고, 중국은 다시 5대10국 시대의 혼란에 빠져들었어. 그 틈을 타서 거란족의 리더인 야율아보기가 모든 부족을 통일하고 거란국을 세웠어. 거란국은 20여 년 후 요로 이름을 바꿨어.

거란은 곧 중국 본토의 한족 왕조를 위협할 만큼 성장했어. 그 거란이 발해를 침략했어. 발해는 이 침략을 막아내지 못했어. 탄생한 지 220여 년 만에 멸망하고 말았단다 926년.

그토록 번영했던 발해가 이처럼 순식간에 무너지다니! 역사학자들은 그 이유를 찾아내느라 진땀을 흘리고 있어. 아직도 정확한 이유는 몰라. 다만 지배층인 고구려 유민과 피지배층인 말갈족이 완전히 하나로 융화되지 못한 게 큰 원인이라고 추정할 뿐이야. 다민족·다문화 사회에서 지배와 피지배 민족이 서로 보듬지 못했으니 오래 지탱될 리가 없지?

사실 발해가 멸망할 무렵, 통일신라도 썩 상황이 좋지는 않았어. 왕권은 추락하고 있었지. 물론 처음부터 그랬던 건 아니야.

08

청해진
건설

해상강국 노렸지만,
끝내 실패한 미완의 꿈

역사학자들은 삼국 통일 직후를 신라 중대로 규정해. 신라 하대는? 8세기 후반 780년 37대 선덕왕 선덕여왕과는 다른 인물이야!이 즉위했을 때부터야.

선덕왕은 이전의 왕을 죽이고 왕에 올랐어. 왕위를 놓고 권력투쟁이 얼마나 심했는지 알겠지? 신라 하대의 가장 큰 특징이 바로 이거야. 왕권추락! 그에 따라 정치는 불안해졌고, 사회도 흉흉해졌어. 곳곳에서 반란이 일어났고, 지방 호족들은 저마다 천하 제패의 꿈을 꿨어.

신라 중대만 하더라도 이는 꿈에도 생각하지 못했던 일이야. 그때는 왕권이 아주 강했거든. 강력한 왕권을 바탕으로 나라도 잘 돌아갔어. 통일의 대업을 이룬 문무왕의 아들로서 31대 국왕에 오른 신문왕은 대대적인 개혁을 통해 전제왕권을 대폭 강화했었단다.

신문왕은 고구려와 백제, 가야의 옛 백성을 끌어안는 융화정책을 폈어. 넓어진 영토를 정비하기 위해 지방조직을 9주5소경으로 재편했어. 이 중 소경은 오늘날로 치면 광역도시에 해당해. 이 5소경을, 신문왕은 고구려, 백제, 가야의 옛 땅에 골고루 설치했단다. 중앙의 군인을 9서당이라고 했는데, 여기에도 신라인, 고구려인, 백제인, 가야인, 심지어 말갈 사람까지 두루두루 기용했다는구나. 지배층과 피지배층을 가리지 않고 서로 융화한 점은 발해와 많이 다른 것 같지? 이런 점 때문에 신라 중대가 번성할 수 있었던 것은 아닐까?

신문왕은 귀족들의 세력을 약화시키기 위해 토지제도도 바꿨어. 관료들에게 관료전을 주는 대신 귀족들에게 지급하던 녹읍을 없앤 거야. 또 귀족들의 우두머리인 수상 상대등의 권력을 약화시키고, 그 대신 왕이 직접 지휘하는 집사부의 시중의 권한을 강화했단다. 귀족들이 반발했겠지? 그래도 신문왕은 밀어붙였어. 덕분에 신라 사회는 한층 더 안정될 수 있었지.

물은 흐르지 않으면 고여 썩게 돼. 신라가 그랬어. 신문왕의 혈기왕성한 개혁을, 후세의 왕들이 이어받았으면 좋았으련만…. 현실은 그렇지 못했어.

8세기 후반, 김지정의 난이 일어났어. 상대등 김양상이 반란을 진압했어. 김양상은 나아가 왕비까지 죽이고 자신이 왕에 올랐어. 이 김양상이 바로 선덕왕이야.

이 사건은 충격, 그 자체였어. 왕통이 바뀌었잖아? 이제 귀족이라면 누구나 "나도 왕이 되겠다!"며 달려들지 않겠어? 이 때문에 왕권 다툼은 더욱 심해졌고, 신라는 역사상 가장 혼란스러운 하대로 진입한 거야. 물론 부활할 기회도 있었지만 안타깝게도 그 기회를 걷어찼어.

첫째, 신라는 해상 강국이 될 수 있었어. 발해에서 선왕이 해동성국을 구축하던 9세기 초반, 신라에서는 영웅 장보고의 활약이 두드러졌어. 장보고는 호탕한 무인 출신으로, 당에서 벼슬을 했어. 그때 신라인들이 해적에게 붙잡혀 당으로 끌려와 노비로 팔리는 장면을 접하면서 큰 충격을 받았지. 장보고는 결심했어.

"조국 신라를 구하리라."

장보고는 신라로 돌아와 조정의 허락을 받은 뒤 전남 완도에 청해진을 만들었어 828년. 이어 수군을 늘리고, 군사훈련을 강화했어. 장보고의 군대는 신라 정규군보다 막강한 정예부대로 성장했단다.

"장군님. 중국 해적이 출몰했습니다. 우리 신라 어선을 괴롭히고 있다고 하옵니다."

"뭐라? 당장 출격하라. 용서는 없다. 우리의 무서움을 보여주도록 하라."

해적들은 잔인하기는 하지만 제대로 군사훈련을 받지는 못했어. 그런 해적들이 장보고의 군대를 이길 수는 없지. 장보고의 군대는 완벽하게 해적들을 제압했어. 얼마 후 서해에서 해적들을 보기가 어려워졌어. 장보고의 해적 토벌 작전이 성공한 거야.

이제 청해진은 더는 필요 없는 걸까? 아니야. 오히려 청해진의 위상은 더 높아졌어. 단순한 군사기지를 넘어 서해와 남해를 다스리는 왕국의 수준까지 도달한 거야.

"주군. 왜국 무역선이 서해 항해를 허락해달라고 간청하고 있나이다. 당의 무역선들도 주군을 알현하게 해달라고 간청하고 있습니다."

어? 호칭이 장군에서 주군으로 바뀌었어. 한 나라를 다스리는 왕의 느낌이 들지 않니? 맞아. 어느새 장보고는 신라 전체를 통틀어 가장 영향력 있는 장군이 됐어. 신라의 왕조차 함부로 할 수 없었어. 그랬다가는 장보고가 당장에라도 군대를 이끌고 경주로 진격할지 모르잖아?

청해진은 동아시아 해상 무역의 전진기지로 성장했어. 중국이든 일본이든, 서해를 지나가는 선박들은 반드시 장보고의 허락을 얻어야 했어. 장보고가 동아시아의 해상무역을 완전히 장악한 거야!

하지만 장보고의 영웅 스토리도 허무하게 끝이 나고 만단다. 권력 다툼이란 진흙탕에 발을 디딘 게 화근이었어. 장보고가 정치판에 등장하자 왕과 경주귀족들이 위기의식을 느꼈어. 귀족들은 장보고를 두려워했어. 장보고가 군대를 이끌고 경주로 쳐들어오기 전에, 자객을 보내 죽여 버렸어.

그의 죽음은 개인적인 문제로만 끝나지 않아. 왜? 왕과 귀족들이 청해진을 폐쇄해버렸거든! 결국, 신라는 동아시아의 해상강국으로 성장할 기회를 스스로 걷어찬 셈이야.

9세기 후반에 이를 즈음, 신라의 혼란은 더 심해졌어. 정치는 몇 배 더 혼탁했고, 전국적으로 흉년이 이어졌어. 먹을 식량조차 부족했지만, 지배층은 백성의 삶에 관심도 없었어.

백성은 너무 가난했어. 세금을 못 낼 정도로! 지배층이 내면 되지 않느냐고? 아니야. 지배층은 원래 세금을 안 냈어. 그러니 나라 곳간이 텅 비어 버렸어. 재정이 바닥났으니 세금을 어떻게든 걷어야 하는 상황이 됐어. 신라 조정은 관리를 지방에 파견해 세금을 걷도록 했다. 부글부글 속을 끓이던 농민들이 결국, 폭발하고 말았어. 그래, 농민 봉기가 시작된 거야.

사벌주 경북 상주에서 일어난 원종·애노의 난이 첫 농민 반란이었어 889년. 정부군을 보냈지만, 반란을 진압하진 못했어. 나라가 엉망이니 군대 또한 오합지졸이었던 거야.

신라 조정이 정부 역할을 제대로 못 하고 있지? 이 사실이 확인되자 전국에서 더 많은 반란이 일어났어. 지방의 호족과 권력자들도 들썩이기 시작했어. 그래, 9세기 말부터 한반도가 이미 '영웅할거 시대'로 돌입했다고 할 수 있어.

사실, 이때도 신라가 나라를 추스를 기회가 있었어. 물론 이 두 번째 기회도 신라는 스스로 걷어찼어.

신라에서는 골품제 때문에 왕족왕골과 진골이 아니면 높은 지위에 오를 수 없었어. 진골 바로 밑에 있는 6두품의 불만이 컸어. 그래서 많은 6두품이 신라를 등지고 당으로 유학을 떠났어. 그런 인물 가운데 한 명이 최치원이야.

최치원도 당에서 벼슬을 했어. 당시 당에서는 황소라는 인물이 반란을 일으키는 바람에 아주 시끄러웠어. 최치원은 '토황소격문'이란 글을 써서 황소를 비판했어. 황소가 침소에서 이 글을 읽다가 깜짝 놀라 밑으로 굴러떨어졌다는 이야기가 나돌 정도로 이 글은 명문이었어. 최치원은 당 황제로부터 선물을 하사받을 정도로 능력을 인정받았어. 하지만 그의 마음은 늘 쓸쓸했어.

'내 조국 신라는 점점 더 수렁으로 떨어지고 있구나. 어이할꼬.'

결국, 최치원은 귀국을 결심했어. 마침 51대 국왕인 진성여왕이 정치개혁을 시도했고. 최치원은 '시무10조'라는 개혁안을 올렸어. 진성여왕이 최치원에게 개혁의 지휘봉을 줬어. 하지만 귀족들의 방해가 너무 심했어. 결국, 최치원은 좌절했어.

'기득권을 내놓지 않으려는 귀족 때문에 신라가 멸망하겠구나. 이제

신라에 희망은 없다. 아, 신라여!'

최치원은 관직을 내놓고 사라졌어. 시골로 갔다고도 하고, 산에 들어가 산신이 됐다고도 하고…. 신라는 개혁의 기회를 이렇게 허무하게 내팽개쳤단다.

세 번째 기회는 오지 않았어. 중앙정부인 신라는 지방 반란을 제압할 힘도 없는 허수아비 정부가 되고 말았어. 삼국을 통일할 때의 패기? 당연히 다 사라졌지. 농민 봉기는 더 잦아졌고, 지방 호족들의 신라 이탈은 더 활발해졌어. 여러 군벌이 스스로 '왕'을 칭할 정도였어. 이때부터 우리 역사에서 처음이자 마지막으로 춘추전국 시대와 같은 양상이 나타나게 돼. 이제 그 이야기를 해볼까?

고려
시대

02

후삼국 전쟁과
고려 통일

한반도의 춘추전국 시대,
영웅들이 겨루다

900년 신라 완산주 오늘날의 전북 전주.

상당히 많은 사람이 모여 있었어. 백제 후손들과 신라에 불만이 많은 사람이 대부분. 단상 위에 있는 장수가 불끈 주먹을 쥐고 쳐들었어. 일제히 '와' 하면서 환호성을 질렀어. 그 장수가 드디어 입을 열었어.

"백제의 후손들이여! 이제 들고 일어서라. 나, 견훤은 백제가 다시 건국했음을 선포하노라. 후백제의 백성이여, 신라의 폭정을 끝장내자!"

신라 변방 장수에 불과했던 견훤이 후백제를 세우고 왕에 오르기까지는 10여 년이 걸렸어. 한반도 남서부를 차근차근 공략했고, 결국, 무진주 광주에 이어 완산주까지 점령했어.

강원도 지역에서는 궁예가 세력을 모았어. 궁예는 견훤이 후백제를 세운 바로 이듬해, 송악 현재의 개성을 도읍으로 정한 뒤 후고구려를 건국했어. 이로써 한반도에서는 신라, 후백제, 후고구려의 삼국 시대가 본격적으로 시작됐어.

궁예는 민중에게 상당히 인기가 있었어. 비결은 바로 미륵 신앙에 있었어. 궁예는 스님이었단다. 미륵은 미래에 나타날 보살로, 석가모니 다음에 부처가 된다고 여겨지는 존재지. 사람들은 궁예를 미륵으로 여긴 거야.

"주군은 늘 보잘것없는 우리를 걱정하신다니까. 부처가 따로 없어."

"그래, 주군이야말로 미륵이셔. 도탄에 빠진 우리 백성을 구제해주실 성인이시지."

후고구려를 세우고 10년이 지났어. 그 사이에 후고구려의 세력은 더욱 커졌고, 번듯한 왕국의 모양새도 갖췄지. 자신감을 얻었던 것일까? 궁예는 자신의 근거지였던 철원으로 도읍을 옮겼어. 나라 이름도 후고구려에서 마진으로, 다시 마진에서 태봉으로 바꿨어.

하지만 문제가 생겼어. 궁예는 강력한 왕이 되고 싶었는데, 신하들은 그런 왕을 원하지 않았어. 신하들도 대부분 호족이라서, 기득권을 놓치고 싶지 않았던 거야. 결국, 왕과 신하들이 팽팽하게 대립했어. 그 과정에서 궁예는 폭군으로 돌변했지.

"짐은 미륵이니라. 감히 누가 나에게 도전하는가? 짐은 사람의 마음을 읽는 관심법을 쓸 줄 아느니라. 관심법으로 너희 마음을 모조리 읽어낼 수 있다. 저항하지 마라. 내가 모든 것을 꿰뚫어 볼 터이니!"

허 참. 궁예가 왜 이렇게 변했을까? 궁예는 자신의 말을 듣지 않는 신하들은 모두 처형했어. 이 시각 후백제는 승승장구하고 있었어. 중국으로 사신을 보내 국교를 맺기도 했어. 신라의 여러 성을 공략해 영토도 넓혔지. 착착 기반을 조성하고 있는 거야. 후고구려와 달라도 너무 다르지? 결국, 후고구려의 신하들이 결단을 내렸어.

후삼국 시대로 접어든 지도 어언 18년이 흐른 어느 날 밤이었어. 철원의 분위기가 심상치 않아. 갑옷을 입은 장수와 병사들이 은밀하게 움직이고 있었어. 그들은 궁예 왕이 있는 궁으로 가고 있었어. 그래, 반란이 일어난 거야.

"쳐라. 폭군 궁예를 잡아라!"

"반란군이다. 성문을 닫아라. 한 놈도 안으로 들이지 마라!"

양쪽 진영에서 고함이 터져 나왔어. 전투가 벌어졌어. 하지만 결과는 어느 정도 예정돼 있었어. 신숭겸, 홍유, 복지겸, 배현경 등 쟁쟁한 장수들이 모두 반란군의 편에 섰어. 궁예에 겁을 먹은 많은 호족도 반란을 알고도 모른 척했어. 그러니 반란이 성공하지 않는 게 오히려 이상하겠지? 궁예는 허겁지겁 도망을 쳤고, 성 밖에서 백성에게 맞아 죽었다고 전해지고 있어.

장수들이 왕으로 추대한 인물은 왕건이야. 궁예가 가장 신임하던 부하였고, 서열 2위인 시중을 맡은 개성 호족이었지. 왕건은 그전부터 여러 전투에서 두각을 나타냈어. 게다가 인품도 너그럽고 자상했어. 그러니 궁예도 왕건을 절대적으로 신임하게 된 거야. 뭐, 결과만 놓고 보면, 믿는 도끼에 발등이 찍힌 격이지만…. 바로 그 왕건이 새 나라의 건국을 선포했어.

"폭군 궁예를 몰아냈다. 우리는 고구려의 기상, 고구려의 정신을 이어받을 것이다. 새 나라의 이름을 고려라 하겠노라. 이 혁명은 하늘의 명을 받아 이뤄진 것이니, 연호를 천수라 하겠노라."

이로써 고려918~1392년 시대가 열렸어. 왕건은 고려의 창건자, 즉 태조가 됐지.

새 나라를 세운다는 것은 상당히 복잡한 작업이야. 폭군만 몰아내면 저절로 질서가 만들어지는 게 아니지. 궁예를 지지하던 철원의 호족들은 고려에 협조하지 않았어. 태조가 골치깨나 아팠을 거야. 결국, 태조는 1년 후 도읍을 자신의 고향이자 지지기반인 개성으로 옮겼단다. 아무래도 '홈그라운드'가 자신의 정치를 펴는 게 수월하겠지?

이때부터 태조는 호족들의 마음을 잡으려고 무진 애를 썼어. 이 점이 궁예와 가장 다른 점이야. 태조는 늘 부드럽게 호족들을 대했어. 호족의 마음을 잡으려고 결혼 정책과 사성 정책을 폈어.

결혼 정책은 말 그대로 결혼을 통해 호족과 가까워지는 거야. 태조는 유력한 호족 가문의 딸을 부인으로 맞아들였어. 태조는 훗날 세상을 떠날 때까지 총 29명의 부인과 결혼했단다. 낳은 자식만 왕자 25명, 공주 9명이었어. 입이 쩍 벌어지지? 사성은 왕씨 성을 하사한다는 뜻이야. 왕과 같은 성을 받는다는 것은 실로 대단한 영광이지. 호족들은 '나와 왕은 운명공동체'라고 생각할 거야.

궁예는 자신을 버린 신라의 호족을 싫어했어. 반면 태조는 신라 호족들에 대해서도 "고려와 뜻을 같이한다면 기꺼이 환영한다!"고 말했어. 태조의 관용 정신은 사람들을 크게 감동하게 했어. 점점 고려로 귀의하는 호족들이 늘었어.

호족의 눈치를 너무 보는 것 아니냐고? 어쩔 수 없어. 아직 왕권이 약하니까. 후삼국 통일 후 태조는 지방 호족의 가족을 개성에 살게 하는 기인제도를 시행했어. 일종의 인질 정책이야. 지방 호족이 반란을 일으키면? 송악에 있는 가족은 처형되지!

태조는 발해 유민도 적극 받아들였어. 왜? 발해를 세운 주도 세력이 고구려 유민이잖아! 고려 또한 고구려를 계승했어. 그러니 발해와 고려는 한 몸에서 난 동포야. 그런 발해를 멸망시킨 거란은? 당연히 철천지원수가 되지! 훗날 일종의 유언인 훈요10조를 남겼는데, 여기에서도 거란에 대한 미움을 읽을 수 있어.

"거란은 야만족이다. 게다가 발해를 멸망시킨 원수 국가다. 내 백성은 결코 거란과 가까이해서도 아니 되며, 거란의 풍습을 따라서도 아니 된다. 거란과 타협하지 말고 우리 영토를 되찾기 위한 북진 정책을 추진하라."

이 북진 정책은 가장 중요한 고려의 건국이념 중 하나야. 태조는 이 이념에 따라 고구려의 수도인 평양을 서쪽 수도란 뜻의 서경으로 지정했단다. 실제로 태조는 영토를 회복하려고 죽을 때까지 노력했어. 그 결과 통일신라 때의 국경선을 조금 더 위로 올려, 청천강~영흥에 이르렀단다.

고려는 그전까지 여러 국가로 나뉘어 있던 우리 민족을 처음으로 하나로 합쳤어. 그래, 우리 민족 최초의 단일왕조라고 할 수 있지. 자, 이제 다시 고려가 건국되던 시점으로 돌아갈까? 태조 왕건이 후삼국 시대를 어떻게 끝냈는지 마저 살펴봐야지?

신라 금성 경주이 아수라장으로 변했어. 후백제 군대가 신라의 심장부인 도읍지로 쳐들어온 거야 927년. 신라 최대의 위기! 이 순간에 신라왕은 뭐 하고 있었을까?

55대 경애왕은 포석정에서 잔치를 벌이고 있었어. 어떤 학자들은 이게 사실이 아니라고 주장해. 후백제군이 금성으로 쳐들어오고 있다는 소식을 듣고는 다급한 마음에 하늘에 제사를 지내고 있었다는 거야. 어느 쪽이 진실이든 상관없이 경애왕에 대한 평가는 달라지지 않아. 적군이 쳐들어오는데 잔치하는 거나 제사를 지내는 거나, 무능한 왕인 것은 똑같잖아?

후백제군은 닥치는 대로 금성을 약탈한 후 경애왕을 붙잡았어. 견훤은 빈정대는 시선으로 경애왕을 쳐다봤어.

"잘난 신라 귀족들의 왕이 납시셨군. 너희가 도적이라 부르는, 미천한 이 견훤에게 무릎을 꿇었어. 살려달라고 애걸복걸해보시지!"

"너무 무례하지 않소! 그래도 이 몸은 신라의 왕이외다."

"뭐라? 제 나라를 지키지도 못하는 주제에 왕이라? 오냐. 망해가는 신라의 운명을 왕인 너도 따라가도록 하라. 여봐라! 이 신라 도적의 왕을 처형하라!"

"그럴 필요 없소이다. 나 스스로 목숨을 끊으리다. 더는 욕보이지 마시오."

경애왕은 이렇게 세상을 떠났어. 이 사건으로 신라 주변의 호족들은 모두 후백제에 등을 돌렸어. 고려에 몸을 의지한 거야. 후백제로서는 큰 손해인 셈이지.

후백제군이 금성을 쳤을 때 신라에서는 고려에 급히 도움을 요청했었어. 태조가 직접 군대를 이끌고 출격했어. 하지만 금성에 도착하기도 전에 모든 사건이 끝나 버렸어. 고려는 퇴각하는 후백제군을 치기로 했어. 바로 대구 공산에서!

고려군은 숨어서 후백제군이 나타나길 기다렸어. 이윽고 후백제군이 눈에 들어왔어. 공격! 그런데 후백제군이 어딘가 이상해. 왠지 정예

부대가 빠진 느낌이랄까? 태조의 이 예감은 정확히 들어맞았어. 견훤이 태조의 작전을 예측하고, 역으로 기습공격을 한 거였어. 병사들이 픽픽 쓰러졌어. 포위망은 점점 좁혀져 왔어. 태조가 모든 것을 포기하려는 찰나, 측근인 신숭겸 장군이 앞으로 나섰어.

"폐하. 탈출하셔야 합니다. 제가 폐하의 갑옷을 입고 적들을 유인하겠나이다. 그 사이에 꼭 이곳을 빠져나가서 대업을 이루시기 바랍니다."

주군을 대신해 죽겠다는 충성. 그저 감동할 뿐이야. 태조는 신숭겸과 갑옷을 바꿔입고 탈출을 시도했어. 다행히 태조는 목숨을 건졌어. 하지만 이 전투에서 고려의 명장과 병사들이 많이 희생됐어. 5천 명의 병사 중 살아남은 병사가 100명이 되지 않았다는구나.

이 공산 전투에서 고려가 받은 충격은 실로 컸어. 한동안 재기하는 것이 힘들어 보일 정도였지. 실제로 후백제는 이후 승승장구했어. 역전의 기회는 3년 후 고창 성북 안동 전투에서 찾아왔어.

이 전투에서 고려는 지방 호족들의 전적인 지원에 힘입어 후백제를 대파했어. 후백제는 무려 8천여 명의 병사를 잃었어. 이로써 고려는 공산 전투의 패배를 설욕했어. 그뿐만 아니라 "이제 대세는 고려!"라는 인식을 호족들에 심어줬어. 더 많은 호족이 자신의 성을 고려에 바쳤단다.

후백제는 설상가상으로 큰 내분으로 휘청거렸어. 내분은 후계자 문제에서 시작됐어. 견훤이 후궁의 자식인 금강에게 후계자 자리를 물려주겠다고 선언한 게 화근이 된 거야. 장남이었던 신검이 반란을 일으켜 아버지 견훤을 가둬버렸어.

견훤은 금산사란 절에 갇혀 별의별 생각을 다 했을 거야. 신검이 괘씸하기도 하고, 지나온 나날이 허망하기도 하고, 앞으로 어떻게 살아야 하는지 고민도 했겠지. 견훤은 고려로 망명해 버렸어.

태조는 정성으로 견훤을 맞아들였어. 양주 땅을 식읍으로 내주고, 아버지에 버금가는 '상부尙父'로 모셨단다. 얼마 후에는 신라 56대이자 마지막 왕인 경순왕이 태조에게 무릎을 꿇었어. 신라의 천 년 역사가 막을 내리는 순간. 이번에도 태조는 경순왕의 자존심을 충분히 살려줬어. 작위도 내리고 경주 지역을 총괄할 수 있는 사심관에 임명한 거야.

이제 신검이 장악하고 있는 후백제만 남았어. 고려 군대가 전열을 가다듬었어. 선두에는 견훤이 말을 타고 앉아 있었지. 자신이 다스리던 곳이니 훤히 알고 있겠지? 그래, 견훤은 길잡이 역할을 자처한 거야.

일선군 경북 구미 선산에서 마지막 전투가 벌어졌어. 결과는 예상했던 대로야. 맞아. 고려가 대승을 거뒀어. 이 전투에 승리함으로써 고려는 한반도 전체를 장악하는 데 성공했어. 드디어 고려가 전국을 통일한 거야936년.

대업을 이뤘어! 태조와 호족들은 덩실덩실 춤을 췄어. 태조는 호족들을 아꼈고, 호족들은 태조에게 충성했어. 여기까지는 큰 문제가 없지? 하지만 태조가 세상을 떠난다면? 사정이 달라지지 않을까?

아차, 태조가 거기까지는 생각하지 못했나 봐. 태자가 왕에 오른다 한들 호족들이 가만히 있겠어? 그 호족들은 대부분 딸을 태조에게 시집보낸 사람들이야. 권력이 이만저만 강한 게 아니지. 태조가 살아있을 때야 통제할 수 있지. 하지만 태조가 죽고 없다면 아무도 그들을 통제할 수 없어. 왕위 다툼도 심해질 테고, 왕권도 약해질 거야.

정말 그랬어. 태조가 사망하고 난 후 2대 혜종, 3대 정종은 제대로 왕의 노릇을 하지 못했어. 왜? 호족들이 쥐고 흔들었거든. 이제 왕실에게 큰 숙제가 생겼어. 바로 왕권 강화! 하지만 호족은 훨씬 강해. 이 노릇을 어떡하지? 4대 광종이 승부수를 던졌어.

"호족들의 노비를 혁파하고, 과거 제도를 시행한다!"

10 노비안검법과 과거제

고려 발전의 초석을 깔다

4대 광종이 왕에 오른 지 7년이 흘렀어. 이때까지만 해도 광종은 호족에 휘둘렸던 혜종이나 정종과 크게 다르지 않았어. 광종은 조용했어. 호족들의 비위를 크게 거스르는 일은 절대로 하지 않았어. 호족들은 광종이 자신들을 어떻게 할 수 없을 거라 생각했어. 정말 그럴까? 광종이 그렇게 나약한 왕이었을까? 아니야.

광종은 7년간 인내하며 호족 세력을 진압할 준비를 하고 있었어. 자신에게 충성하는 신하들을 늘려나갔어. 가장 효과적으로, 단칼에 호족에 치명타를 주는 방법을 열심히 찾고 있었어. 겉으로는 부드럽고 나약한 모습을 연출하면서 뒤로는 칼을 갈고 있었던 거야. 어느 날 광종이 대신들을 모아놓고 폭탄선언을 했어.

"호족들은 들어라! 후삼국 시대, 많은 양인이 억울하게 호족들의 노비가 됐다. 빚을 못 갚아서, 전쟁 와중에 붙잡혀서 강제로 노비가 됐다는 사실은 호족 자신들이 잘 알고 있을 것이다. 태조께서도 그런 노비 1200명을 양인으로 돌려놓으셨다. 하지만 아직도 많은 양인이 억울하게 노비로 묶여 있다. 짐은, 노비를 모두 세밀하게 조사해서 억울한 자는 모두 양인으로 돌려놓을 것을 명한다."

이게 바로 노비안검법이야. 사실 이 도전은 왕위를 걸 정도로 위험한 거였어. 일종의 노비 해방인데, 이게 왕위를 걸어야 할 정도로 위험한 일이냐고? 호족들은 왕이 자신들의 생명 줄을 빼앗으려 한다고 생각했어. 당연히 강하게 반발했지.

호족들은 넓은 토지를 갖고 있었어. 누가 그 땅에서 농사를 짓겠니? 바로 노비야. 호족들은 자기만의 군대도 갖고 있었어. 누가 병사 역할을 할까? 이 또한 노비야. 쉽게 말해 노비는 호족이 호족답게 떵떵거리고 사는 데 꼭 필요한 경제·군사 기반이 되는 거야.

이번엔 정부 처지에서 생각해볼까? 나라가 제대로 돌아가려면 재정이 있어야 해. 세금을 거둬야겠지? 세금은 양인만 내. 만약 노비들을 양인으로 돌려놓으면? 그래, 세금이 늘어나서 국가 재정이 탄탄해지지. 호족의 군사력이 약해지는 것도 정부로선 환영할 만한 일이야. 그래야 왕권이 강해지잖아?

이러니 노비안검법은 왕으로서는 꼭 필요한 제도였고, 호족으로서는 절대 막아야 할 제도가 되는 거야. 여기저기서 이 제도의 시행을 반대하는 상소가 올라왔어. 왕의 측근들조차 신중해야 한다고 말릴 정도였지. 광종의 반응은?

"아니 될 말이오. 지금 여기서 물러나면 왕권은 보장받을 수 없소

이다. 언제까지 고려가 호족들에 끌려다녀야 한단 말이오? 내 목숨을 내놓는 한이 있더라도 결코 물러설 수 없소이다. 대신들은 밀어붙이시오!"

아주 강하지? 노비안검법은 바로 시행됐어. 호족들엔 그야말로 마른하늘에 날벼락이 떨어진 셈이야. 하지만 광종을 제지할 수는 없어. 나약했던 과거의 왕이 아니잖아!

자. 광종의 첫 개혁은 대성공을 거뒀어. 그러나 이것만으론 부족해. 호족의 기를 더 꺾어놔야 하거든. 무슨 방법이 없을까? 광종은 미소를 지었어. 이미 2탄을 준비해놓았거든. 호족들은 광종이 세상을 떠나자 다시 거세게 반발했어. 결국, 약 30년 후인 성종 때 해방된 노비를 다시 노비로 돌려놓는 '노비환천법'이 시행된단다.

2년이 지났어. 호족들은 불만에 찬 눈빛으로 광종을 바라봤어. 하지만 광종은 개의치 않았어.

"공명정대해야 할 관리가 자신의 이득을 위해 일한다면 필경 백성이 어려워질 터. 하지만 지금 상황은 어떤가. 관리들은 모두 귀족의 자제라서 팔이 안으로 굽듯 귀족 가문을 위해 일하고 있지 않은가? 짐은 이런 부작용을 없애고, 신분이 낮더라도 조정에서 일할 수 있도록 앞으로는 시험을 쳐서 관리를 뽑겠다."

호족들은 귀를 의심했어. 지금까지는 정5품 이상의 자제라면 자동으로 조정의 관리가 될 수 있었어. 이 제도가 음서야. 광종이 그 음서를 완전히 없앤 것은 아니지만, 별도의 시험 제도를 만든다고 발표했어. 이렇게 되면 아무래도 호족 자제들이 얻을 자리가 줄어들겠지? 이 관리 시험이 바로 과거 제도란다.

생각해봐. 호족들이 높은 관직을 모두 꿰차고 앉아있는데, 왕권이

노비안검법과 과거제

강할 수가 있겠어? 음서 제도밖에 없다면 왕이 원하는 관리를 뽑을 수도 없어. 하지만 과거 제도가 시행되면 상황이 달라져. 관리를 채용하는 최종 결정권자가 누구지? 바로 왕이야. 그렇다면 새내기 관리가 누구에게 충성할까? 당연히 왕이지. 이런 관리가 늘어나면 누가 이득을 볼까? 이번에도 왕이야. 결국, 과거 제도는 왕권을 강화하는 데 큰 도움이 됐다고 할 수 있어.

연이어 개혁 폭탄을 맞은 호족들은 그야말로 녹다운됐어. 이 기회를 광종이 놓칠 리가 없지. 다시 제3탄, 제4탄의 개혁을 거푸 퍼부었단다.

"관리들의 서열을 정하겠노라. 앞으로 모든 관리는 품계에 맞춰 정해진 관복을 입도록 하라. 조정 내 질서를 바로잡기 위함이니 모두 따르도록 하라."

"짐은 고려를 황제의 나라로 격상시키겠노라. 대신들은 나를 황제 대하듯이 해라."

공복을 제정하고, 칭제건원 황제을 칭한다는 뜻이야 하고, 독자적인 연호를 쓰고… 광종의 개혁 작업이 실로 큰 성과를 거둔 것 같지? 물론 그러는 동안에도 호족들의 반발이 있었지만 광종은 눈도 깜짝하지 않았어. 그래, 반발하는 호족들은 모두 제거해버렸단다.

궁중에 피바람이 불기도 했지만, 고려 왕조는 왕권 강화라는 큰 열매를 수확했어. 바로 이 점 때문에 광종을 실질적인 고려 창건자로 평가하는 학자들이 많단다.

광종이 이뤄놓은 개혁 덕분에 그다음의 왕들은 편하게 정치를 할 수 있었어. 바로 다음 왕인 경종은 고려의 토지 제도인 '전시과'를 시작했고, 그다음 왕인 성종은 중앙통치조직과 지방조직을 모두 정비했어. 잠깐 짚어보고 넘어갈까?

경종은 전체 관리들을 18등급으로 나눴어. 등급에 맞게 땅을 나눠 줬지. 이 제도가 바로 전시과야976년. 처음 시작됐다고 해서 시정전시 과라고도 불러.

전시과의 가장 큰 특징은, 관리 등급을 매겼다는 거야. 왕권이 강하 지 않다면 결코 할 수 없는 일이지. 호족들이 "왕이 누굴 믿고 그렇게 설치시나!"라고 반발할 수 없게 됐어. 왜? 광종이 호족들을 다 제압했 잖아.

전시과의 두 번째 특징은, 죽으면 땅을 돌려줘야 한다는 거야. 사실 이 제도는 관리에게 땅을 주는 게 아니야. 관리가 그 땅에서 곡물穀과 땔감柴을 얻을 권리인 '수조권'을 주는 거야. 세금을 받을 권리란 뜻이 야. 정리하면 이런 식이야.

"나라를 위해 일하고 있으니 그 대가로 수조권을 주겠다. 하지만 사망하면 자손에게 물려줄 수는 없다. 나라에 반환하라."

처음에 이 수조권은 전직관리와 현직관리, 그리고 인품이 훌륭한 사람들에게 줬어. 인품이 훌륭한 사람? 애매하지? 사실은 공신 자제 들에게 준 거야. 아직도 고려 건국공신들을 완전히 무시할 수 없어 이 런 대상이 포함된 거란다.

시간이 지나면서 지급 대상은 단계적으로 줄어들었어. 개정전시과 998년에서는 전직과 현직 관리에게만 수조권을 줬고, 경정전시과1076 년에서는 현직 관리에게만 수조권을 줬지. 왜 이렇게 대상을 줄였냐 고? 땅이 모자랐으니까! 당연히 지급 대상을 줄여야지!

노비안검법과 과거제

아버지 경종이 토지 제도를 정비했다면 6대 성종은 통치체제를 정비했어.

그가 왕에 오른 이듬해였어. 6두품 출신의 유학자인 최승로가 시무책 28조라는 개혁안을 제출했어. 이 개혁안의 밑바닥에 깔린 이념은 유학이었어. 이 개혁안대로 진행한다면 고려는 유교 국가가 되는 거지. 광종에 이은 또 한 번의 강력한 개혁 드라이브! 중앙과 지방조직이 착착 갖춰져 갔어. 어떻게 달라졌을까?

우선 당의 3성6부제를 벤치마킹해 2성6부제를 중앙에 설치했어. 2성은 중서문하성과 상서성이야. 중서문하성은 국가정책을 심의하고 결정하는 기구인데, 여기의 수장이 문하시중이야. 오늘날의 국무총리와 비슷해. 상서성 밑에는 이, 병, 호, 형, 예, 공부 등 6부를 뒀어. 이 6부는 오늘날의 각 정부부처, 이를테면 행정자치부, 국방부, 재정경제부 등과 같단다.

성종 때 중앙관제를 본격적으로 정비하기 시작했지? 그 후로 몇 차례의 정비 작업 끝에 고려의 중앙관제가 완성돼. 추가로 몇 개의 기구를 더 살펴볼까?

가령 중추원은 왕명출납과 군국기무 업무를 담당했어. 어사대는 관리들을 감찰하고 풍기를 단속하는 일을 했어. 삼사는 화폐 업무와 출납을 담당했지.

성종은 지방 조직도 개편해서 중요한 지역 12곳에 12목을 설치하고 목사를 파견했어. 그 후 몇 차례의 정비작업을 거치면서 고려 지방 행정조직은 5도양계로 확정됐어. 5도는 일반 행정구역이고, 양계는 군사 행정구역이었어. 5도에는 안찰사, 양계에는 병마사를 파견했지.

또 하나 살펴볼 기구가 있어. 이 기구만큼은 고려에서만 볼 수 있어.

고려의 독자 기구라 할 수 있지. 바로 도병마사와 식목도감이야. 이 두 기구는 귀족들의 회의체였어. 바로 이 기구만 보더라도 고려가 많이 달라진 걸 느낄 거야. 고려 초기에 왕과 대립하던 호족들이 유교적 질서에 자신을 맞추면서 개경 귀족으로 변한 거야. 그들을 문벌귀족이라 부른단다.

성종 때 시무책 28조 개혁안을 낸 최승로가 신라 6두품 출신이었지? 이 지배층이 문벌귀족으로 발전한 거야. 그렇다면 문벌귀족들은 6두품의 후손이라고 볼 수 있어. 당연히 신라를 계승하려는 생각이 강했어.

어? 고려는 고구려를 계승한 나라가 아니었나? 초기에는 이런 의식이 강했어. 하지만 문벌귀족 시대가 되면서 고구려 계승 의식은 크게 후퇴했어. 진취적인 기상도 사라지는 것 같았지. 그러니 북방 지역에서 거란족이 대국으로 성장하는데도 고려는 뾰족한 대응책을 마련하지 못했어. 그 결과는? 맞아. 전쟁이야!

노비안검법과 과거제

11 고려-거란 전쟁

외교의 진수,
전쟁 전략의 모범을 보여주다

거란이 한반도 북서쪽에 모습을 나타낸 것은 10세기 초반이야. 하지만 그 뿌리는 더 먼 과거로 거슬러 올라가야 해.

기원전 1세기를 전후해 랴오허 강요하강 상류 쪽의 시라무런 강 일대에 유목 민족들이 등장했어. 그 민족을 '동호'라고 불렀지. 얼마 후 동호는 다른 유목 민족에게 흡수돼 버렸어. 하지만 일부 세력이 명맥을 이어서, 5세기에 '선비'라는 이름으로 다시 역사에 등장했어. 그 선비족 또한 사라졌다가 10세기에 거란이란 이름으로 나타났어. 이들은 모두 몽골족의 일파 또는 몽골족과 다른 민족통구스족의 혼혈 민족으로 여겨지고 있단다.

복잡해? 좋아. 그렇다면 그냥 북방의 유목 민족인 거란이 10세기에 출현했다! 이 정도만 알고 있어도 역사 이해에는 지장이 없을 거야.

그 거란이 당 말기에 세력을 키워 부족을 통일했어. 발해도 멸망시켰지. 얼마 후에는 나라 이름을 요로 바꿨어.

요는 중국 전체를 욕심낼 정도로 성장했어. 그런데 고려는 막 중국 본토에 들어선 한족 왕조인 송과 친하게 지냈어. 요는 그런 고려가 거슬렸어. 송을 친 사이에 고려가 자신들을 치면? 흠. 꽤 골치 아프겠지? 그렇다면 어떻게 해야 할까? 그래, 고려를 길들이는 거야. 요에 도전장을 던지지 못하도록!

요는 먼저 고려 국경선 주변에 있는 정안국을 쳤어. 이 나라는 발해 유민이 세운 거란다. 고려가 위기감을 느끼겠지? 아닌 게 아니라 요는 곧바로 고려를 전격 침략했어993년. 이때부터 요와 고려는 30년 가까이 전쟁을 벌인단다. 요는 총 3회에 걸쳐 고려를 공격했어. 이 중 1차전과 3차전을 특히 살펴봐야 해. 자, 1차전부터 시작해볼까?

우왕좌왕. 오락가락.

요군대가 코앞까지 진격해오자 고려 조정의 모습이 딱 이랬어. 변방의 오랑캐인 줄로만 알았던 요가 그렇게 강하리라고는 미처 생각하지 못했어. 아니, 어쩌면 알고도 모른 척했을지도 몰라. 왜? 거란은 오랑캐잖아! 이 무렵 고려는 문벌귀족의 시대를 맞고 있지? '귀족나리'들이 오랑캐를 염두에 두기나 하겠어?

고려는 한족 왕조인 송만 섬겼어. 이런 걸 의리라고 해야 하나? 아니, 진짜로는 귀족들의 기득권 지키기라고 할 수 있어. 자기들의 기득권 지키기에 연연하다 보니 외부의 적들과 싸우려 하지 않았던 거야. 그러다 전쟁이 터지자 문벌귀족들은 불안감에 휩싸였어.

"이미 몇 개의 성을 빼앗겼소이까? 요가 원하는 것은 땅이오. 서경 이북 영토를 내어주십시다. 그러면 물러갈 것이오."

"그 말이 맞소이다. 지금 저들과 싸운다는 것은 자멸 행위요. 속히 화친을 청해야 할 것이외다."

대체로 화친 쪽으로 의견이 기울고 있는 것 같지? 물론 반대 의견도 있었어.

"서경 이북 영토를 내어준다고 해서 저들이 물러간단 보장이 있소? 한 번 땅을 내어주면 필경 또 다른 영토를 달라 할 것이오."

"그럼, 대신은 지금 저 간악무도한 오랑캐들과 싸우자는 말이오? 결과를 장담할 수 있겠소이까?"

"…."

바로 그때였어. 서희 장군이 침묵을 깼어.

"제가 가리다. 가서 적장 소손녕과 담판을 지으리다."

서희는 거란이 왜 고려를 침략했는지 이유를 잘 알고 있었어. 그러니 해법도 찾을 수 있다고 생각한 거야.

'저들은 고려를 정복할 의도가 없다. 저들의 진짜 목표는 송이다. 송을 치기 전에, 고려를 송과 떼어놓기 위해 무력시위를 벌이고 있는 게 틀림없다.'

서희가 적진으로 향했어. 전혀 기세가 꺾이지 않은, 아주 당당한 모습이었어. 이 또한 서희의 작전이었어. 대등한 관계에서 협상을 진행하려면 약한 모습을 보여선 안 되겠지? 이윽고 협상이 시작됐어. 소손녕이 먼저 따지듯 물었어.

"고려는 신라 땅에서 일어났다. 왜 우리 땅을 침략하는가?"

소손녕의 질문이 끝나자마자 기다렸다는 듯 서희가 답했어.

"고려가 왜 고려겠는가? 고구려를 계승했기에 고려인 것이다. 따라서 엄밀하게 말하면 당신 나라의 동경도 우리 고려의 영토다."

다시 소손녕이 물었어.

"왜 이웃 나라인 우리와 교류하지 않고, 송과만 교류하는가?"

옳거니! 서희가 속으로 쾌재를 불렀어. 요가 드디어 본심을 드러내고 있잖아?

"압록강 일대, 그러니까 고려와 거란의 중간에 여진이 끼어서 방해하기 때문이다. 우리가 여진을 평정하고, 그 땅을 거두게 된다면 요와 교류할 수 있지 않겠는가?"

"우리 요가 도와주면 고려는 어떤 답례를 하겠는가?"

"송과의 관계를 끊겠다. 송의 연호를 더는 쓰지 않고, 요의 연호를 쓰도록 하겠다."

"좋다. 그럼 그 약속을 믿고, 우린 본국으로 돌아가겠다."

정말로 요는 철군을 시작했어. 서희의 기발한 외교술 덕분에 고려는 전투도 치르지 않고 거란을 물리쳤어. 정말로 대단한 일이지. 게다가 고려는 이듬해 평안북도 지방의 여진족을 북쪽으로 몰아내고 영토를 넓혔어. 새로 넓어진 이 영토에는 흥화진, 통주, 구주, 곽주, 용주, 철주를 설치했어. 이 지역을 '강동6주'라 불렀단다.

1차전은 이렇게 외교 완승으로 끝이 났어. 하지만 세상에 공짜가 어디 있니? 송과의 관계를 끊고, 요를 상국으로 모셔야 한다는 숙제가 남았어.

고려의 문벌귀족은 대체로 신라 6두품 출신이야. 신라는 당을 상국으로 모셨어. 그 당의 뒤를 이은 한족의 왕조가 송이지. 그러니 고려는 송과의 관계를 절대 끊을 수 없었어. 게다가 한낱 오랑캐에게 고개를 숙일 수는 없다는 굴욕감이 강했어. 결국, 요와의 약속은 하나도 지키지 않았어.

요가 화가 났겠지? 게다가 요는 강동 6주가 정말로 중요한 지역이란 사실을 깨달았어. 고려에 이 땅을 돌려달라고 요청했어. 물론 고려는 거절!

자, 그다음 결과는 뻔해. 11세기 초, 요가 다시 고려를 침략했어 1010년. 이 2차전에서 고려 수도 개성이 폐허가 돼 버린단다. 왕현종이 급히 피난을 떠나야 했을 정도야. 결국, 고려는 항복할 수밖에 없었어. 이번에는 정말로 요를 상국으로 모시겠다고 약속했어. 현종이 직접 요나라 황실에 입조하기로 했지.

이 2차전 때 고려에서는 처음으로 대장경을 만들기 시작했어. 그게 초조대장경이야. 왜 대장경을 만들었느냐고? 부처가 외적을 격퇴해 달라는 마음을 모으기 위해서야. 이 대장경은 훗날 몽골 침략 때 불에 타버린단다.

전쟁이 끝나자 고려는 또 약속을 지키지 않았어. 입조도 하지 않았고, 송과의 교류도 중단하지 않았어. 오히려 요와의 국교를 끊어버렸단다! 다시 요가 고려를 침략했어. 3차전이 터진 거야 1018년. 이 전쟁에서 고려군을 지휘한 인물이 강감찬이었어.

강감찬은 압록강 주변의 흥화진에서 요의 대군을 맞을 준비를 했어. 쇠가죽으로 강의 물줄기를 막아 놓은 뒤 적군이 나타나기를 기다렸지. 그것도 모르고 소배압이 이끄는 거란군은 기세도 당당하게 진군해 왔어. 그들이 막 흥화진을 건너던 찰나, 강감찬이 외쳤어.

"물길을 터라!"

고려군이 일제히 쇠가죽을 끊었어. 물 폭탄이 요의 병사들을 덮쳤어. 혼비백산한 거란 진영에 또 한 번의 폭탄! 이번엔 매복해 있던 고려군이 총공격을 감행했어. 결과는 고려의 대승이었지.

한 번의 승리로 전쟁에서 이길 수는 없어. 요군은 개경으로 밀고 들어오고 있었어. 하지만 고려는 2차전 때와 확연히 달랐어. 예전처럼 요에 밀리기만 하지 않았어. 오히려 공세를 강화했지.

결국, 요는 철수 결정을 내렸어. 부랴부랴 본국으로 돌아가기 시작했어. 하지만 강감찬은 절대 그들을 그냥 돌려보낼 생각이 없었어. 적을 궤멸시킬 최적의 장소를 물색했어. 그곳을 찾았어. 바로 귀주!

요의 군대가 귀주 벌판에 도착했어. 갑자기 사방에서 고려 병사들이 쏟아져 나왔어. 요는 사기가 꺾인 채 철수하고 있었고, 고려군은 사기충천! 전투 결과는 불을 보듯 뻔해. 맞아. 고려의 대승이었어. 이 전투가 그 유명한 귀주대첩이란다.

이 전투를 끝으로 고려는 요와 싸우지 않았어. 고려는 요의 연호를 사용하는 대신 입조하지는 않았어. 강동6주도 돌려주지 않았어. 고려는 요와 대등한 지위로 부상할 수 있었어. 동북아시아는 고려-요-송 삼국이 균형을 맞추는 형세가 됐단다. 서희와 강감찬을 기억해야 하는 이유, 충분하지?

그 후 고려는 100여 년간 평화 시대를 맞았어. 그 사이에 해동통보와 은병 같은 화폐도 등장했어. 사실 화폐 경제까지 도달하지는 못했어. 사람들은 여전히 현물을 선호했고, 결국, 화폐는 곧 사라졌단다. 어쨌든 경제가 꽤 발달한 느낌은 들지? 실제로 고려 벽란도는 동북아시아 무역의 중심지로 떠올랐어.

한편 만주에서는 여진족이 통일 왕국을 건설하려는 조짐이 보였어. 12세기로 접어들어서는 여진족이 금을 세우고는 요와 고려를 압박하기 시작했어.

고려 지배층은 어떤 태도를 보였을까? 저항? 아니야. 거란을 상대할 때처럼 패기 있는 장수가 없었어. 문벌귀족들은 더는 고구려를 계승할 의지도 없었어. 그냥 현 상태에 만족하며 기득권을 충분히 누리고 싶었겠지. 그러니 금이 "형제 관계를 맺자!"고 제안해왔을 때도 "네, 그러시죠!"라며 응했던 거야. 전쟁이 터지면 골치 아프잖아?

금은 강했어. 얼마 후에는 요를 무너뜨렸을 정도로! 몇 년 후에는 금이 다시 송을 쳤어. 송이 휘청거렸어. 황족 몇 명이 수도를 내어주고 멀리 남쪽으로 달아나 송을 재건했어. 이게 남송이야. 금이 마침내 동북아시아의 최강자로 우뚝 섰어. 이랬던 금도 얼마 후 몽골에게 호되게 당하고 멸망한다.

중국 역사가 매우 급하게 돌아가고 있는 바로 이 순간, 고려는 어땠을까? 난장판이었어. 문벌귀족들은 금에 아부하면서 권력을 유지했어. 특히 권력이 강한 문벌귀족은 스스로 왕에 오르려고도 했어. 그게 바로 이자겸의 난이야.

12

이자겸과 묘청의 난, 그리고 무신정변

문벌귀족의 뿌리를 흔들다

문벌귀족의 자제는 음서 제도로 관직에 진출해 요직을 꿰찼어. 음서 제도는 5품 이상의 고위층이 과거 시험을 치르지 않고 관리가 되는 특혜야. 세습이 가능한 공음전이란 토지도 무상으로 받았어. 이 또한 특혜지.

문벌귀족은 자기들끼리 결혼하면서 세력을 키웠어. 급기야 일부는 왕의 권한을 능가할 정도에 이르렀어. 대표적인 문벌귀족이 경원 이씨 인주 이씨 가문이야. 인주 이씨는 11대 문종부터 17대 인종까지 7대 80여 년간 왕비를 배출했단다. 왕이 왕자를 낳으면 당연히 경원 이씨에서 배우자를 구했다는 얘기야.

16대 예종 또한 경원 이씨에서 왕비를 구했어. 바로 이자겸의 둘째 딸이었지. 둘 사이에서 태어난 아들이 17대 인종이 됐어. 인종 또한 경원 이씨에서 왕비를 구했어. 바로 이자겸의 셋째 딸과 넷째 딸이야. 어? 좀 이상하지? 그래. 인종은 이모들과 결혼한 거란다.

물론 당시에는 촌수의 개념이 없었어. 왕족과 귀족들은 '순수성'을 지키기 위해 자기들끼리 결혼했어. 아무리 그렇다고 해도 인종은 좀 심한 편이었어. 이자겸은 개의치 않았어. 왜? 이런 정략결혼을 통해 왕권을 능가하는 권력을 거머쥐었잖아!

이자겸은 인종의 장인이면서 외할아버지가 돼. 게다가 가장 강력한 문벌귀족 가문의 우두머리야. 그러니 대신들은 물론이고 국왕인 인종도 이자겸을 함부로 대할 수 없었어. 실제로 이자겸은 자신의 집에서 정무를 봤어. 왕에게 자신의 집으로 와서 결제를 받으라고도 했단다. 왕정 국가에서 있을 수 없는 일이 벌어지고 있는 거야.

이 무렵 금이 고려에 화친조약을 개정하자고 제안했어. 두 나라의 관계를 '형제'에서 '군신'으로 전환하자는 게 핵심 내용이었어. 쉽게 말하자면 금을 황제의 나라로 모시라는 협박이야. 이자겸은 "당연히 그러셔야죠!"라고 화답했어. 고려가 약해서 금과 대적할 수 없다는 이유를 내걸었지만, 본심은 '난, 지금이 좋아!'였단다.

인종은 그저 하늘을 보면서 한숨을 내쉴 수밖에 없었어. 그런 왕을 보면서 대신들의 표정도 굳어졌어. 충성스런 신하들이 왕에게 이자겸을 제거하라며 충언을 고했어.

"상장군과 대장군에게 군사를 일으키라 하소서."

인종은 상당히 겁이 났을 거야. 이 '거사'에 실패하면 왕이라 해도 어떻게 될지 모르잖아? 그래도 이를 악물었어. 상장군과 대장군에게 이자겸을 제거하라는 왕명을 내렸어. 결과는? 실패였어. 화가 난 이자겸은 길길이 날뛰며 소리를 질렀어.

"왕이라고 봐줬더니, 나를 죽이려 해? 가만히 두지 않겠다. 척준경을 불러라! 가서 궁궐을 싹 불 질러 버려!"

척준경은 이자겸의 최측근이었어. 그는 정말로 궁궐로 쳐들어가 불을 질렀어. 상장군을 비롯해 이자겸을 제거하려던 충신들을 모두 죽여 버렸어. 왕? 왕이라고 해서 봐주지 않았어. 이자겸은 코웃음을 치며 왕을 가둬 버렸단다. 이 사건이 이자겸의 난이야 1126년.

이자겸의 눈치만 보던 왕에게 기회가 찾아왔어. 이자겸의 든든한 오른팔이었던 척준경이 이자겸에 대해 불만을 느끼기 시작한 거야. 인종은 은밀히 척준경에게 사람을 보내 이렇게 물었어.

"충신이 될 것이냐, 역적이 될 것이냐. 지금 이자겸은 오로지 자신의 이익만을 위해 이 나라를 도탄에 빠트리고 있다. 머잖아 척준경, 자네도 버림받고 말 것이다. 그러니, 나라를 위해 일해보지 않겠나?"

척준경이 이 제안에 넘어왔어. 얼마 전까지만 해도 자신의 주군이었던 이자겸을 포박하고 왕에게 끌고 갔어. 인종은 장인이자 외할아버지인 이자겸을 죽일 수 없었나 봐. 그의 측근들은 모두 처형했지만, 이자겸만큼은 귀양을 보내는 수준에서 끝을 냈단다. 이자겸의 두 딸, 그러니까 인종의 이모이자 왕비들도 모두 폐비 됐어. 이로써 경원 이씨 가문은 몰락했지.

"폐하. 개경의 운이 다했사옵니다. 그랬기에 이자겸의 난 같은 불미스런 일이 생기는 것이옵니다. 지금 왕의 기운이 서경에 드리워져 있나이다. 도읍을 서경으로 옮기소서. 그렇게 하면 고려는 천하를 다스리게 될 것이옵니다. 금이 항복해오고, 주변 36국이 모두 폐하의 신하

를 자처할 것이옵니다."

인종의 두 눈이 크게 뜨여졌어. 2년이 지났다고는 하나 아직도 이자겸의 난을 생각하면 가슴이 벌렁거려. 왕궁은 불에 타버렸어. 금은 여전히 고려를 위협하고 있지. 참으로 답답한 상황이야. 변화가 필요하다고 생각하고 있었는데, 승려 묘청이 '서경천도론'을 들고 나온 거야. 그러니 가슴이 쿵쿵거릴 수밖에.

"서경으로 천도하면 필경 고려가 강성해지겠는가? 그렇다면 뭘 망설인단 말인가? 그대가 중심이 돼서 당장 천도를 추진토록 하라."

묘청이 서경에 궁을 만들기 시작했어. 공사는 후딱 끝났어. 인종이 궁을 보러 서경에 행차했어. 흐뭇한 표정을 짓는 인종에게 묘청이 말했어.

"폐하. 칭제건원을 하시옵소서. 금을 정벌하시옵소서."

독자적인 황제 국가를 선포하고 금을 정벌하자? 서경천도를 주장하던 묘청의 본심이 이거였어. 묘청은 개경의 문벌귀족들이 고려를 망치고 있다고 생각했어. 북진정책을 표방하며 평양을 서경으로 정했던 고려 초기의 기상을 되찾기 위해 천도를 주장했던 거야.

자, 이렇게 되면 누가 궁지에 몰릴까? 그래, 개경에 있는 문벌귀족이야. 그들은 묘청의 서경파가 왕권을 노리고 있다는 소문을 퍼뜨렸어. 그래도 서경의 궁궐 공사는 계속됐어. 마침내 왕이 머물 궁궐인 대화궁까지 다 완성됐어. 이제 천도만 남았지?

김부식을 비롯해 개경의 문벌귀족들에게 큰 위기가 닥쳤어. 만약 서경으로 수도를 옮긴다면? 개경파는 경제적·군사적 기반을 모두 잃게 돼. 새로 서경파가 권력을 움켜쥐겠지? 그러니 개경파로서는 눈에 흙이 들어가더라도 막아야 해! 개경파 귀족들이 묘청을 탄핵하기 시작했어.

왕은 처음에 묘청에 대한 험담을 듣고 반신반의했어. 그러나 자꾸 들다 보니 정말로 이상한 생각이 드는 거야. 이 기회를 놓치지 않고 개경파 귀족들이 쐐기를 박았어.

"폐하. 묘청은 요사스런 승려이옵니다. 지금 백성 사이에는 묘청이 왕이 되려고 서경 천도를 계획한다는 소문이 파다합니다. 아니 땐 굴뚝에 어떻게 연기가 나오리까?"

이쯤 되자 왕의 생각이 바뀌기 시작했어. 마침 왕이 머물기로 한 서경의 대화궁에 벼락이 떨어지는 사건까지 발생했어. 왕은 비로소 마음을 결정했어.

"짐의 생각이 짧았던 것 같소. 서경천도는 없던 일로 하겠소이다. 오늘부로 모든 천도 작업은 중단하시오."

묘청이 이 소식을 듣고 단걸음에 궁궐로 달려갔어. 하지만 왕의 결심은 이미 확고했어. 돌아서는 묘청의 두 눈에서 불꽃이 일었어. 서경으로 돌아온 묘청이 측근들을 불러 모았어.

"더는 왕에게 기대할 게 없는 것 같소. 개경파 귀족의 품 안에서 헤어나지를 못하고 있소이다. 이제 우리라도 거사를 해야 할 것 같소. 고구려의 정신을 이어받아 전 세계에 당당한 제국을 만듭시다."

이렇게 해서 고려 안에서 또 하나의 새로운 나라가 탄생했어. 묘청은 그 나라의 이름을 대위라 했고, 연호는 천개로 지었어. 하늘이 열린다는 뜻이야. 이 사건이 바로 묘청의 난이란다 1135년.

묘청의 군대는 개경으로 진격할 채비를 갖췄어. 이에 맞서 개경에서는 토벌대를 구성했는데, 토벌대장이 바로 김부식이었어. 토벌대는 곧 묘청 진영을 포위했어. 군사력에서 묘청 군대가 토벌대를 이긴다는

이자겸과 묘청의 난, 그리고 무신정변

것은 불가능해. 그러니 묘청 진영은 참담한 분위기였어. 앞으로 어떻게 이 사태를 극복해야 할지를 놓고 난상토론이 벌어졌어. 하지만 뾰족한 수가 없었어. 모두 고개를 떨어뜨리고 묵묵히 있을 수밖에.

얼마 후 묘청 진영의 장수가 묘청의 목을 베 토벌대로 귀순했어. 그 장수는 묘청의 최측근이었고, 반란군을 지휘한 우두머리 중 한 명이었단다. 그런 사람이 투항할 정도였으니, 이미 묘청의 난은 끝난 거나 다름이 없지.

문벌귀족에 저항해 일어난 묘청의 난은 그 후 1년 정도 더 지속됐어. 하지만 결국에는 문벌귀족의 승리로 끝이 났지. 문벌귀족은 더욱 기고만장해졌어. 심지어 칼을 찬 무인들까지도 대놓고 무시했지. 그러다가 결국, 큰일이 터지고 말았어.

김부식의 권세가 얼마나 강했으면…. 그의 아들 김돈중은 아버지를 믿고 망나니짓을 일삼았어. 얼마나 심했는지 사례를 들어줄게.

궁중에서 연회가 열리고 있었어. 대신들이 술 한두 잔씩 걸쳤겠지. 왕이 친위부대 대장인 정중부를 보고 말했어.

"정중부의 수염은 가히 탄성을 자아낼 만큼 아름답다. 대신들은 어떻게 생각하시오? 대장군, 아니 상장군감이 아니오?"

김돈중은 입술을 쭉 내밀었어. 왕이 '천한' 무신 따위를 칭찬하고 있으니 마음이 상한 거야. 김돈중은 정중부를 혼내줘야겠다고 마음먹었어. 방법이 없을까…. 바로 그때 바람이 불더니 촛불이 꺼졌어. 옳거니! 기회다. 김돈중은 촛불을 켜는 척하면서 정중부의 수염을 태워버렸어.

"누구야! 뭐하는 짓이야!"

놀란 정중부가 어둠 속에서 '적'을 제압했어. 이윽고 촛불을 켜보니 김돈중이 넘어져 있었어. 무신들은 어이가 없었어. 하나둘씩 칼을 빼들었어. 분위기가 금세 냉랭해졌어. 정중부가 경직된 자세를 풀며 옷매무새를 다듬었어. 싸우지 말자는 신호였지.

누가 봐도 김돈중이 잘못했지? 하지만 김부식은 정중부를 호되게 몰아붙였어. 무신이 감히 문신에게 손을 댄다는 게 이유야. 어이가 없지? 힘이 없는 왕은 김부식의 말을 '거역'할 수 없었어. 결국, 정중부만 벌을 받아야 했어. 무신들은 이를 갈았어. 이 수모를 잊지 않겠노라고 다짐했지.

그로부터 20여 년이 흐른 어느 날. 왕(18대 의종)이 보현원에 나들이를 갔어. 도중에 한 공터에서 쉬어가던 때였어. 문신들이 무신들에게 수박희를 겨루도록 강요했어. 수박희는 무예의 일종인데, 문신의 구경거리를 위해 무신들이 겨루라는 뜻이야.

50대의 대장군 이소응이 젊은 무신과 수박희를 겨뤘어. 힘이 부쳤는지 곧 대장군이 두 손을 들었어. 그런데 갑자기 젊은 문신 한뢰가 이소응의 뺨을 후려쳤어.

"대장군은 상장군에 이어 군 서열 2위의 우두머리다. 그런 대장군이 피라미한테 지다니 말이 되는가?"

이때 상장군은 정중부였어. 그래, 김돈중 때문에 수염이 불에 탔던 바로 그 정중부 말이야. 정중부는 보현원에 도착할 때까지 꾹 참았어. 일행은 다음날 보현원에 도착했어. 드디어 거사! 무신들이 마침내 들고일어났어. 문신들은 모두 죽음을 맞았어. 왕은 그저 바들바들 떨 뿐이야. 무신들의 분은 아직 풀리지 않았어. 오만방자했던 문신들을 찾아 모조리 죽여 버렸어. 정중부 또한 김돈중을 직접 찾아내고는 잔인하게 죽여 버렸단다. 이 사건이 바로 무신정변이야 1170년.

이 사건으로 문벌귀족의 시대는 종말을 고했어. 이후 문신들은 100여 년간 고양이 앞의 쥐 신세로 전락했어. 이 기간을 보통 무신 정권 시대 1170~1270년라고 한단다.

권력을 잡은 무신들은 저희끼리 다시 싸움을 벌였어. 권력자가 몇 번이 바뀌었어. 그러기를 26년. 드디어 최충헌이 권력을 잡았어. 이때 부터는 최씨 집안이 1인자 자리를 세습했어. 그래서 이때를 따로 최씨 정권 시대라고 부르기도 해.

무신 정권기는 그야말로 혼란, 그 자체였어. 무신들은 군인들이야. 국방이 본연의 의무지. 정치는 그들의 전공이 아니란 얘기야. 그런 이 들이 정치한다면? 십중팔구 타락할 수밖에 없어. 왜냐고? 오로지 자 기의 이익만을 위한 정치를 하기 때문이야. 백성은 안중에도 없지. 백 성의 삶이 어렵든 말든 개의치 않고 세금을 팍팍 올리지. 맞아. 무신 정권도 그랬어.

농민들은 앉아서 죽나 저항하다 죽나 마찬가지라는 심정이었어. 무 신들이 하극상을 일으켜 문신들을 제압했으니, 농민들이 하극상을 일 으켜 무신들을 뒤엎는 게 뭐가 문제야? 이런 식의 생각들이 백성 사이 에 만연했어.

그 결과 전국에서 반란이 잇달아 터져 나왔어. 공주 명학소의 망이·망소이의 난이나 영남지역의 김사미와 효심의 난이 대표적이야. 심지 어 최충헌의 노비인 만적이 난을 일으키기도 했어.

"왕후장상의 씨가 따로 있는가? 우리도 왕, 제후귀족, 장군, 재상이 될 수 있다!"

만적의 난은 시도하기도 전에 발각되고 말았어. 그래도 신분제를 부정하고 평등세상을 지향했다는 점에서 상당히 큰 의미가 있는 사건이야.

최씨 정권은 권력 놀음에 취해 있었어. 저 멀리 북쪽에서 또 다른 이민족의 세력이 커지고 있는데도 주목하지 않았어. 그 결과는? 그래, 이번에도 전쟁이야. 하지만 그전과는 차원이 달라. 핵폭탄급 전쟁이었지. 바로 몽골이 고려를 침략해온 거야.

대몽항쟁

**원의 간섭기로
접어들다**

최충헌이 권력을 잡을 무렵, 몽골 초원에서 칭기즈칸이 등장했어. 그는 흩어진 몽골족을 통일한 뒤 세력을 뻗기 시작했어. 이때부터 몽골은 세계의 역사를 다시 쓰는 민족으로 급부상했어. 그들이 대제국으로 성장하는 동안 무신 정권은 국제 흐름에 무관심했어. 오로지 자신들의 권력을 유지하고 강화하는 데만 관심이 쏠려 있었지.

그 사이에 몽골에서는 칭기즈칸이 세상을 떠나고, 그의 아들 오고타이가 2대 칸에 올랐어. 오고타이 칸은 고려를 평정하기로 했어. 살리타이가 이끄는 몽골 대군이 고려로 진격했어. 몽골과의 긴 전쟁이 이렇게 시작됐어 1231년.

손쓸 겨를도 없었어. 전 세계를 평정한 몽골군이야. 그런 강군을 고려가 당해내는 것은 애초에 불가능했을지도 몰라. 결국, 고려가 항복했어. 몽골의 간섭은 심해졌고, 바쳐야 할 공물의 양도 늘어났어. 이러다가 고려 전체가 망할 지경이야. 최충헌의 권력을 이어받은 최우 정권은 결심했어.

"더는 몽골에 끌려다니지 않겠다. 도읍을 강화도로 옮긴다! 몽골은 유목 민족이니 해전에 익숙하지 않을 것이다. 강화도에 성을 쌓고, 그 안에서 죽기를 각오하고 항전하면 틀림없이 몽골을 몰아낼 수 있다!"

권력 놀음에 취했다고는 하나 무신의 패기는 살아있는 것 같다고? 글쎄. 꼭 그렇게만 볼 수는 없어. 역사학자들은 이때의 강화 천도에 대해 꼭 고운 시선을 보내지만은 않아. 비판적인 한 학자의 이야기를 들어볼까?

"최우 정권이 강화도를 택한 이유는 자신들의 생존과 부귀영화를 위해서였다. 첫째, 그 곳은 물살이 심해 몽골 군대가 섣불리 들어갈 수 없어 안전하다. 둘째, 배를 이용해 전국의 세금을 거두기 좋다. 실제로 전란 와중에도 최우 정권은 가혹하게 세금을 걷어갔다."

이런 비판적인 의견도 알아두는 게 좋아. 그래야 역사가 제대로 보이지. 다시 강화 천도로 돌아가서….

몽골은 최우 정권의 강화 천도에 기분이 상했어. 오고타이 칸은 고려가 몽골에 알리지도 않고 도읍을 옮긴 것을 '도전 행위'로 여겼어. 1차전을 지휘했던 장수 살리타이를 다시 고려로 보냈어. 2차 침략이 시작된 거야.

최우 정권의 전략은 정확했어. 몽골군은 강화도를 건너지 못했어. 그렇다고 해서 몽골이 물러가겠어? 아니야. 고려왕을 잡지 못한 몽골군은 화풀이를 민중에게 했어. 전국을 돌아다니며 약탈과 방화, 살인

등 각종 만행을 저질렀어. 거란 침략 당시 만들었던 부석사의 초조대장경도 이때 불에 타 버렸단다.

바로 이 순간, 최우 정권은 강화도에서 뭘 하고 있었을까? 몽골에 반격하기 위해 맹훈련 중이다? 무기를 열심히 생산하고 있다? 다 틀렸어. 그저 하늘만 보고 있었어. 그러다가 잔치판이나 벌였어. 정말 어이가 없지?

반면 민중은 조국을 구하겠다는 일념으로 똘똘 뭉쳤어. 목숨을 걸고 몽골군과 싸웠어. 민중의 투혼은 빛났어. 처인 부곡 오늘날의 경기 용인에서야. 처인 부곡은 천민 취급을 받는 마을이었어. 향과 부곡, 소에 거주하는 사람들은 법적으론 천민이 아니었지만, 실제로는 천민과 다름없는 대우를 받았단다.

바로 그런 처인 부곡에 살리타이 군대가 들이닥쳤어. 보아하니 정예 병사들은 없는 것 같았어. 몽골군은 코웃음을 쳤어. 하지만 전투가 시작되자 당황하기 시작했어. 승려 출신의 장수 김윤후가 이끄는 '민중부대'를 뚫을 수가 없는 거야!

"핑!"

고려 진영에서 화살이 날아갔어. 그 화살이 바로 살리타이를 맞추었어. 용맹하기로 유명한, 그래서 몽골 군대를 총지휘하던, 바로 그 살리타이가 목숨을 잃었어! 이후 몽골군의 사기는 크게 떨어졌어. 부랴부랴 본국으로 철수할 수밖에 없었단다.

전쟁은 끝나지 않았어. 오히려 진짜 전쟁은 지금부터 시작이었어. 몽골이 다시 3차 침략을 감행했어. 최우 정권은 강화도에 틀어박혀 나오지 않았어. 몽골군은 한반도 전역을 돌아다니며 파괴와 약탈, 살인을 일삼았어. 경주에 있던 그 유명한 황룡사 9층 목탑도 불태워 버렸단다.

최우 정권은 불심을 빌려 몽골군을 몰아내겠다며 대대적인 프로젝트에 돌입했어. 바로 팔만대장경을 만들기 시작한 거야. 경판의 수가 8만 장이 넘어서 이런 이름이 붙었지. 이 작업을 끝내는 데만 무려 16년이란 시간이 걸렸어. 한 글자를 새기면 세 번씩 절을 했어. 이런 장인 정신과 불심에, 나라를 구하겠다는 애국심까지 모두 담았으니 오래 걸릴 수밖에 없었을 거야. 합천 해인사에 보관된 팔만대장경은 현재 유네스코 세계문화유산으로 등재돼 있단다. 아주 소중한 문화재가 이때 만들어진 셈이야.

3차 전쟁 당시 최씨 정권은 고려국왕이 몽골 '황실'에 입조 하겠다고 약속했어. 그 약속을 믿고 몽골군이 철수했어. 그 후 몽골에서는 대 칸^{황제}이 바뀌면서 정치적 소용돌이가 한바탕 불었어. 그 틈을 타서 고려는 슬그머니 입조 약속을 이행하지 않았단다.

몽골 제국의 정치가 어느 정도 안정됐어. 새로이 대 칸에 오른 몽케는 다시 군대를 한반도로 출격시켰어. 휴. 벌써 몇 번째 침략이야?

민중도 극도로 지쳤어. 대신들도 지쳐갔어. 이제 몽골에 항복하고, 전쟁을 끝내자는 여론이 높아졌어. 하지만 최씨 정권은 '결사항전'을 외쳤단다.

"무슨 소리냐! 지금까지 잘 버티지 않았느냐. 몽골군은 강화도에 들어오지 못한다는 걸 잘 알고 있지 않으냐. 고려는 결코 몽골에 고개를 숙이지 않을 것이다!"

처음 강화도로 천도할 때처럼 이번에도 무신의 패기가 남아있는 것처럼 보이지? 마찬가지로 이를 달리 해석하는 역사학자들의 이야기를 들어볼까?

"무신 정권은 고려가 몽골에 항복해 수도 개성으로 돌아가는 것을 반기지 않았다. 그렇게 되면 자기들의 기득권을 모두 잃어버릴 수 있기 때문이다. 이런 상황에서 무신 정권은 최후까지 싸울 것이라며 비장하게 각오를 다질 수밖에 없었다."

이후 항복 찬성파와 반대파는 서로 대립했어. 게다가 무신 정권에도 금이 가기 시작했어. 무신들은 다시 권력투쟁을 벌였고, 그 와중에 최씨 정권이 무너졌어. 다른 무인이 권력을 잡은 거야.

고려는 몽골에 항복하기로 했어. 태자를 포함해 인질 40여 명을 몽골로 보냈고, 강화도 성곽도 허물었어. 고려왕이 몽골에 입조하겠다는 약속도 했어. 이 와중에 왕 고종이 세상을 떠났어. 몽골에 인질로 갔었던 태자가 돌아와 왕 원종에 올랐지.

원종은 무신 정권의 말을 들으려 하지 않았어. 무신 정권은 고분고분 듣지 않는 원종을 끌어내리려 했어. 원종이 몽골과 연락을 취해 지원을 요청했어. 결국, 무신 정권이 무릎을 꿇었어. 딱 100년 만에 무신들의 시대가 막을 내린 거야 1270년.

원종은 이듬해 개경으로 복귀했어. 39년 만의 귀환. 얼마나 감개가 무량했을까? 하지만 원종의 앞에 기다리고 있던 것은 몽골의 내정 간섭이었어. 바로 이해, 몽골은 중국 전체를 정복하는 데 성공했어. 나라 이름도 중국식인 '원'으로 바꾸었지.

조정의 개경 복귀를 반대하며 삼별초가 대몽항쟁을 벌인 것은 유명해. 삼별초는 강화도에서 봉기했어. 원나라와 고려 정부가 연합해 삼별초를 진압했어. 그러자 삼별초는 진도, 제주도로 근거지를 옮기면서 저항했어. 하지만 결국에는 해산되고 말았단다.

원의 간섭기로 접어들면서 달라진 점을 살펴볼까? 첫째, 고려 영토가 눈에 띄게 줄어들었어. 원은 철령 이북 땅에 식민통치기구인 쌍성총관부와 동녕부를 설치했어. 제주도에는 탐라총관부를 추가로 설치했지. 북진 정책을 표방했던 태조의 영혼이 지하에서 통곡할 사건이야!

둘째, 고려가 원의 부마국(사위 나라)으로 전락했어. 고려왕들은 모두 원의 황실 여성과 결혼을 해야 했단다. 원에 대한 충성의 표시로, 묘호 앞에 '충忠자'를 넣도록 했어. 충렬왕, 충선왕, 충숙왕…. 이렇게 '충~'자로 시작한 왕은 25대 충렬왕에서부터 30대 충정왕까지 총 6명이었단다.

셋째, 고려왕의 지위도 낮아졌어. 그에 맞춰 궁중 용어의 격도 크게 떨어졌어. 예를 들면, 이전의 왕들은 자신을 '짐'이라 불렀는데, 이를 격하시켜 '과인'이라 부르도록 했어. 신하들이 왕을 부를 때 쓰던 폐하는 '전하'로, 왕의 후계자를 지칭할 때 쓰던 태자는 '세자'로 격을 낮췄어.

넷째, 몽골 정복 전쟁에 고려가 이용됐어. 원은 일본 원정을 준비하라며 고려에 압력을 가했어. 이를 위해 별도의 기구도 만들었는데, 그게 바로 정동행성이야. 인력과 물자를 모두 고려가 대야 했어. 민중의 고통이 상당히 컸겠지? 이 일본 원정은 두 차례 진행됐는데, 모두 갑자기 들이닥친 태풍 때문에 실패로 끝났단다. 정벌이 중단됐으니 정동행성도 해체해야겠지? 하지만 안 그랬어. 정동행성은 버젓이 남아 내정간섭을 강화하는 기구로 변신했단다.

다섯째, 원의 영향력이 커지자 거기에 빌붙는 귀족 무리들이 생겨났어. 바로 권문세족이야. 친원파 권문세족들은 온갖 방법을 동원해 토지를 늘려나갔어. 얼마나 땅이 넓었는지 예를 들어볼까? 아침에 출발해서 밤이 될 때까지 걸었다고 쳐 봐. 그런데도 한 권문세족 가문의

'영토'를 벗어나지 못해! 몇 개의 산과 호수를 넘어도 여전히 같은 사람의 땅이란 얘기지. 백성은 권문세족에게 세금을 갖다 바쳐야 해. 백성은 때론 병사로도 활용할 수 있어. 엄청난 경제력과 군사력을, 권문세족들이 가진 셈이야. 그러니 왕 따위가 무섭겠어?

여섯째, 몽골의 풍습과 문화가 많이 고려에 넘어왔어. 그중 일부는 오늘날까지 남아있지. 예를 들면 두루마기와 저고리와 같은 복장, 도투락 댕기와 귀고리 같은 장식품, 만두와 설렁탕, 소주 같은 음식이 이때 몽골로부터 전래한 거야.

참으로 많은 변화가 생겼지? 또 하나 살펴야 할 게 있어. 바로 민중의 저항의식과 민족의식이 강해졌다는 거야. 이와 관련해서 승려 일연은 《삼국유사》를, 몇 년 후 이승휴는 《제왕운기》를 썼어. 두 책의 공통점이 있어. 바로 단군의 고조선 건국 신화를 다뤘다는 거야. 우리 민족의 역사를 고구려가 아닌, 고조선까지로 확대한 셈이지. 이런 역사서는 몽골에 대한 저항의식을 키우는 데도 도움을 줬어.

세계 역사상 중앙아시아의 유목 민족들은 성장도 빨랐지만, 몰락도 빨랐어. 유목 민족들의 숙명일까? 몽골 또한 이 패턴을 그대로 따라했어. 그래, 벌써 기울기 시작한 거야.

이 무렵 31대 공민왕이 고려의 왕에 올랐어. 어? '충~'자로 시작한 왕이 아니지? 맞아. 공민왕은 원의 세력이 약해진 틈을 타 대대적인 개혁을 시도한 군주야. 공민왕은 왕에 오르는 순간, 몽골식의 변발과 몽골 복장을 벗어 던지며 이렇게 선언했어.

"이제 고려는 원으로부터 독립한다. 원의 연호와 관제를 폐지하겠다. 칭제건원을 선포하노라."

친원파 권문세족들이 당황했어. 권세가 영원할 줄 알았는데, 새로운 왕이 개혁하겠다잖아? 그들이 먼저 공민왕을 치려 했어. 하지만 공민왕이 선수를 쳤어. 친원파 권문세족들을 대대적으로 숙청해버린 거야.

이어 본격적인 원 척결 투쟁에 돌입했어. 정동행성을 없애고, 쌍성총관부와 동녕부를 공격해 영토를 되찾았어. 나아가 요동을 공략해 영토 일부를 되찾기도 했어.

나중에는 승려 신돈에게 개혁의 지휘봉을 넘겼어. 신돈은 '전민변정도감'이란 기구를 설치해 대대적인 개혁을 벌였어. 개혁의 대상은 권문세족! 그들의 경제력과 군사력을 빼앗아 국가로 돌려놓는 게 목표였지.

억울하게 권문세족의 노비가 된 백성은 본래의 양인으로 돌려놨어. 고려 초기 광종의 개혁이 떠오르지 않니? 당시에는 호족의 힘을 약화시키려고 노비안검법을 시행했었지? 맞아. 같은 취지야.

개혁의 결과는? 아쉽게도 실패야. 신돈은 숙청당했고, 공민왕은 암살됐단다. 권문세족의 저항이 그만큼 강했던 거야. 권문세족은 자기들의 세상이 천 년, 만 년 계속될 거라고 믿었을 거야. 하지만 과대망상일 뿐이야. 고려는 이미 멸망의 길로 가고 있었단다. 그 멸망을 재촉한 사건을 살펴볼 차례야. 바로 위화도 회군이지.

14 위화도 회군

꺼져가는 고려, 마지막 심지를 끄다

고려 조정이 대신들의 논쟁으로 갑자기 시끄러워졌어. 이 무렵 중국 땅에서는 새로이 한족의 나라 명이 건국돼 있었어. 바로 그 명으로부터 온 통지문이 논쟁의 발단이었단다.

"명이 원의 영토를 계승한다. 그러니 원이 쌍성총관부를 설치했던 지역을 내놓아라. 그곳에 우리가 철령위를 설치해 통치하겠다."

쉽게 말해 공민왕이 원으로부터 되찾은 땅을 내놓으라는 거야. 강경파 대신들은 말도 안 되는 소리라며 팔짝 뛰었어. 강경파의 리더 최영 장군은 화가 머리끝까지 났어. 오만한 명나라를 그냥 둬서는 안 된다고 생각했지. 최영이 왕에게 고했어.

"비록 명이 대국이긴 하지만 아직은 신생국에 불과하옵니다. 지금 저들의 기를 꺾어야 합니다. 우선 명의 군대가 주둔해 있는 요동 지방을 치는 게 옳다고 생각하옵니다."

당시 고려의 왕은 32대 우왕이었어. 공민왕의 뒤를 이어 10세 때 왕에 올랐어. 그때 가장 권력이 강했던 인물이 바로 최영이었어. 설령 왕이라 해도 최영의 말을 거역할 수 없는 분위기였지.

"장군의 의견이 옳소. 그렇게 하시오."

바로 그때였어. 이성계가 반대 의견을 제시했어. 최영과 비교하면 이성계는 정치 신인이나 다름없었어. 하지만 떠오르는 유망주였어. 이성계 또한 무시할 수 없는 존재였던 거야.

"전하. 요동 지방을 쳐서는 아니 되옵니다. 네 가지 이유가 있사옵니다. 첫째, 고려는 작은 나라이고 명은 큰 나라입니다. 작은 나라가 큰 나라를 거역하는 것은 옳지 않사옵니다. 둘째, 곧 농번기가 돌아옵니다. 군사를 일으키기에 적절한 시기가 아니라 생각되옵니다. 셋째, 해안 지대에는 왜구가 들끓고 있사옵니다. 정벌을 나간 도중에 왜구가 침략할까 걱정이옵니다. 넷째, 장맛비에 아교가 녹게 되면 활이 무용지물이 됩니다. 전염병도 돌 수 있습니다."

이성계는 이른바 '4대 불가론'을 내세우며 요동 정벌을 반대했어. 하지만 1인자는 최영이야. 우왕이 누구의 편을 들겠니? 결국, 이성계는 왕명에 따라 요동 정벌에 나서야 했단다.

요동 정벌군은 얼마 후 압록강 하류에 있는 섬, 위화도에 당도했어. 이성계는 다시 왕에게 "요동 정벌은 옳지 않습니다. 명령을 철회해주소서!"라는 글을 올렸어. 하지만 왕은 이성계의 요청을 무시했어. 이성계가 입술을 꽉 깨물었어. 이성계가 동료 장수들을 설득하기 시작했지.

"조정의 늙은 간신들이 제 권력만 탐하며 전하의 판단을 흐리고 있소이다. 우리에겐 군대가 있소. 나아가 부패한 정치를 바로 잡으려는 대의명분도 있소이다. 간악한 무리를 없애고 새 정치를 엽시다. 그게 고려를 위한 것이요, 백성을 위하는 것 아니겠소이까?"

장수들이 고개를 끄덕였어. 그다음은 일사천리로 진행됐어. 요동 정벌군이 요동 지방이 아닌 개경으로 목적지를 바꾼 거야! 이 사건이 그 유명한 위화도회군이란다 1388년.

평양의 요동 정벌 지휘본부에 비상이 걸렸어. 총사령관 최영이 크게 노했어.

"뭐라? 이성계가 반란을 일으켜? 하룻강아지 범 무서운 줄 모른다더니. 당장 개경으로 돌아갈 채비를 하라!"

하지만 최영은 이성계를 제압하지 못했어. 이성계의 '혁명'은 성공했고, 최영은 처형됐어. 1인자로 부상한 이성계는 우왕을 끌어내리고 창왕을 추대했어. 말이 추대지, 사실상 '임명'이야. 이제 왕은 허수아비에 불과했어. 권력은 이성계 일파가 장악했지.

이성계는 지식인보다는 군인에 더 가까워. 그래서 신흥무인이라 불렀어. 최영처럼 오래전부터 활동해 온 무인과 구분하기 위해 '신흥'이란 단어를 붙인 거야. 신흥무인은 젊고, 패기가 넘쳤으며, 의협심이 강했어. 하지만 칼만으로는 개혁이나 혁명에 성공할 수 없어. 무인을 뒷받침하는 지식인이 있어야겠지. 그 지식인이 새로운 비전을 제시해야 해. 고려 말기에도 그런 지식인이 등장했어. 바로 신진사대부야.

신진사대부는 젊은 유학자를 가리키는 말이야. 유학은 중국 춘추전국시대에 등장했어. 까마득한 옛날 일이지. 하지만 모든 학문이 그렇듯이 유학도 발전에 발전을 거듭하면서 여러 새로운 이론이 만들어졌어. 그런 이론 가운데 하나가 성리학이야. 바로 그 성리학이 고려 말기에 안향에 의해 중국으로부터 수입됐어.

성리학은 고려의 젊은 유학자, 즉 신진사대부를 매료시켰어. 그들은 성리학을 바탕으로 개혁해야 한다고 생각했어. 신진사대부는 동아시아가 어떻게 돌아가는지를 주의 깊게 관찰했어. 그들은 원이 멸망하고 명이 흥할 것이란 사실을 정확하게 꿰뚫고 있었어. 기존 세력으로는 고려를 부흥시킬 수 없다고 생각했어.

바로 이 이유에서 신진사대부의 리더들은 신흥무인들과 힘을 합쳤어. 이성계의 반란을 적극 지지한 것도 그 때문이야.

원래 정몽주와 이성계는 동지였어. 권문세족을 몰아내고 고려를 개혁하려 했던 점이나, 원을 멀리하고 명을 가까이 한 점이나, 요동 정벌을 반대했던 점이나….

정몽주를 비롯한 신진사대부들이 이성계를 비롯한 신흥무인들과 운명을 같이 했다고 했지? 위화도 회군 때까지만 해도 정몽주를 비롯한 신진사대부 리더들은 이성계와 사이가 나쁘지 않았어. 우왕을 몰아낼 때에도 신진사대부들은 "좀 심하긴 하지만 그래도 개혁을 위해선 어쩔 수 없다"며 동의했단다.

하지만 그 후 사정이 달라졌어. 이성계는 연이어 왕을 교체했고, 왕을 능가하는 막강한 권력을 휘둘렀어. 그에 따라 신진사대부도 온건파와 강경파혁명파로 나뉘었어.

정몽주를 필두로 한 온건파 사대부는 고려 개혁을 원했어. 반면 혁명파 사대부는 고려에 더는 희망이 없어서 새로운 나라를 세워야 한다고 주장했지. 새 나라의 왕으로는 이성계를 추대하려 했어. 이런 강경파 사대부의 대표 주자가 정도전이었어. 정도전은 동시에 이성계의 둘도 없는 오른팔이요, 참모였고, 전략가였어. 그의 생각을 엿볼까?

'고려 왕조는 썩었다. 더는 개혁의 여지가 없다. 새 술은 새 포대에 담아야 한다. 왕조를 바꾸는 '역성혁명'이 필요하다.'

그렇다면 온건파 신진사대부의 리더 정몽주는 어떻게 생각했을까?

'충신은 두 임금을 섬기지 않는 법이다. 우린 고려를 개혁하기 위해 이성계와 손을 잡았다. 절대 역성혁명을 지지할 수 없다. 죽는 한이 있더라도 막아야 한다.'

강경파와 온건파의 목표가 애초부터 달랐던 거야. 온건파는 위화도 회군 때만 해도 강경파의 목표도 자기들과 같은 줄 알았어. 시간이 흐르면서 그들의 정체를 명확하게 깨닫게 된 거지.

온건파가 강경파를 밀어붙인 때가 있었어. 이성계가 사냥 도중 말에서 떨어져 위독하다는 소식이 들려왔어 1392년 3월. 그 이야기를 전해 들은 정몽주가 깊은 생각에 잠겼어.

'이성계의 속은 시커멓다. 그는 더는 고려 왕조를 보호하지 않는다. 아니, 오히려 고려 왕조를 삼켜버릴 것이다. 지금이 기회다.'

정몽주와 온건파는 강경파를 일망타진하기 위한 프로젝트에 돌입했어. 정몽주는 언론을 담당하는 대신 언관들을 설득해 왕에게 상소를 올리도록 했어.

"전하. 정도전, 조준, 남은…. 이들은 오만하고 방자하기 이를 데 없습니다. 사사로이 왕실을 입에 담을 뿐 아니라 분수를 넘는 권력을 휘두르고 있사옵니다. 이들을 탄핵하셔야 합니다."

강경파 신진사대부들이 줄줄이 귀양을 가거나 감옥에 갇혔어. 정도전도 이때 하옥됐어. 이제 이성계 일파가 급해졌어. 핵심 세력들이 모두 제거될 위기잖아? 이성계의 다섯째 아들 이방원이 급히 아버지가 요양 중인 해주로 달려갔어. 이방원은 빨리 개경으로 돌아가야 한다며 아버지를 설득했어. 이성계가 모습을 드러내야 온건파들이 날뛰지 못할 거라고 생각한 거지. 이성계의 가마는 그날로 개경에 도착했단다.

상황이 아주 복잡하게 됐어. 무인들의 영웅이자 제1의 실력자인 이성계가 돌아왔잖아? 이성계가 다쳤다고는 하지만 생명에 지장이 있는 정도인지는 알 수가 없어. 정몽주의 머릿속이 다시 복잡해졌어.

'우선 이성계의 몸 상태부터 살펴야 한다. 적을 알고 나를 알아야 전쟁에서 이길 수 있는 법. 병문안하겠다면 이성계도 크게 의심하지 않을 것이다.'

이성계는 속이 좁은 인물이 아니었어. 게다가 정몽주가 정치 노선은 다르지만, 대유학자인데다, 백성으로부터 큰 존경을 받고 있기 때문에 이성계도 많이 아꼈어. 당연히 흔쾌하게 정몽주를 맞아들였지.

"포은 선생이 누추한 이곳까지 친히 왕림하시다니. 몸 둘 바를 모르겠소이다. 제가 경솔해서 말에서 떨어지는 추태를 부렸소이다. 허허."

"무슨 말씀을 그리하시오. 더 일찍 찾아뵀어야 하는데, 오히려 소생이 죄송할 따름입니다. 몸은 어떠신지요?"

"아직은 내 몸 같지 않소이다. 하지만 좋아지고 있소. 걱정해줘서 고맙소이다."

이성계가 건재함을 확인한 정몽주는 어쩌면 실망했을지도 몰라. 하지만 내색하지 않고 병문안을 끝냈어.

정몽주가 고려 왕조의 앞날을 걱정하며 터덜터덜 집으로 돌아가고 있을 때 누군가 다가왔어.

"포은 선생님. 오랜만에 회포나 풀 겸 술이나 한잔하시지요."

이방원이었어. 순간 정몽주는 직감했어.

'바로 오늘. 내가 세상을 하직하겠구나. 아. 고려여. 이 나라를 어찌할꼬. 슬프도다. 한스럽도다.'

이어 술자리가 열렸어. 몇 차례 술잔이 오갔어. 그러더니 이방원이 먼저 시조를 한 수 읊었어. 이 시조가 유명한 〈하여가〉야.

"이런들 어떠하며 저런들 어떠하리 / 만수산 드렁칡이 얽혀진들 어떠하리 / 우리도 이같이 얽혀져 백 년까지 누리리라."

이방원이 곁눈질로 정몽주의 반응을 살폈어. 정몽주가 술잔을 '탁' 하고 내려놨어. 그리고는 허허실실 웃음을 흘리고는 답가를 읊었어. 하여가에 대한 이 답가 또한 유명하지. 바로 '단심가'야.

"이 몸이 죽고 죽어 일백 번 고쳐 죽어 / 백골이 진토되어 넋이라도 있고 없고 / 임 향한 일편단심이야 가실 줄이 있으랴."

시조를 듣던 이방원의 얼굴이 일그러졌어. 왜 그러냐고? 하여가와 단심가의 내용을 풀어보면 그 이유를 알 수 있어.

"세상의 모든 것이 서로 얽혀 사는 것이오. 개성 송악산_{만수산}의 칡도 얽혀있지 않소? 이처럼 우리도 서로 가까이 지내면서 얽혀 봅시다. 그렇게 해서 새 나라를 세우고, 그곳에서 백 년 만 년 부귀영화를 함께 누려보는 게 어떻겠소?"_{하여가}

"내가 한 번이 아니라 백 번을 죽는다 한들, 또한 내 뼈가 흙이 되고 넋마저 사라진다 한들, 고려의 왕을 향한 내 충정은 사라지지 않을 것이오. 나는 그대들과 함께할 수 없소이다."_{단심가}

정몽주는 고려를 지키겠다고 선언하고 있어. 이방원은 질끈 눈을 감았어. 더는 머뭇거릴 수 없다는 생각이 뇌리를 스쳤어.

'저런 사람을 적으로 두면 골치가 아파진다. 동지로 만들지 못하면

제거하는 수밖에.'

그날 밤. 정몽주는 선죽교에서 이방원이 보낸 자객에게 살해됐단다. 나중에 이성계가 이 사실을 알고 이방원을 크게 꾸짖었어. 하지만 이성계도 다른 선택이 없었다는 건 알고 있었을 거야. 훌륭한 인재를 잃어 안타까운 마음이 들었겠지만.

그로부터 3개월 후. 모든 정적을 제거한 이성계가 마침내 왕에 올랐어. 그래. 조선이 탄생한 거야 1392년.

조선
시대

조선 건국

사대부의 나라로 출발했지만…

"태조가 조선을 세웠나? 아니다. 조선은 나, 정도전이 세운 나라다!"

술에 취한 정도전이 제 가슴을 탕탕 치며 말했어. 주변 사람들이 얼른 그의 입을 막았지만, 정도전은 개의치 않았어.

"유방이란 영웅이 한을 세웠는가? 아니다. 유방의 전략가인 장량이 한을 세웠다. 장량이 유방을 이용한 것이다."

겁도 없지? 정도전의 권력이 상당히 셌다는 걸 짐작할 수 있지? 사실 그럴 만도 해. 조선이 건국되고 난 후 모든 체제를 정비한 인물이 바로 정도전이거든. 수도 한양과 궁궐을 설계한 사람도 정도전이야. 태조 또한 그를 높이 신임했고, 최고의 개국공신으로 대우했어.

그의 정치 철학은 술에 취해 넋두리처럼 내뱉은 이 말에서 엿볼 수 있어. 그가 원하는 나라는 왕의 나라가 아니었어. 사대부들이 중심이 되는 나라, 그게 정도전의 평생 꿈이었단다. 그의 생각을 들어볼까?

"왜 우리가 고려를 뒤엎고 조선을 세웠는가? 고려의 왕들이 무능해서가 아닌가? 백성이 헐벗고 굶주렸기 때문이 아닌가? 왕이 통치를 잘못하면 그 책임을 물어야 한다. 그게 백성을 위한 정치다. 왕은 권력의 꼭대기에 있지만, 실제 정치는 사대부가 하는 것이 옳다. 사대부는 왕의 통치가 올바른 길에서 벗어나지 않도록 끊임없이 경계해야 한다. 그게 올바른 민본정치다."

정도전은 조선 시대의 첫 법전으로 볼 수 있는 《조선경국전》도 썼어. 이 법전에서도 정도전은 왕과 신하가 서로 합의하면서 정치하는 형태를 이상적인 왕국이라고 규정했지. 이처럼 정도전은 조선의 '정신'을 설계했고, 조선의 '재상'으로서 새 정치를 추진했어. 그 결과 조선은 사대부들의 시대가 된 것 같았어. 왕권은 적절하게 견제됐고, 웬만한 정치는 사대부가 담당한 거야.

많은 사대부에게 정도전은 성인과도 같은 존재였어. 하지만 태조의 아들들에겐 골칫거리였지. 특히 권력 욕심이 강했던 다섯째 아들 이방원 정안대군 은 정도전을 아주 싫어했어.

'조선은 이씨의 나라다. 왜 정도전과 사대부들이 왕권을 넘어서는가? 왜 아바마마는 오만한 저들을 벌하지 않으시는가? 좋다. 내가 이 질서를 바로잡겠다.'

이방원은 기회를 엿보면서 몸을 낮췄어. 그러던 중 세자 책봉 문제가 불거졌어. 태조는 둘째 부인이 낳은 막내아들을 총애했어. 정도전도 그 막내아들을 세자로 책봉하라고 부추겼어. 보통은 첫째 부인이 낳은 장남을 후계자로 정하잖아? 왜 조선의 '정신'이었던 정도전은 그런 원칙을 저버린 것일까?

정도전은 사대부 정치를 이어가려면 국왕이 덜 총명한 게 낫겠다고 생각했던 것 같아. 그러므로 권력 욕심이 적은 막내아들을 세자로 추천한 거지. 첫째 부인이 낳은 6명의 아들은 일부러 멀리했어. 특히 이방원을 경계했지.

내친김에 정도전은 왕자들, 즉 대군들이 가지고 있는 개인군대^{사병}도 해체하려고 했어. 왕자들의 힘을 약화시키려는 이유에서야. 그렇지만 아무 때나 사병을 빼앗을 수 없잖아? 뭔가 계기가 필요했어.

당시 조선은 명과 갈등을 벌이고 있었어. 결국, 요동 정벌에 나서기로 했는데, 정도전은 이를 빌미로 왕자들의 사병을 혁파하기로 했어.

"대군마마. 나라를 위해 약간의 희생이 필요하옵니다. 사병을 내어 주소서."

더는 못 참겠다! 이방원이 나머지 형제와 함께 반란을 일으켰어. 이게 제1차 왕자의 난이야^{1398년}. 이방원은 정도전과 개국공신들을 모조리 죽여 버렸어. 태조의 둘째 부인이 낳은 왕자 2명도 제거했지. 태조는 착잡한 마음에 정치에서 물러났어. 둘째 아들이 2대 정종에 올랐지.

정종은 다부진 인물이 아니었어. 권력에 대한 욕심도 그리 강하지 않았지. 사람들은 입 밖으로 내진 않았지만, 이방원이 곧 왕이 될 거라 생각하고 있었어. 그 생각은 곧 현실이 됐어.

이방원의 바로 손위 형인 이방간^{회안대군}이 반란을 일으킨 게 계기가 됐지. 이게 제2차 왕자의 난이야^{1400년}. 이방원은 단숨에 형을 제압했어. 정종은 그런 동생이 무서웠어. 허수아비 왕 노릇 하는 것도 두려웠을 거야. 정종은 바로 동생 이방원에게 왕위를 넘기고 정치에서 물러났어. 이방원이 3대 태종에 등극했지.

오늘날 많은 학자가 이렇게 말해.

"조선을 창건한 인물은 태조이지만 조선을 제대로 된 왕국으로 만든 인물은 태종이다."

이 말 그대로 태종은 조선의 기틀을 다진 왕이야. 물론 조선 출범과 함께 제도 개혁은 시작됐어. 과전법이란 토지 제도는 고려 말기에 이미 도입했고, 최고 정책 심의 결정 기구인 의정부는 정종 때 출범했어. 하지만 이 제도를 더 내실 있게 다지고, 새로운 정책들을 만든 왕은 태종이란다. 그러니 태종의 업적이 꽤나 큰 거야.

오늘날 대통령과 국무총리, 장관이 모여 정책을 논의하는 최고 정치기구를 국무회의라고 불러. 이 국무회의 역할을 하던 것이 고려 말기 때는 도평의사사였어. 이 기구가 조선으로 접어들면서 의정부로 바뀌었어.

의정부에서는 영의정, 좌의정, 우의정 등 삼정승이 좌장 역할을 했어. 이 삼정승을 재상이라고 불러. 오늘날의 국무총리에 해당해.

의정부의 밑에는 이조, 호조, 예조, 병조, 형조, 공조 등 6조를 뒀어. 이 6조는 오늘날의 행정부 역할을 했어. 가령 이조는 행정자치부, 호조는 재정경제부, 병조는 국방부가 돼. 6조의 우두머리는 판서오늘날의각 부처 장관, 그다음은 참판차관이라 불렀단다.

오늘날에는 정부가 정치를 잘못하면 누가 비판하지? 주로 언론이야. 신문이나 방송은 정부 정책이 잘못되면 비판하고, 모자란 부분은 보충하며 잘하는 부분은 칭찬하지. 시민단체들도 눈을 부릅뜨고 정부를 감시하는, 또 하나의 언론이라고 할 수 있어. 조선 시대에는 사헌부, 사간원, 홍문관이 이 역할을 했어. 이 세 기관을 삼사라고 했어.

사헌부는 관리들의 부정부패를 감시했어. 오늘날의 검찰과 비슷해.

朝鮮

• 제도 개혁 •
과전법 보완
6조 직계제
8도 분할 후 관찰사 파견
호패 제도
신문고 제도
제도 정비
왕권 강화
내가 잘 할 수 있다고 했잖아…
형제들 보고 있나…
조선을 제대로 만든 인물은 태종이다.
학자들

사헌부의 우두머리는 대사헌이었어. 왕의 잘잘못을 따지고 고하는 사간원의 우두머리는 대사간이었어. 홍문관은 왕과 정책 토론을 하는 '경연'을 담당했는데, 우두머리는 대제학이라고 했단다.

오늘날 대통령 비서실과 흡사한 기구도 있었어. 바로 승정원이야. 승정원의 우두머리는 도승지라 불렀단다. 춘추관은 역사 편찬을 맡았어.

이제 조선 시대의 정치가 어떻게 돌아갔는지를 살펴볼 차례야. 의정부로 돌아가볼까?

대신들이 모여 회의를 하고 있어. 여러 대신이 정승들과 여러 정책을 논의하고 있어. 이윽고 정승들이 왕에게 회의 내용을 보고했어. 왕은 정승들과 합의해 최종 정책을 결정했어. 이 시스템을 '의정부 서사제'라고 해. 쉽게 말해 의정부 중심 정치야.

정도전이 바라던 정치가 이와 많이 비슷할 거야. 왕에게 모든 권력이 집중돼 있니? 아니야! 대신들, 그러니까 사대부 신하들이 충분히 정치에 참여하고 있어. 신하들의 권력과 왕의 권력이 절묘하게 조화를 이루고 있는 거야. 조선 초기의 정치가 상당히 진보적이었다는 사실을 알 수 있지?

하지만 태종은 왕의 권력을 내려놓고 싶지 않았어. 태종은 곧 의정부 중심 정치를 없애버렸어. 의정부에 소속돼 있던 6조를 왕의 직속으로 바꾸고, 직접 모든 정책을 챙겼어. 일종의 독재를 한 셈이지. 이런 시스템을 '6조 직계제'라고 한단다. 세종 때 의정부 서사제가 부활한다.

태종은 지방 구석구석까지 왕의 지시가 바로바로 전달되기를 원했어. 전국을 8도로 나누고, 그 밑에 부, 목, 군, 현을 두는 지방 행정조직을 정비한 것도 그 때문이야. 8도에 직접 관찰사를 파견해 다스리도록 했어. 군과 현에도 수령을 파견했어. 바로 이 점이 고려와 많이 달라.

고려 때도 지방에 안찰사라는 관리를 파견했어. 하지만 작은 군과 현까지 모두 수령을 파견하지는 못했단다. 조선 태종에 이르러 왕을 중심으로 전국이 완벽한 하나가 된 거야. 조선에 이르러 강력하고도 완벽한 중앙집권체제가 구축된 셈이지.

태종은 백성 한 명 한 명에 대해서도 관리에 들어갔어. 그게 바로 호패 제도야. 오늘날의 주민등록증과 유사한 것인데, 모든 양인이 차도록 했단다. 이 호패를 통해 어느 지역에 몇 명의 백성이 살고 있으며, 노동력은 얼마나 징발할 수 있는지 등을 모두 알 수 있게 됐어. 신문고 제도를 만들어 억울한 백성의 하소연을 들어주려 한 점도 태종의 업적이야.

태종은 강력한 왕이었어. 신하들은 물론 왕자들까지도 태종만 보면 오금이 저릴 정도였어. 하지만 여러 제도를 정비한 덕분에 조선은 탄탄대로를 달릴 채비를 끝마쳤어. 나름대로 큰 업적을 쌓은 셈이지. 기반이 탄탄하면 그다음 지도자가 일하기 훨씬 수월할 거야. 실제로 그랬어. 우리 역사상 최고의 성군이 등장한단다. 바로 세종대왕이지. 세종대왕 시절, 조선 전기 문화와 과학의 전성시대가 열려.

16
훈민정음
반포

우리 역사상
최고의 성군을 만나다

세종은 스무 살이 조금 넘어 왕에 올랐어. 하지만 상왕바로 그 위의 왕은 건재한 상황이었어. 태종은 왕위를 넘겨주고도 4년간 상왕으로 있다가 세상을 떠났어. 태종은 왜 죽기 전까지 왕으로 남아있지 않았을까? 아마도 세종이 어느 정도 통치의 기반을 안정시킬 때까지 뒤에서 봐주고 싶어서 그랬을 거야. 태종이 이렇게 말했다는구나.

"너를 방해하는 모든 세력을 내가 제거하겠다. 모든 위험과 장애물을 없애버리겠다. 그 후에 모든 업보를 내가 지고 갈 터이니…. 세종! 너는 성군이 되어라."

아버지의 간절한 바람 때문이었을까? 세종은 정말로 우리 역사상 최고의 성군이 됐고, 15세기 조선은 비약적으로 발전했어. 물론 태종이 탄탄하게 제도를 정비해놓았기 때문에 가능했을 거야. 하지만 세종이 늘 백성을 마음에 품고 살지 않았다면? 태종의 노력도 아무 소용이 없었겠지. 그러니 가장 위대한 인물은 태종이 아니라 세종이라고 할 수 있어. 세종의 업적은 정말로 일일이 열거할 수 없을 정도야.

세종은 사대부들과 공존하는 쪽을 택했어. 아버지 태종처럼 독재하지도 않았고, 심지어 6조를 직접 관리하지도 않았어. 대신들의 이야기를 충분히 들었고, 많이 존중했어. 덕분에 의정부가 본래의 기능을 회복했어. 의정부 중심 정치! 그래, 의정부 서사제로 돌아간 거야.

세종은 집현전이란 학문 기관도 설치했어. 집현전 학자 학사들과 유교 이념에 대해 활발한 토론을 벌였어. 이를 경연이라고 해. 장차 왕이 될 세자의 교육 서경도 집현전이 담당했어. 이런 점도 태종과 많이 달라. 세종은 똑똑한 젊은 학자들에게 많은 자문을 구했어. 자문에 따라 백성을 늘 염두에 두고 정치를 했지. 백성을 근본으로 삼는 정치, 즉 민본정치를 실현한 거야.

세종의 이런 부드러움에 가려서 강인함이 보이지 않을 수도 있어. 왕에 즉위한 바로 그 해였어. 왜구들이 한반도 주변에서 기승을 부리자 그 본거지를 치기 위한 프로젝트가 시작됐어. 바로 대마도 정벌이야 1419년.

"이종무를 삼군도체찰사에 임명하노라. 이종무는 마산포를 떠나 대마도로 향하라. 그곳에 잡혀있는 우리 조선인과 명의 사람들을 구하라!"

도체찰사는 비상시국 때 임시로 임명하는 정1품이야. 정1품이면 영의정, 좌의정, 우의정과 같은 품계야. 왕을 빼면 가장 높은 벼슬인 셈이지. 삼군도체찰사이니 삼군을 호령하는 지위! 어마어마한 고위직이지? 대마도 정벌에 상당히 정성을 쏟았다는 사실을 짐작할 수 있어.

2만 명에 가까운 조선 병사들이 대마도를 누볐어. 그 결과는? 당연히 대승이었지. 대마도는 이때 사실상 조선의 '속국'이 됐어. 세종은 몇 년 후 왜인들에게 내이포 진해, 부산포, 염포 울산를 개방했어. 왜인들은 이곳에 머물 수도 있었고, 와서 무역할 수도 있게 됐지. 이 삼포개항 덕분에 해적들이 크게 줄었어.

일본이나 북방 민족을 대하는 이 외교 정책을 '교린'이라 불렀어. 때로는 진압하고, 때로는 달래주는 게 교린 정책이지. 조선은 중국 명에 대해 사대 정책을 시행했어. 이 둘을 합치면? 조선 전기 외교 정책의 골격이 나와. 바로 사대교린 정책이야.

이때 한반도의 북부에는 여진족이 살고 있었어. 한때는 금을 건국해 중국 전역을 휩쓸었지만, 지금은 뿔뿔이 흩어진 약소민족에 불과했어. 먹고 살기 위해 조선 국경을 어지럽히면서 약탈이나 하는 '미개'한 민족으로 전락했지.

사대교린 정책에 따라 세종은 여진족을 토벌하기도 했고, 무역을 허용하기도 했어. 이런 과정에서 큰 수확을 얻었어. 최윤덕이 압록강 일대의 여진족을 몰아내고 4군, 김종서가 두만강 일대의 여진족을 몰아내고 6진을 설치한 거야. 이 4군6진의 설치로, 조선의 영토는 압록강~두만강에 이르게 됐어 1433년. 비로소 오늘날의 한반도 지도가 완성된 셈이지.

이제 경제 분야로 넘어가볼까? 여러 자잘한 것만 빼고, 딱 한 가지만 알아두고 넘어가는 게 좋겠어. 바로 공법을 시행한 거야. 공법은 새로운 세금 제도라고 생각하면 크게 틀리지 않아.

조선 전기에는 과전법이란 토지 제도에 따라 세금을 냈어. 그런데 문제가 있었어. 토지가 비옥하든 그렇지 않든, 수확량이 많든 적든, 내는 세금에는 큰 차이가 없었던 거야. 풍년일 때야 좋다 쳐도, 조금이라도 흉년이 되면 그야말로 세금 폭탄을 맞을 수밖에 없지? 이런 사정을 간파한 세종이 어느 날 신하들을 불러놓고 제도 개혁을 명했어.

"대신들끼리만 논쟁을 벌이지 마시오. 반드시 백성의 소리를 들으시오. 전국의 농민들에게 가장 좋은 의견이 뭔지 직접 물으시오!"

세종은 진심으로 민심을 알고 싶었어. 실제로 양반부터 농민까지, 총 17만 명을 대상으로 여론조사를 벌이기도 했단다. 어쩌면 우리나라 정치 역사상 최초의 전국 여론조사가 아닐까 싶어.

이 여론조사 결과를 정책에 반영했어. 그래서 나온 것이 전분6등법과 연분9등법이란다. 전분6등법은 땅의 비옥도에 따라 6개 등급으로 나누는 것이고, 연분9등법은 그 해의 수확량에 따라 9개 등급으로 나누는 거야. 세금 제도가 많이 합리적으로 바뀐 것 같지?

조선 시대, 최고의 산업은 뭐니 뭐니 해도 농업이야. 농사를 잘 지으려면 하늘의 기운을 잘 예측해야 해. 가뭄이 언제까지 계속될지, 그토록 바라던 비는 언제 내릴지, 갑자기 폭염이 찾아와 농사가 망치지는 않을지….

오늘날로 치면 일기예보인 셈인데, 이게 옛날에는 무척 중요했어. 기상관측을 제대로 하지 못해 한해 농사를 망치면 민심이 좋을 리가 없겠지? 만약 이런 흉년이 몇 년간 계속된다면? 왕에 대한 반발도 커질 거야. 그러니 예로부터 천문학은 아주 중요한 학문이었단다. 물론 당시에는 학문이라기보다는 기술로 여겼지만.

한 달을 30, 31일로 정해 요일별로 기재한 것을 '달력'이라고 하지?

그 단위가 하루라면 '일력'이 돼. 여기에서 공통으로 사용된 '역'이란 한자는, 시간의 흐름을 뜻해. 그렇다면 '역법'은 시간의 흐름을 기록하는 방법을 말하는 게 되겠지?

이런 역법 서적이 세종 때 나왔어. 바로 '칠정산'이야. 칠정산은 한양을 기준으로 만들었어. 이게 큰 의미가 있어. 뭐냐고? 우리나라의 실정에 맞는 최초의 역법서란 얘기야.

역법서만 만든 게 아니야. 천체를 관측하기 위한 기구도 만들었어. 원나라의 혼천의를 벤치마킹한 이것이 '간의'야. 간의는 당시 명나라의 천문기구보다 훨씬 높은 수준이었다고 해. 15세기 조선의 과학 수준이 얼마나 뛰어났는지 짐작할 수 있겠지? 세종 때에는 또 천문을 관측하기 위한 천문대인 간의대도 세웠어. 천문과 역법 등을 관장할 관청도 만들었어. 바로 관상감이야. 이 관청은 고려 시대의 서운관을 발전시킨 거란다.

농사에는 천문학만 중요한 게 아니야. 실제로 비가 얼마나 내리는지 측정할 수 있어야 해. 세종은 이런 기구도 만들도록 했어. 그 기구가 바로 측우기야 1442년 완성. 서양에서 측우기가 만들어진 시점은 17세기 중반이야. 맞아. 조선의 측우기는 서양보다 200여 년이 앞선 세계 최초의 측우기야! 세종은 측우기를 관상감과 지방 관청에 설치하게 했어. 이 측우기 말고도 하천의 수위를 계산할 수 있는 수표도 만들었단다.

시계도 만들었어. 물이 똑똑 떨어지다 일정한 시간이 되면 종이나 북, 징을 자동으로 치게 돼. 자동 물시계! 이게 바로 자격루야. 자격루 말고도 앙부일구란 해시계도 만들었어.

15세기는 과학의 최고 전성기였어. 수많은 발명품이 쏟아졌단다. 이 발명품을 왜 만들었지? 농민을 위해서였지?

백성을 지극히 사랑하는 세종에게 또 하나의 근심이 생겼어. 백성이 글을 모른다는 거야! 글을 모르면 지식과 지혜가 늘어날 수 없어. 백성도 서로 글로 의사소통하지 못하니까 얼마나 불편하겠어? 게다가 정부가 방을 붙여도 백성은 무슨 말인지 알 수 없어. 이렇게 되면 정부와 백성의 소통이 불가능해지는 거지.

'우리가 일상적으로 하는 말은 중국의 한자와 다르다. 한자는 오로지 양반 사대부들만 배운다. 백성에겐 글자가 없다. 그러니 백성이 말하려는 바를 제대로 표현하지 못하는 게 아닌가? 백성이 쉽게 배울 수 있는 글자가 필요하다.'

세종은 목숨이 다하기 전에 반드시 우리 글자를 만들겠다고 결심했어. 일상적인 업무는 세자가 대신 보도록 하고, 글자 창제 작업에 돌입했어. 비장한 느낌마저 들지 않니? 실제로 세종은 집현전 학사들과 거의 매일 머리를 맞대면서 토론하고 또 토론했어. 마침내 글자가 완성됐어. 이것이 훈민정음이야 1443년 완성. 1446년 반포.

그런데 문제가 생겼어. 중국에 대한 사대주의에 빠진 대신들이 훈민정음을 반대한 거야! 대표적인 인물이 한때 집현전에서도 근무했던 최만리였어.

"전하! 엄연히 한자가 있는데, 다른 글자라니요. 오랑캐나 할 일이 아니옵니까? 한자가 없으면 유학은 뿌리를 잃사옵니다. 우리 조선도 엉망진창이 되고 말 것이옵니다. 전하! 글자를 거둬 주십시오. 반포해선 아니 되옵니다."

요즘의 가치관으로 보면 유학자들의 이런 주장은 이해하기가 쉽지

나랏말ᄊ·미 中듕國·귁에 달아 과인의 업적은

일일이 열거할 수도 없겠지만

의정부중심정치·대마도정벌

사대교린정책·공법시행

칠정산·간의발명

측우기·자격루

어린百빅姓셩 위한

훈민정음 창제·농사직설

향약집성방 편찬 등등

사ᄅᆞᆷ마다 ᄒᆡ여 수ᄫᅵ 겨 날로 부메

便뼌安한 키 ᄒᆞ고져 ᄒᆞᇙᄉᆞᄅᆞ미니라

않아. 하지만 당시에 조선의 유학자들은 중국을 하늘처럼 떠받들었어. 성리학의 고장이니까! 게다가 글자는 일종의 '권력'이야. 지배층인 양반만 글자를 알고 있어야 '무식한' 백성을 다스리기 쉽지. 백성이 모두 글자를 안다면 정책에 대해서도 비판을 할 수 있잖아? 유학자들이 계속 권력을 쥐고 흔들려면 쉬운 글자가 백성 사이에 퍼져서는 안 돼!

반대가 예상외로 강했지만, 세종은 밀어붙였어. 훈민정음을 다듬는 작업을 진행하면서 유학자들을 설득했어. 이 작업을 하는 데 3년이 걸렸어. 글자를 다 만들었는데도 3년씩이나 반포가 늦어진 이유를 이젠 알겠지?

훈민정음은 '백성을 가르치는 올바른 말'이란 뜻이야. 세종은 조선 창건의 정당성을 백성에게 알리고 싶었어. 그래서 훈민정음을 사용해 가장 처음 만든 작품이 이런 내용을 담은 《용비어천가》였던 거야.

훈민정음의 창제로 조선은 문화강국의 반열에 이름을 올려놓았어. 문화강국답게 수많은 책이 출간됐어. 주로 집현전에서 이 작업을 했지.

농민을 위해 《농사직설》을 펴냈어. 이 책은 중국의 농법을 연구한 뒤 우리 실정에 맞게 고쳐 쓴 최초의 농서란다. 뒷동산에서 구할 수 있는 약재가 어떤 효능이 있는지를 정리한 일종의 약재 백과사전인 《향약집성방》도 만들었어. 충신과 열녀, 효자 등의 이야기를 그림을 곁들여 들려준 《삼강행실도》도 이때 만들어진 대표적인 작품이야.

세종이 정말 많은 업적을 남겼지? 타의 추종을 불허하지? 이처럼 위대한 제왕의 뒤를 이은 왕은 꽤 큰 부담을 느낄 거야. 그래서였을까? 세종의 뒤를 이은 문종은 몸이 많이 안 좋았어. 결국, 2년 4개월 만에 세상을 떠나고 말았어.

문종의 어린 아들이 6대 단종에 등극했어. 그러자 삼촌들이 가만히 있지 않았어. 삼촌들이 왕위를 노리기 시작한 거야.

1453년 10월의 어느 날 밤이었어.

용맹하기가 이를 데 없어 '백두산 호랑이'란 별명이 붙은 김종서의 집 주변에 수양대군의 부하들이 몰려들었어.

수양대군은 세종의 둘째 아들이자 문종의 동생이었어. 또한, 단종에게는 숙부(삼촌)가 돼. 수양대군은 왕이 되고 싶었지만, 큰아들이 왕위를 잇는 전통 때문에 왕이 될 수 없었어. 그래서 늘 불만이었고, 그런 현실을 바꾸겠다고 생각했어.

바로 이날, 그 생각을 실천에 옮겼어. 반란을 일으킨 거야. 계유년에 일어났다고 해서 '계유정난'이라 부르지. '정난'은 혼란스러운 정치를 바로잡는다는 뜻이란다.

가장 두려운 존재인 김종서를 제거하는 데 성공했어! 그렇다면 거사는 '절반의 성공'을 거뒀다고 할 수 있지. 수양대군은 비로소 크게 웃을 수 있었어. 이어 조카이자 왕인 단종에게 달려가 고했어.

"전하. 역적 김종서가 반란을 일으켰사옵니다. 이 숙부가 그를 제거했나이다."

단종은 머릿속이 하얘지는 느낌을 받았어. 올 게 오고야 만 거야. 단종은 야심이 강한 수양대군이 반란을 일으켰고, 자신을 지켜주던 김종서가 살해됐다는 걸 직감했어. 어린 단종이 무슨 일을 할 수 있겠어? 그저 바들바들 떨 뿐….

수양대군은 왕을 비웃으며 물러났어. 이어 반대파 대신들을 하나씩 궁궐로 불러들였어. 황보인, 조극관, 이양…. 영문도 모르고 궁궐로 들어서는 그들을 모두 철퇴로 내려쳤어. 친동생인 안평대군은 강화도로 유배 보낸 후 죽여 버렸지. 정말 피도 눈물도 없는 사람이야.

수양대군은 여기에서 만족하지 못했어. 결국, 어린 조카를 밀어내고 왕위에 올랐어. 많은 대신이 분노했어. 집현전 학자들이 특히 반발했어. 그들이 비밀리에 모였어. 성삼문이 입을 열었어.

"대신들은 잊지 않으셨을 거외다. 전하단종를 지켜달라는 선왕문종의 유언을 난 또렷이 기억하고 있소. 마침 명나라 사신이 온다고 했소. 사신을 접대하는 날, 거사합시다. 비밀이 새어 나가지 않도록 특별히 주의해주시오."

하지만 이 거사는 누군가의 밀고로 실패했어. 성삼문, 박팽년, 하위지, 유응부, 유성원, 이개 등 핵심 세력은 모두 처형됐어. 이 6명을 '사육신'이라 부른단다. 죽음으로 정절을 지킨 여섯 신하란 뜻이야. 세조가 크게 노했어.

"반란의 중심지인 집현전을 없애라! 반란의 구실을 제공한 상왕단종은 강원 영월로 유배 보내라!"

그래도 화가 안 풀렸나 봐. 어쩌면 다시 반란이 일어날까 봐 두려웠겠지. 세조는 단종의 지위를 평민으로 떨어뜨리고는 사약을 내렸어.

이후 세조는 모든 권력을 왕인 자신에게 집중시켰어. 의정부 서사제를 다시 6조 직계제로 돌려놓았어. 신하들의 권력은 다시 쪼그라들었어. 세조의 측근들을 빼면 정승들도 별 힘이 없었어. 입바른 소리를 하는 신하들도 없었어. 그랬다가는 경을 칠지도 모를 일이잖아?

세조는 강력해진 왕권을 바탕으로 여러 개혁을 했어. 덕분에 토지 정책도 개선됐고직전법 시행, 호패법도 강화됐어. 나아가 조선의 대표적 법전인 《경국대전》 작업에도 박차를 가할 수 있었지.

계유정난 공신들의 권력도 하늘을 찔렀어. 대표적인 인물이 세조의 참모이자 전략가 역할을 했던 한명회와 신숙주야. 이들은 높은 벼슬을 하면서 떵떵거리고 살았지. 이 계유정난의 공신들을 '훈구파'라 불렀어. 이 무렵까지도 고려 말기의 온건파 사대부 후손들은 지방에서 나오지 않았어. 그들은 '사림파'라 불렀단다.

조정에는 당연히 훈구파 대신밖에 없었지. 그들은 최고 권력가로 떠올랐고, 권력을 놓으려 하지 않았어. 그러니 정치가 발전할 수 없지. 그 부작용은 곧 나타나게 돼. 피바람이 궁중에 불어 닥쳤어! 바로 사화가 터진 거야.

17 · 조선 시대
4대 사화

**훈구파와 사림파의 피비린내 나는
권력다툼, 그 결과는…**

세조의 뒤를 이어 예종, 예종의 뒤를 이어 성종이 9대 국왕에 올랐어.
하지만 성종이 어려 실제 정치는 세조 부인이자 성종의 할머니인 정희
대비가 도맡아 했어. 이런 형태의 정치를 '섭정'이라고 불러. 섭정은 왕
의 나이가 어려 왕실의 큰 어른이 대신 정치를 하는 거야.

세월이 흘러 어느덧 성종의 나이 스물이 됐어. 그동안 할머니 정희
대비와, 신숙주나 한명회 같은 훈구파 공신들의 기세에 눌려 지내던
성종이 마침내 '친정'을 선언했어. 친정은 직접 나라를 통치한다는 뜻
이야.

성종은 본격적인 정치 개혁에 착수했어. 하지만 이 개혁이 그리 쉬
운 게 아니야.

'훈구파 대신들의 권력이 지나치게 크다. 그러니 왕의 권력이 약할 수밖에 없다. 하지만 계유정난 반정공신들을 무턱대고 내칠 수도 없다. 아, 방법이 없을까?'

고민 끝에 성종은 사림파 학자들을 중앙 정치에 끌어들이기로 했어. 사림파가 훈구파 대신들과 맞서라는 뜻이야. 그렇게 되면 훈구파도 마음대로 권력을 휘두르지 못할 거라 생각한 거지. 사림파의 어떤 인물이 적임자일까? 성종의 눈에 딱 들어온 사람이 있었어. 바로 김종직이야.

김종직은 공자와 맹자의 유교 사상을 충실히 지키는 도학정치를 주장한 인물이야. 성리학자들의 정신적 리더였지. 성종은 그토록 완벽하게 도덕적인 인물이 조정에 들어온다면 훈구파가 설치지 못할 거라 생각했어. 결과는? 정말로 그렇게 됐어!

김종직은 훈구파들이 권력만 좇고 이익만 챙기려 한다며 비난했어. 자신의 제자들을 사헌부, 사간원, 홍문관 등 삼사에 포진시켰어. 삼사는 언론 역할을 했지? 훈구파를 비판하는 글이 자주 왕에 올라갔어. 사림파 대신들도 점점 늘어났어. 성종의 바람대로 사림파가 제대로 훈구파를 견제하고 있지?

"훈구파! 당신들은 유학자라고 할 수도 없소. 의리도 없으며 절개도 없지 않소? 권력과 이권에만 눈이 먼 소인배들과 뭐가 다르오? 이제 조선의 정치를 바꿔놓아야 하오. 공자와 맹자의 사상을 바탕으로 유교 이념이 살아있는 도학정치를 해야 하오."

훈구파도 가만히 있지 않았어.

"사림파! 조선을 세울 때 지방으로 도망간 비겁자들이 아니오? 그런데 조선이 어느 정도 자리를 잡으니까 이제 돌아와서 정치하겠다는 거요? 공자와 맹자를 들먹이지만, 사실은 기회주의자들이 아니오? 당신들은 정치할 자격이 없소."

훈구파와 사림파의 갈등은 점점 더 커졌어. 그래도 성종이 사림파를 지지했기 때문에 당장은 큰일이 터지지 않았어.

사림파를 지지하던 성종이 세상을 떠나고 연산군이 10대 국왕에 올랐어. 연산군은 원칙만 따지는 사림파를 싫어했어. 옳거니! 훈구파가 음모를 꾸미기 시작했어. 이 음모로 발생한 사건이 사화야. 사화는 '선비들이 화를 당한 사건'이란 뜻이지. 사대부 선비들이 많이 희생됐기 때문이야.

사화는 연산군 때부터 총 네 차례에 걸쳐 일어났단다. 무오사화, 갑자사화, 기묘사화, 을사사화…. 순서대로 살펴볼까?

왕이 죽고 나면 그 왕이 통치할 때의 역사를 기록해. 이 기록을 '실록'이라 불러. 성종이 세상을 떠나자 당연히 성종실록을 만들기 위한 팀이 꾸려졌어. 실록을 만들려면 기초 자료가 있어야 해. 그 기초 자료가 '사초'야. 사초에는 온갖 이야기들이 다 들어있어. 이 사초에 실린 글에서 괜찮은 것을 골라 실록에 넣지.

본격적으로 성종실록의 편찬 작업이 시작됐어. 실록 편찬에 참여한 학자를 '사관'이라 불러. 이 사관에는 사림파의 거두 김종직의 제자인 김일손이 끼어 있었어. 김일손은 김종직이 쓴 '조의제문'이란 글을 사초에 실었지.

조의제문은 중국 초나라의 항우가 조카뻘인 의제 황제를 죽인 것을 비판하는 글이었어. 어? 조카를 죽이고 왕이 됐다? 세조의 이야기와 비슷하지? 맞아. 이 글을 쓴 원래 의도를 알겠지? 김종직은 이 글을 통해 세조가 계유정난을 일으켜 왕위를 빼앗은 행위를 풍자한 거야.
훈구파가 연산군에게 냉큼 이런 사실을 일러바쳤어.

"감히 국왕을 비판하는 불손한 글이 사초에 실렸나이다. 불충한 사
림파를 엄하게 벌하소서."

연산군은 그전부터 사림파를 싫어했지? 그랬으니 훈구파의 모함이
오히려 반가웠을지도 몰라. 사림파를 제거할 좋은 기회잖아? 연산군
은 김일손을 비롯해 사림파 대신들 중 일부를 처형하거나 귀양을 보냈
어. 오래전에 죽은 김종직의 시신을 꺼내 목을 베는 '부관참시'를 하기
도 했지.

무오년에 일어난 이 사건이 무오사화 1498년 야. 그래도 이 무오사
화 때는 목숨을 잃은 선비들이 그리 많지 않았어. 그나마 다행인 셈이
지. 하지만 두 번째 사화는 달랐어. 그야말로 조정에 피바람이 불었지.

연산군의 친어머니는 왕비에서 서민 신분으로 강등된 폐비였어. 그
것도 모자라 결국에는 사약을 받고 목숨을 잃었지. 이 모든 일은 연산
군이 워낙 어렸을 때 일어났어. 그러니 친어머니에 대해 자세한 내막
까지 알 수는 없었지. 만약 폭군인 연산군이 그 사실을 안다면? 아마
도 폭발할 거야!

바로 이 점을 이용해 사림파를 제거하려고 훈구파가 음모를 꾸몄
어. 훈구파 대신 임사홍이 어느 날 연산군을 찾아갔어.

"전하. 중전마마께서는 사림파의 공격에 당하셨나이다. 사림파는 중
전마마께서 비도덕적이라며 온갖 비난을 퍼부었나이다. 사림파는 자
신들만 도덕적인 척하며 왕비를 쫓아내야 한다고 주장했나이다."

훈구파의 예상대로 사태가 돌아갔어. 연산군은 폭발했고, 지난 일을
다 들춰냈어. 어머니의 죽음에 조금이라도 관련이 있는 대신들은 모두

155

죽여 버렸어. 아버지의 후궁들이 폐비 윤씨 연산군의 천어머니 사건에 관련됐다며 마당으로 끌어냈어.

"네 이 년들. 너희가 내 어머니를 죽음으로 몰고 갔겠다? 너희도 똑같이 당해 봐라."

아무리 후궁이라고 해도 호적을 따지자면 어머니뻘이야. 그런 웃어른에게 반말은 물론이고 죽이겠다는 협박을 하는 거야.

"주상전하. 소신들이 아무리 미천한 후궁이라 하나 엄연히 상왕의 부인인…."

"닥쳐라! 어디서 요망한 주둥아리를 놀리는 것이냐. 더는 그 입을 움직이지 못하도록 해주겠다."

연산군이 철퇴로 후궁들을 내리쳤어. 피가 튀었어. 후궁들은 그렇게 참혹하게 죽었어. 대신들은 기겁했어. 궁궐에는 피비린내가 진동했어. 수많은 선비가 목숨을 잃었어. 훈구파가 일부 희생되긴 했지만, 이 사건으로 가장 큰 피해를 본 쪽은 역시 사림파였어. 이 사건이 갑자사화야 1504년.

연산군은 갑자사화 이후 더욱 악랄한 폭군으로 변했어. 결국, 여러 대신이 힘을 합쳐 폭군을 몰아냈어. 갑자사화가 터지고 2년이 지난 1506년, 대신들은 연산군을 쫓아내고 중종을 왕에 추대했어. 이 사건을 '중종반정'이라 불러.

중종은 새로운 정치를 하고 싶었어. 하지만 대신들의 눈치를 볼 수밖에 없었어. 세조는 직접 반란을 일으켰지만, 중종은 반란을 일으킨 대신들이 왕으로 추대한 거잖아? 그러니 공신들이 사사건건 중종의 이야기에 토를 달았어. 그래, 훈구파 권력이 다시 강해진 거야. 중종은 성종이 그랬던 것처럼 사림파를 다시 끌어들였어. 이때 중종이 발탁한 인물이 조광조야.

조광조는 이상적 유교주의자였단다. 조선을 완벽한 유교 국가로 만들려고 했어. 조광조를 따르는 사림파 대신들이 늘어났어. 조광조가 본격적으로 개혁을 추진했어. 훈구파가 다시 위기를 느꼈어. 훈구파만 그런 게 아니야. 조광조를 발탁했던 중종도 불안해졌어.

'조광조를 조정에 불러들인 것은 훈구파를 견제해 왕권을 강화하라는 뜻이었는데…. 조광조는 왕권 강화에는 뜻이 없구나. 오로지 유교 국가에만 관심이 있으니, 과인이 함께 갈 수 없는 사람이로구나. 안타깝구나.'

어느 날 이상한 나뭇잎이 발견됐어. 나뭇잎에는 '주초위왕'이란 글씨가 적혀 있었어. 훈구파는 이 나뭇잎을 하늘의 계시라고 주장했어. '주走'와 '초肖'를 합치면 '조趙'가 돼. '위왕'은 왕이 된다는 뜻이야. '조씨가 왕이 된다!'는 이야기지. 조광조가 반란을 꿈꾸고 있다고 해석할 수 있는 거야.

물론 훈구파의 음모였지. 미리 나뭇잎에 꿀로 글자를 써 놨어. 그러면 벌레가 꿀을 따라 파먹겠지? 하지만 훈구파는 짐짓 시치미를 뗐어.

"전하. 조광조 역적도당이 반역을 꾀하고 있다는 사실을 알려준 하늘의 계시입니다. 역적의 무리를 그냥 둬서는 안 됩니다."

중종도 어쩌면 훈구파의 음모란 사실을 눈치챘을 거야. 하지만 중종의 마음은 이미 조광조를 떠나 있었어. 중종은 조광조를 처형하고, 사림파 대신들을 내쳐 버렸어. 훈구파의 작전이 성공했어. 이 사건이 기묘사화란다 1519년.

기묘사화 때도 사림파 대신들이 많이 다쳤어. 조정에 남아있는 사림파 대신들은 불과 몇 명. 조정은 훈구파 대신들이 장악했어. 얼마 후에는 외척 훈구파끼리 죽고 죽이는 싸움을 했어. 이게 마지막 사화인 을사사화야(1545년).

이 을사사화를 끝으로 더는 훈구파와 사림파의 싸움은 일어나지 않았어. 맞아. 싸움이 끝난 거야. 그토록 오랫동안 훈구파의 핍박을 받으면서도 끈기 있게 버텼던 사림파가 마침내 권력을 장악했거든. 16세기 말이 되면서 훈구파의 시대는 종말을 고했단다. 이제 사림파의 세상이 온 거야.

사실 사화는 훈구파와 사림파가 충돌하는 과정에서 나타난 일시적 사건에 불과해. 사림파가 매번 휘청거리긴 했지만 전멸한 건 아니야.

사림파들은 다시 지방(향촌)으로 내려갔어. 사림파들은 향촌에서 서원을 운영하며 유교 질서를 만들어나갔어. 서원은 대 유학자의 제사를 지내고 지방의 인재를 교육했던 기관이야. 사림파들은 또 향약이란 걸 만들었어. 마을 사람들을 향약으로 끌어들였어. 그래, 향약은 유교 윤리를 이행하는 마을 공동체야.

서원과 향약은 점차 조선 전역으로 확산했어. 더불어 유교 이념도 조선 팔도에 스며들었지. 일반 평민들까지도 관혼상제를 치를 때면 철저하게 유교 절차에 따르게 됐어. 바야흐로 조선이 명실상부한 유교 국가가 된 거야.

유교 질서가 뿌리내리자 훈구파가 설 땅이 좁아졌어. 마침 14대 국왕인 선조는 인품이 높고 학식이 뛰어난 지방의 사림파들을 조정으로 불러들이기 시작했어. 이때가 16세기 말. 마침내 사림파가 무더기로 중앙 정계로 진출하는 데 성공했어. 얼마 후에는 조정을 사림파 대신들이 완전히 장악했단다.

하지만 또 다른 문제가 생겼어. 적이 사라졌으니 이제는 자기들끼리 경쟁하기 시작한 거야. 동서고금을 막론하고 정치판에서 이런 모습은 드물지 않아. 한때 동지라도 권력을 잡고 난 후에는 더 많은 권력을 차지하려고 싸워. 언제 우리가 동지였느냐는 듯….

사림파는 훈구파 대신들을 완전히 몰아내야 하느냐, 도덕적인 훈구파 대신들은 용서해야 하느냐 등을 놓고 논쟁을 벌였어. 게다가 사림파 대신들이 늘어나면서 관직 수도 부족해졌어.

그러다 보니 사림파들도 끼리끼리 뭉치기 시작했어. 이념이 같거나 고향이 같은 사람들끼리 한편이 돼 다른 편과 경쟁한 거야. 먼저 조정에 진출한 사림파 기성 사림파와 새로 진출한 사림파 신진 사림파가 대결하기도 했지. 조선의 정치 양상이 좀 달라지고 있는 것 같지 않니?

조선 중기부터 시작된 이 정치를 '붕당정치'라고 불러. 붕당정치는 훈구파와 사림파가 사사건건 대립하는 것과 달라. 사림파 대신들이 비록 여러 붕당으로 나뉘긴 했어도 토론과 논쟁을 통해 정치했거든. 그런 점에서는 붕당정치가 새로운 정치인 것은 분명해.

하지만 붕당정치 또한 사화와 마찬가지로 뒤로 갈수록 타락했어. 이제 붕당정치에 대해 알아볼까?

18 • 조선 시대
붕당정치

견제와 균형의 정치,
활짝 피다

선조 통치 시절, 훈구파는 사실상 조정에서 자취를 감췄어. 사림파가 최종 승리를 거둬 정권을 장악했다고 했지? 그런데 문제가 생겼어.

첫째, 새로 정계에 진출한 젊은 사림들이 기존 사림을 비판하기 시작했어. 기존 사림들이 언젠가부터 과거의 훈구파처럼 타락했다는 거야. 기존 사림들도 억울할 거야. 정치하다 보면 적절히 타협도 하고, 견제도 해야 하잖아? 그런데 타락했다는 비난을 받아야 하니….

둘째, 성리학자들이 끼리끼리 모이면서 크게 두 파벌로 나뉘기 시작했어. 신진 사림은 오랫동안 정계에 진출하지 않고 지방에서 후학을 키워온 조식, 서경덕, 이황의 학풍을 이어받았어. 쉽게 말하자면 신진 사림은 도를 닦듯이 성리학을 공부한 사람들이었어. 반면 기존 사림은 이미 정계에서 활동하고 있는 사람들이야. 그러니 정계에서 두각을 나타내고 있는 이이와 성혼의 학풍을 주로 이어받았어.

그래도 둘 다 같은 사림이니까 과거의 사화처럼 피바람은 불지 않았어. 하지만 항상 평화롭지는 않았단다. 결국, 이조전랑이란 벼슬을 놓고 한판 붙고야 말았어.

이조전랑은 정5품으로, 아주 높은 벼슬은 아니야. 오늘날과 비교하면 정부 각 부처의 장관이나 차관 정도? 아니야. 그보다 훨씬 낮은 벼슬이었어. 그렇다면 차관보다 낮은 실장이나 국장? 아니야. 거기에도 미치지 못해.

이조전랑은 오늘날로 치면 인사과장에 해당해. 하급 벼슬이라고 할 수 있지. 그런데도 이 자리를 놓고 대신들이 갈등을 벌인 것은, 바로 인사권을 담당했기 때문이야. 이 자리를 꿰차고 있으면 자기와 가까운 사람들을 더 많이 뽑을 수 있었어. 왜 이 자리를 놓고 싸웠는지 알겠지?

이조전랑은 보통 물러날 때 자신의 후임자를 추천했어. 김효원이란 인물이 후보자로 추천됐는데, 그는 신진 사림의 대표 선수였어. 그런데 기성 사림인 심의겸이 반대하고 나섰어. 왜?

"김효원, 그자는 과거 을사사화의 원인 제공자인 훈구파 척신의 집에 식객으로 머물던 자요. 어떻게 그런 자를 이조전랑에 앉힌단 말이오? 아니 될 말이외다."

기성 사림은 그동안 훈구파를 닮아가고 있다는 비난을 받아왔어. 그러자 심의겸이 반발하며 맞불을 놓은 거야. 따지고 보면 이런 식의 비아냥거림이라고 할 수 있어.

"너희도 훈구파 척신이랑 뭐가 달라?"

심의겸의 방해 작전이 먹혔어. 결국, 김효원은 이조전랑에 오르지 못했단다. 김효원은 나중에 이조전랑에 오르지만, 이 수모를 절대 잊지 않았어. 얼마 후 그 복수를 할 때가 왔어. 바로 김효원이 이조전랑 임기를 끝내고 물러날 때였어. 후임자를 뽑아야겠지? 심의겸의 동생 심충겸이 후보 물망에 올랐어. 이 소식을 들은 김효원이 버럭 화를 냈어.

"지금 정신이 있는 게요? 심충겸, 그자는 절대 안 됩니다. 심씨 가문은 왕비를 배출한 외척 가문이오. 그런 가문이 인사권을 쥐고 있는 이조전랑 자리를 차지하면 필경 잡음이 생길 거외다. 인사가 공정할 것으로 생각하시오?"

주거니 받거니. 싸움은 갈수록 커졌어. 많은 사람이 싸움에 뛰어들면서 본격적으로 두 파벌로 갈리기 시작했어. 이이의 학풍을 이어받은 기성 사림은 심의겸을 중심으로, 이황의 학풍을 이어받은 신진 사림은 김효원을 중심으로 뭉쳤어.

이때 심의겸은 서울 서쪽, 김효원은 동쪽에 살고 있었단다. 그러다 보니 기성 사림은 서인西人, 신진 사림은 동인東人이라 부르기 시작했어. 이 파벌을 가리키는 용어가 바로 '붕당'이야. 동인과 서인으로 붕당이 나뉜 이 사건을 동서붕당, 또는 동서분당이라고 한단다 1575년. 조선이 붕당정치의 시대로 접어들게 된 거야.

붕朋은 친구나 무리를 뜻하는 한자어야. 더 정확하게 말하면 같은 스승에게서 배운 무리나 친구를 뜻하지. 그러니까 붕당은 같은 스승을 모시는 사람끼리 어떤 목적을 이루기 위해 만든 집단이란 뜻이야.

이미 말했듯이 학풍에 따라 두 파벌로 붕당이 나뉘었어. 크게 보자면 동인은 이황의 영남학파, 서인은 이이의 기호학파의 맥을 이었지.

영남학파는 영남지방, 기호학파는 기호지방충청지방에서 활약했어.

영남학파는 학문의 근본이나 도덕과 같은, 어렵고 추상적인 문제를 주로 연구했어. 실제 정치에 뛰어든 학자도 있었지만, 지방에 남아 학문에 전념하는 학자들도 아주 많았지. 좀 단순하게 정리하자면, 영남학파 정치인들은 '학자에 더 가까운 정치인'이라고 할 수 있어.

기호학파도 추상적인 문제에 많이 신경 썼어. 하지만 당장 정치 문제를 해결하는 데도 많은 노력을 기울였어. 기호학파 정치인들은 '학자이지만 현실을 해결하려는 정치인'인 셈이야.서인이 처음에는 이처럼 현실 정치에 상당히 관심이 많았어. 하지만 조선 후기로 갈수록 서인은 꽉 막힌 보수주의 정당으로 변한단다.

동인과 서인의 공통점도 있었어. 양쪽 모두 이 세상에서 가장 훌륭한 사람으로 '군자'를 뽑았어. 덕을 갖췄고, 학문도 높으며 남을 배려하면 군자라고 추앙했어. 반대로 가장 업신여기는 사람은 '소인배'야. 속도 좁고, 다른 사람의 말을 듣지 않으며 학문도 낮은 사람을 가리키지.

동인과 서인은 모두 스스로 군자가 되려고 했어. 그러니 무턱대고 상대 붕당을 헐뜯는 비신사적인 행동을 하지는 않았단다. 그랬다가는 소인배 소리를 들을 테니까! 동인과 서인 붕당 모두 성리학 이념을 추구하면서 유교 국가를 건설하기 위해 노력했어.

의견이 다르면 어떡하느냐고? 그때는 서로 토론하고 논쟁했어. 바로 이게 붕당정치의 가장 큰 장점이야. 비열한 음모를 꾸며 상대 붕당을 제거하려는 짓은 별로 하지 않았어. 도리에 어긋나는 정치를 하면? 그래, 소인배야! 그러니 항상 토론과 논쟁이 우선이었지. 뭐, 그렇다고 해서 붕당정치가 꼭 올바른 쪽으로만 간 건 아니야. 정치에는 어느 정도 음모와 배신이 공존하거든.

얼마 후 붕당이 가지치기를 시작했어. 동인 붕당은 남인과 북인으로, 서인 붕당은 노론과 소론으로 쪼개진단다. 이에 대해서는 차차 살펴볼게.

동서붕당 이후 10년 이상의 시간이 흘렀어. 토론과 논쟁을 통해 정치를 발전시킨다 해도 동인과 서인의 사이가 늘 좋을 리는 없어. 때로는 같은 길을 가다가, 때로는 서로 다투다가…. 그래도 견제와 균형의 원리는 잘 지켜지고 있었는데, 결국에는 잡음이 생기고 말았어. 동인과 서인이 처음으로 전면전을 벌인 거야. 그 계기가 된 사건이 정여립의 난이었어.

정여립은 정6품 예조좌랑과 수찬의 벼슬을 지냈어. 이이와 성혼의 학풍을 이어받았어. 그렇다면 서인이겠지? 헌데, 언젠가부터 정여립이 서인, 심지어 스승이었던 이이와 성혼까지 비판하기 시작했어. 그가 왜 그랬는지는 확실하지 않아. 이이가 자신을 비난해서 그랬다는 말도 있고, 중앙 관직을 얻지 못해 홧김에 그랬다는 말도 있어. 어쨌든 서인은 그를 배신자라며 몰아붙였어. 그러나 정여립은 굴하지 않았어.

"임금과 서인이 한통속으로 나를 업신여겨? 그렇다면 내가 벼슬을 하지 않으리라. 고향에 내려가 학문을 하면 되리니."

정여립은 고향으로 내려갔어. 서인으로부터 배신자 취급을 받았지만 동인 사이에 그는 학문도 높고 인망도 두터운 사람으로 소문이 나 있었어. 많은 사람이 그의 집으로 몰려들었어. 조용하던 시골이 왁자지껄해졌어. 정여립은 찾아오는 손님들에게 이렇게 말했어.

"제가 진안군 죽도에 작은 책방을 하나 열고자 합니다. 이따금 활쏘기 모임도 할 생각이니, 여러 손님께선 잊지 말고 찾아주십시오."

책방 또한 늘 손님들로 북적댔어. 문전성시를 이룬 책방을 휘둘러보며 정여립은 미소를 지었어.

'왕과 서인이 나를 무시했어. 조정이 썩었어. 지금은 묵묵히 힘을 키울 때다. 이 책방을 발판 삼아 내 꿈을 펼치리니.'

어느 날 정여립이 손님들이 모두 모여 있는 자리에서 마음속에 간직해뒀던 이야기를 꺼냈어.

"미천한 저의 책방을 찾아주신 여러분. 우리가 힘을 합치면 수많은 일을 할 수 있소이다. 여러분이 도와주신다면 든든한 힘이 될 거외다. 작은 단체를 하나 만들려 합니다. 크게 하나가 되자는 뜻에서 '대동계'라 부를 작정이온데, 여러분의 생각은 어떻소이까?"

정여립이 동인이지? 그러니 대동계에는 동인 사대부들이 많았어. 그들은 곧 활을 쏘는 궁수, 칼을 쓰는 무사들도 고용했어. 군사력을 갖췄다는 얘기야. 대동계는 전라도 일대를 누비는 무장단체로 성장했어. 섬을 침략한 왜구를 격파하기도 했단다. 심지어 멀리 황해도까지 대동계 지부가 생겨났어.

이쯤 되자 서인이 의심의 눈초리로 보기 시작했어. 정여립이 반란을 일으키기 위해 대동계를 확대하고 있다는 의심이 커졌어. 서인이 이를 과장해 "정여립이 반란을 일으키려 한다!"며 신고해버렸어. 선조가 크게 노했어.

"과인은 이 자가 사사로이 붕당을 갈아탈 때부터 위험한 인물이란 걸 알았도다. 당장 이 자를 참수하라. 대동계에 가입한 족속들도 모조리 잡아들여 죄를 묻도록 하라."

어명이 떨어지자 관군이 신속하게 움직였어. 곧 대동계의 핵심회원들이 무더기로 체포됐어. 정여립은 아들과 함께 죽도로 달아났어. 하지만 곧 관군이 들이닥쳐 포위망을 좁히기 시작했어. 정여립은 하늘을 보고 탄식했어.

"아. 하늘이시여. 이토록 제게 무정하시나이까."

정여립은 스스로 목숨을 끊었어. 조정은 대동계를 해체하고, 사건 조사에 나섰어. 총 책임자로 좌의정 정철이 임명됐어. 그는 서인이었어. 동인에게 가혹하게 굴었겠지? 정철은 2년간 1천여 명의 '죄인'을 적발했고, 동인의 영수 우두머리 이발을 포함해 많은 동인이 처형됐어. 목숨을 건진 사람들도 유배를 떠났거나 관직을 빼앗겼지. 동인이 호되게 당한 이 사건을 '기축옥사'라 부른다 1589년.

수사가 마무리되고 얼마의 시간이 흘렀어. 좌의정 정철이 영의정, 우의정, 대사간, 부제학 등 여러 대신과 세자 문제를 논의하기 위해 만났어.

당시 선조의 부인 의인왕후은 왕자를 못 낳았어. 두 명의 후궁만이 왕자를 낳았어. 왕비의 아들로 세자로 삼는 게 왕실의 법도야. 하지만 왕비가 아이를 낳지 못하는 상황이잖아? 계속 기다리다가 자칫 왕통이 끊길 수도 있지. 정철은 후궁의 왕자로라도 세자로 삼는 게 옳다고 주장했어.

"불충한다는 꾸지람은 달게 받겠소. 하지만 전하께서 보위에 오르신 지 스무 해를 훨씬 넘겼소이다. 후계자를 빨리 정하도록 주청하는 게 신하의 도리라고 생각되오."

우의정 유성룡도 고개를 끄덕였어.

"소인도 좌상 대감과 같은 생각이오. 중전께서 언제 왕자를 생산하실지 기약이 없소이다. 그냥 뒀다가 나중에 후궁 마마들의 왕자 사이에 다툼이라도 생길까 걱정이오."

영의정 이산해는 눈을 감고 두 정승의 이야기를 가만히 들었어. 정철이 그런 이산해를 슬쩍 보고 다시 말했어.

"더 늦기 전에 후궁 마마들의 왕자 가운데 세자를 간택하시라고 주청하는 게 어떻겠소이까? 대신들이 뜻을 모은다면 전하께서도 불충을 용서하시지 않겠소?"

"좋소. 좌상과 우상 대감의 의견대로 합시다. 광해군을 세자로 책봉할 것을 좌상 대감이 주청하시면 저희가 뒤에서 지원하리다."

이산해가 흔쾌히 동의한 것일까? 아니야. 그는 회의가 끝나자마자 어디론가 쏜살같이 달려갔어. 그가 탄 가마는 김옥량이란 사람의 집에 도착했어. 김옥량은 신성군 왕자를 낳은 후궁인빈 김씨의 오빠였단다. 이산해는 한달음에 김옥량의 방으로 달려갔어.

"대감. 큰일 났소이다."

김옥량이 버선발로 달려나왔어.

"도대체 무슨 일인데 이렇게 땀을 흘리시오? 마치 귀신이라도 본 듯한 얼굴이 아니오?"

"귀신이 대수겠소? 지금 신성군 마마의 목숨이 위태롭소이다."

상황이 좀 이상하게 돌아가고 있지? 맞아, 이산해가 음모를 꾸민 거야. 기축옥사 때 동인을 핍박한 핵심 인물이 정철이었지? 이산해는 그 정철을 제거하고 서인에게 타격을 줄 계획이었던 거야. 어떻게? 왕에게 "정철과 서인이 세자 문제에 영향력을 행사하려고 한다!"는 메시지를 전달하면 돼. 그러면 왕이 노할 테고, 결국, 정철에게 벌이 내려지지 않겠어?

계획대로 착착 진행되고 있어. 오빠에게 자초지종을 들은 후궁 인빈 김씨가 하얗게 질렸어. 인빈 김씨는 바로 선조에게 달려갔어. 바닥에 털썩 엎드리고는 대성통곡을 했지.

"전하, 왕자를 살려 주십시오. 왕자를 거두시려면 제 목숨도 거둬가라 하세요. 엉엉."

선조가 깜짝 놀라며 인빈 김씨를 일으켜 세웠어. 실로 놀라운 이야기를 듣게 됐어. 정철과 서인이 왕을 조종해 조정을 맘대로 휘두르려 한다는 거야.

"이 자들을…. 감히 과인과 종묘사직을 능멸하려 들어? 모반에 관여한 자는 지위 고하를 막론하고 엄하게 벌할 것이야."

이런 사정도 모르고 정철은 왕에게 주청을 올리기 위해 궁궐로 향했어. 시간이 지나도 영의정 이산해는 나타나지 않았어. 병에 걸려 참석하지 못한다는 전갈이 왔어. 이상한 생각이 들었지만 의심스러운 것은 발견하지 못했어. 당초 약속대로 정철은 광해군을 세자로 책봉할 것을 왕에게 건의했어. 하지만 동인 대신들은 "난 상관없어요!"라는 표정을 하며 입을 꽉 닫았어. 정철 혼자 왕을 능멸하는 꼴이 돼 버린 거야. 결국, 선조의 분노가 폭발했어.

"종묘사직을 능멸하려 드는가? 세자 책봉은 과인이 알아서 할 일! 대신들이 왕실 문제에도 개입한단 말인가?"

선조는 정철을 멀리 평안도 강계 지방으로 유배보내 버렸어. 다른 서인 대신들도 오만방자하다며 유배를 보내거나 관직을 빼앗았단다. 이산해의 작전이 성공을 거둔 거야.

이제 동인이 우세해졌어. 이산해는 두 번째 작전에 돌입했어. 동인 대신들에게 이렇게 말했어.

"정철을 어찌 하는 게 좋겠소? 아예 숨통을 끊어야 후환이 없지 않겠소?”

호랑이 목에 방울 달기와 비슷해. 삼정승 중 한 명이고, 글솜씨가 탁월해 조선 팔도에서 따라갈 문장가가 없다는 정철을 제거하자는 얘기야. 누가 섣불리 나서겠어. 그때 유성룡이 입을 열었어.

“우리 동인이 세력을 되찾았으면 된 거 아니겠소. 비록 정철 대감이 우리와 다른 서인이라 하지만 뛰어난 분이오. 그런 분을 죽이는 것은 이 나라를 위해서도 옳지 않소이다.”

동인 내부에 분열이 생겼어! 강경파는 이산해, 온건파는 유성룡을 중심으로 뭉쳤어. 강경파는 주로 한양 북쪽에 살았으니 북인北人, 온건파는 남산 주변에 살았으니 남인南人이라고 했지. 동인 붕당이 남인과 북인으로 나뉜 셈이야.

붕당이 남인, 북인, 서인 등 3개로 늘어났지? 그래도 아직 붕당정치가 타락하는 낌새는 별로 보이지 않았어. 물론 음모가 전혀 없는 것은 아니었어. 그래도 여전히 토론과 논쟁, 견제와 균형의 원칙은 지켜지고 있었단다.

이 사건이 있고, 꼭 1년이 지난 후 큰 전쟁이 터졌어. 바로 임진왜란이야.

19
임진왜란과
병자호란

임진왜란은 임진년 1592년에 왜인이 일으킨 난이란 뜻이야. 최근에는 왜란보다는 전쟁이란 표현이 더 적합하다고 주장하는 학자들도 많아. 그러면 임진전쟁이 되지.

어떻게 부르든 이 전쟁은 조선이 탄생하고 딱 200년 만에 터졌어. 평화롭던 조선이 한순간에 아수라장이 돼 버렸지. 게다가 약 40년 후에는 병자호란 1636년까지 터졌어. 임진왜란과 뒤이은 병자호란을 치르면서 조선의 정치는 더욱 혼탁해졌어.

임진왜란이 왜 일어났을까? 이를 알려면 일본의 상황부터 살펴야 해. 일본은 15세기 중반 이후 100년 넘게 전국시대가 계속되고 있었어. 이 혼란을 도요토미 히데요시가 끝내고, 일본 전역을 통일했어. 그는 한반도를 넘어 명을 정복하겠다는 야심을 품었어. 그는 조선에 사신을 파견해 이렇게 선언했어.

"명을 정벌하겠다. 조선은 길을 터주기 바란다."

'정명가도' 너무나 명백한 침략의 조짐이야. 하지만 조선 조정은 동인과 서인의 갈등으로 어수선한 상황이었어. 특정 붕당을 따지지 않고 옳은 정치를 했던 이이가 10만양병설을 주장했을 때도 묵살됐단다. 그러니 전쟁을 피할 수 있겠어?

1592년 4월, 왜군이 한반도를 침략했어. 부산, 동래, 김해가 순식간에 점령됐어. 왜군은 한양으로 진격했어. 상주에서 결사적으로 맞섰지만 패배! 충주에서 다시 맞섰지만, 이번에도 패배!

왜군은 빠른 속도로 북상했어. 조정에 비상이 떨어졌어. 왕을 어이 할꼬. 일단 목숨부터 구해야지? 선조와 왕실, 대신들은 모두 개성으로 피난을 떠났어. 백성은 분노했어. 물론 왕실을 보존하는 건 아주 중요한 일이야. 하지만 지배층이 자기들만 살겠다며 백성을 팽개치고 통째로 달아나는 모양새가 좋지는 않잖아? 화가 난 백성은 경복궁을 약탈하기도 했어.

곧 한양마저 왜군에게 점령됐어. 선조는 다시 평양으로 달아났어. 왜군이 부대를 나눠 다시 북상하자 선조는 또 피난길에 나서야 했어. 조정은 '분조'를 하기로 했어. 피난 도중에 왕이 죽게 되는 사태를 대비해 여분의 조정을 만드는 것을 분조라고 해. 물론 전쟁이 끝날 때까지 선조가 변고를 당하지 않는다면 여분의 조정은 해체되지. 선조는 광해군을 세자로 책봉하고 제2의 조정을 맡겼어. 광해군은 제2의 조정을 훌륭히 이끌었어.

바람 앞의 촛불. 조선이 처한 현실이 딱 이랬어. 언제 꺼질지 모르는 촛불…. 만약 이순신이란 영웅이 없었다면 조선은 멸망했을지도 몰라.

장수들이 전투에서 패하고, 왕실과 대신들은 북으로 달아나고 있을 때 전라좌수영 수군절도사 이순신은 바다에서 왜군을 막았어. 거제 앞바다에서 치러진 옥포 해전의 첫 승! 이어 당포통영, 당항포고성, 한산도에서 거푸 왜군을 격파했어.

일본의 해군을 제압한 것은 상당히 의미가 있어. 이들이 한반도에 상륙해 후방 지원을 해주고 필요한 물자를 보급해줘야 하는데, 이순신이 그걸 막아낸 거야. 이미 한반도에 상륙한 왜군이 큰 어려움을 겪겠지? 이처럼 이순신이 여러 해전에서 승리함으로써 조선은 역전의 발판을 마련할 수 있었단다.

이렇게 되자 당황한 쪽은 일본이었어. 전쟁이 소강상태로 접어드는 듯했어. 결국, 이 전쟁을 끝내기 위해 휴전 협상이 시작됐어. 하지만 결렬. 5년 뒤 일본이 다시 한반도를 침략했어. 이 전쟁이 정유재란인데1596년, 보통은 임진왜란에 포함한단다.

다시 왜군이 부산으로 침략해왔어. 하지만 과거처럼 순식간에 북상할 수는 없었어. 왜? 그 사이에 조선도 훈련도감이란 기관을 설치하는 등 만반의 대비를 해뒀기 때문이야.

이번에도 이순신의 활약은 눈이 부실 정도였어. 모함으로 감옥생활을 하다 풀려났던 그에게는 배 12척만이 남아 있어. 왜군은 100척정확히 말하면 133척이 훨씬 넘는 규모. 이 전투에서 승리할 수 있을까?

"걱정하지 마시옵소서. 제게는 아직도 배 12척이 남아있나이다. 죽기를 각오하고 싸우면 어찌 이기지 않겠나이까?"

이순신은 명량해협울돌목에서 왜군을 기다렸어. 예상대로 왜군이 나타났어. 이순신은 순식간에 왜선들을 밀어붙였어. 우왕좌왕하는 왜선을 격파했어. 총 31척을 격파시켰어. 왜군은 꽁지가 빠져라 달아났지. 다윗이 골리앗을 이긴 거야! 이게 그 유명한 명량대첩이야.

얼마 후 도요토미 히데요시가 죽었어. 전쟁 미치광이가 사라졌으니 일본도 이 전쟁을 끝내고 싶었어. 사실 전쟁을 더는 수행할 수 없을 정도로 일본 상황도 좋지 않았지. 왜군들이 철수하기 시작했어.

오늘날의 경남 남해와 하동 사이에는 노량해협이 있어. 바로 이곳에서 이순신 함대가 왜군을 기다렸어. 곧 왜선들이 나타났어. 무려 500여 척. 이순신이 공격 명령을 내렸어.

"결코, 산 채로 돌려보내지 않으리라! 쳐라! 모두 침몰시켜라!"

이 전투에서 무려 450여 척의 왜선이 침몰했어. 안타까운 것은, 이순신도 이 전투에서 목숨을 잃었다는 거야. 그는 "나의 죽음을 알리지 마라"는 말을 남기고 전사했단다. 이 전투가 노량해전이야 1598년. 이 전투가 마지막이었어. 임진왜란도 마침내 종결됐단다.

시간이 흘러 인조반정이 일어났어. 이에 대해서는 곧 살펴볼 거야. 광해군은 강제로 끌어내려지고, 인조가 왕에 올랐어.

이 무렵 만주 지역에서는 후금이 급속도로 성장하고 있었어. 인조는 국방 시스템을 강화했어. 군대부터 개편했지. 이미 임진왜란 도중 훈련도감이 설치됐지? 인조는 추가로 어영청을 설치했어. 훈련도감과 어영청은 왕을 호위하고 수도를 방어하는 핵심 군대라고 보면 돼. 인조는 또 서울 외곽을 방어하는 총융청, 남한산성을 방어하는 수어청도 설치했어. 영조 때 금위영을 설치하는데, 이로써 조선 후기 군대의 핵심인 5군영이 완성된단다.

광해군은 명과 후금 사이에서 중립외교를 펼쳤어. 하지만 인조와 서인은 친명배금 정책을 표방했어. 명나라는 가까이, 그러나 후금은 멀리! 이 정치노선을 택한 대가는 실로 컸단다. 후금의 군대가 조선으로 쳐들어온 거야. 이것이 정묘호란1627년이란다.

왜 갑자기 후금이 조선을 쳤을까? 첫째, 친명배금 정책 때문이야. 후금이 명과 전쟁을 벌이는데 조선이 뒤에서 명을 지원하고 있었거든. 이를 응징하기 위해서 조선을 침략한 거지. 둘째, 명과 오래 싸우려면 물자가 풍부해야 해. 후금은 조선과 강제로 수교를 맺으면 물자 확보가 쉬워질 거로 생각했어.

후금의 3만 병사가 순식간에 압록강을 건넜어. 의주, 안주, 평양…. 후금 군대가 도성으로 다가오고 있었어. 어떻게 해야 할까? 인조가 택한 피난지는 강화도였어. 혹시 고려의 최우 정권을 떠올렸던 걸까? 몽골 병사들이 해전에 약하니 강화도로 피신을 갔었지?

후금 군대는 강화도까지 쫓아갔어. 그리고는 전령을 인조에게 보내 항복을 종용했어.

"명의 연호를 더는 쓰지 마라. 조선은 앞으로 후금과 형제 관계를 맺는다. 이를 받아들이면 후금은 철수하겠다. 단, 왕실 사람을 인질로 보내라."

군사력 차이가 워낙 크니 어쩌겠어. 조선 조정은 화약을 받아들일 수밖에 없었어. 약속대로 후금은 국경 너머로 돌아갔단다.

후금은 그 후 빠른 속도로 성장했어. 명의 수도인 베이징까지 칠 정도였어. 오만해진 후금은 조선에 또 다른 요구를 하기 시작했어.

"두 나라의 지위가 사뭇 다르니 조선은 이제부터 후금을 왕의 나라로 받들라. 금과 말을 공물로 보내고, 병사 3만 명도 송출하라."

완전히 속국 대하듯 하고 있지? 그렇잖아도 후금에 대한 감정이 좋지 않은 인조와 서인인데…. 결국, 조선은 전쟁을 택하기로 했어. 맞아. 후금의 요구를 거절한 거야.

이 무렵 후금은 중국을 사실상 거의 장악했어. 나라 이름도 중국식인 청으로 고쳤고, 왕의 지위도 황제로 격상시켰단다. 내부 정리가 끝나자 청의 태종 홍타이지은 조선을 손보기로 했어. 10만 대군이 조선으로 진격했어. 이렇게 해서 시작된 전쟁이 병자호란이야.

무능한 왕. 인조는 다시 강화도로 피난을 떠나려 했어. 하지만 그럴 수가 없었어. 이미 그럴 거라 예측한 청군이 길을 막아버린 거야. 결국, 인조와 대신들은 남한산성으로 급히 발길을 돌렸어.

청군이 곧 남한산성을 포위했어. 며칠 후에는 청태종이 현장에 나타났어. 이제 인조와 대신들은 꼼짝달싹할 수 없는 신세가 돼 버렸어. 청군은 닥치는 대로 약탈했고, 양민을 학살했어. 사실 남한산성 안쪽 사정도 그리 좋지 않았어. 병사까지 총 1만 3천여 명이 있는데, 식량은 50일 치밖에 없었거든.

결국, 인조도 손을 들 수밖에 없었어. 항복하기로 마음을 먹은 거야. 청태종은 거만하게 요구조건을 내걸었어.

"조선의 국왕이 직접 나와서 항복하라! 청을 왕의 나라로 확실히 섬기며, 그 증표로 세자를 인질로 보내라. 청을 반대했던 강경파 대신들은 죄인이니 우리에게 보내라. 우리가 죄를 묻겠다. 청이 명을 칠 때는 조선은 지원 물자와 병사를 보낼 것이며 명과의 관계는 완전히 청산하라."

부당한 요구 조건이 많지만 받아들일 수밖에 없었어. 특히 왕이 직접 예를 갖춰 항복하라는 조항은 정말 치욕적이야. 하지만 어쩌겠니?

약소국에게 선택권이 있을까?

북풍이 몰아치는 1월 아침. 인조가 남한산성 밖으로 나왔어. 세자를 비롯해 대신까지 총 500여 명이 인조의 뒤에 섰어. 인조는 천천히 삼전도에 마련된 수항단으로 걸어갔어. 수항단은 '청태종이 항복을 받는 제단'이란 뜻이야. 이름부터가 치욕적이지?

인조가 항복의 예를 시작했어. 이마가 땅에 닿을 때까지 절을 했어. 북소리에 맞춰 한 번, 다시 북소리에 맞춰 두 번, 또다시 세 번…. 인조의 이마에선 붉은 피가 흘러나왔어. 인조는 찢긴 이마가 아파서가 아니라 마음이 아파서 울었어. 이 치욕을 잊지 않겠다며 이를 악물었지. 세자와 대신들의 눈에서도 닭똥 같은 눈물이 뚝뚝 떨어졌어.

청은 보름 후 철수했어. 소현세자와 세자빈, 봉림대군, 삼학사 홍익한, 오달제, 윤집는 인질로 끌고 갔어. 비록 조선이 청의 식민지로 전락하지는 않았다 해도, 이때부터 19세기 후반의 청일 전쟁까지는 청에 질질 끌려다니게 된단다. 임진왜란은 승리로 끝을 맺었지만, 병자호란은 참혹한 굴욕과 패배로 끝을 맺은 셈이지.

소현세자는 8년 후 조선으로 돌아왔어. 하지만 갑작스러운 죽음을 맞고 말았어. 인조가 독살했다는 분석도 있어. 인조는 청을 철천지원수로 여기고 있는데, 소현세자는 "청의 첨단 문물을 받아들여야 조선도 발전할 수 있다"고 주장했거든.

어쨌든 소현세자의 뒤를 이어 봉림대군이 왕위를 이었어. 바로 효종이야. 효종은 아버지 인조의 뜻을 좇아 북벌을 추진했어. 물론 성공하지는 못했어. 오히려 청의 요청으로 이 군대를 러시아 정벌에 투입해야 했단다.

어쩌다 나라 꼴이 이렇게 된 것일까? 그 이유를 알려면 임진왜란이 끝난 이후, 광해군의 통치 시절로 돌아가야 해. 광해군의 탁월한 정책부터 살펴볼까? 바로 대동법이야.

20
대동법

근대 태동기,
자본주의의 문을 열다

임진왜란이 끝나고 얼마 지나 선조의 계비^{두 번째 부인} 인목왕후가 아들을 낳았어. 그 아이가 바로 영창대군이야. 영창대군은 정식 왕비가 낳은 왕자, 광해군은 후궁이 낳은 왕자야. 왕실의 전통만 따른다면, 정식 부인이 낳은 왕자인 영창대군이 세자가 돼야 해.

하지만 이미 광해군을 세자로 책봉했잖아? 광해군은 임진왜란 때 의병을 직접 모집하기도 했고, 지혜롭게 위기를 넘겨 백성으로부터 큰 존경을 받고 있었단다. 이런 사정을 모르는 것은 아니지만, 인목왕후는 억울할 따름이야.

"전하. 영창을 어찌하실 겁니까? 영창은 종묘사직을 보존할 적통이옵니다. 하온데, 어찌 이토록 무심하시나이까?"

선조의 심정도 편하지는 않았을 거야. 사실 선조도 광해군을 썩 총애하지는 않았어. 하지만 엎질러진 물과도 같아. 광해군의 세자 자리를 박탈할 명분이 없잖아?

"과인도 답답하오. 하지만 이미 분조를 하면서 세자 책봉이 끝났지 않소? 지금 와서 그 결정을 어떻게 철회한단 말이오. 한 나라의 국왕이 한 입으로 두말 할 수 있겠소이까?"

"그렇다면 정녕 광해에게 왕위를 넘기시려는 겁니까? 영창은 어떡하고요?"

"명분이 있어야 하지 않겠소? 혹시 대신들이 움직인다면 모를까. 영창이 적통이니 세자를 바꿔야 한다는 목소리가 높아져야 한단 말이외다."

선조와 인목왕후가 바라던 대로 대신들 사이에 세자를 교체해야 한다는 목소리가 나오기 시작했어. 하지만 결과는 달라지지 않았어. 선조가 세상을 떠나 버렸기 때문이야. 이때 영창대군의 나이 세 살. 대안이 없으니 당연히 광해군이 조선의 15대 국왕에 올랐지.

보통 왕은 묘에 묻힐 때 '묘호'라는 것을 얻어. 세종이니 선조니 하는 게 다 그때 붙은 이름이야. 하지만 광해군은 반란으로 쫓겨나는 바람에 이 묘호를 얻지 못했어. 그가 왜 쫓겨났을까? 폭군이라서? 글쎄.

광해군은 훌륭한 정치를 하려고 나름대로 노력했던 왕이야. 당시 집권당은 북인이었어. 임진왜란 초기, 조선이 크게 고전할 때 조국을 구한 사람들은 정인홍이나 곽재우 같은 의병이었는데, 이들이 북인 붕당 계열이었거든.

광해군은 북인이 집권당이라 해도 남인과 서인도 적극 기용했어. 붕당 사이의 갈등을 줄인 덕분에 견제와 균형이라는 붕당정치의 장점이 살아나는 것 같았어. 실제로 제도 개혁도 많이 했단다.

대표적인 것이 대동법이야. 원래 백성은 곡물로 내는 원래의 세금 말고도, 특산물을 따로 세금으로 내야 했어. 이게 상당히 까다롭고 고통스러웠어. 광해군은 이 제도를 손질해서, 땅을 가진 사람들만 특산물 세금을 쌀이나 포목 등으로 내도록 했어. 가난한 백성은 특산물 세금을 안 내도 돼! 조정은 그 세금을 이용해 '공인'으로부터 필요한 물건을 사들였어.

이 공인들의 활동으로 조선 전역에 상업이 발달하기 시작했어. 공인들은 전국을 돌아다니며 필요한 물건을 대량으로 싼값에 사들였어. 그 물건들을 필요한 곳에 나눠 팔았지. 오늘날의 무역과 비슷하지? 그래. 자본주의의 초기 모습이 임진왜란 이후 나타나기 시작한 거야. 이 때문에 대동법은 근대로 가는 발판이었다고 할 수 있어.

사실 대동법은 그전부터 논의됐던 제도야. 하지만 그 어떤 왕도 감히 시행하지 못했어. 왜? 양반들의 반발이 두려워서! 광해군이 그런 대동법을 마침내 시행한 거야. 큰 업적을 이룬 셈이지? 실제로 대동법이 전국에 시행되기까지는 100여 년이 걸렸어. 양반들의 반발이 얼마나 컸는지 알겠지?

이 무렵부터 조선의 민중은 지배층을 믿지 않고, 스스로 알을 깨고 나갔어. 상업과 농업이 발전했어. 나아가 광업까지 번성하기 시작했어. 민중의 문화도 서서히 성장해 홍길동전이나 춘향전과 같은 한글 소설이 등장하는가 하면, 성리학을 비판하며 실생활에 도움이 되는 학문을 주장하는 학자들도 늘어났어. 이 때문에 양란 이후의 시대를 '근대 태동기'라고도 한단다.

광해군의 외교정책도 탁월했어. 광해군은 국제 정세를 명석하게 읽어냈단다.

당시 조선은 명을 섬기고 있었어. 서인은 "명은 왜란 때 군대를 보내 준 은인이다"라며 사대주의에 푹 빠져 있었어. 만주에서 후금이 새로 성장하고 있지만, 그들은 야만인으로만 여겨졌지. 그 후금이 성장해 청으로 이름을 바꾸고, 명을 정복하고, 중국 대륙을 차지해도 서인들은 명만을 섬겼어. 시대착오적인 발상이지.

하지만 광해군은 달랐어. 후금이 동북아시아의 최대 강국이 될 거라 예측했어. 그래서 명의 눈치도 보고, 후금의 비위도 건드리지 않는 '중립외교' 전략을 폈어.

점점 세력을 키우던 후금이 결국, 명을 쳤어. 명이 다급하게 지원군을 요청했어. 서인은 즉각 군대를 보내야 한다며 광해군을 몰아붙였어. 광해군이 고민에 빠졌어.

'후금의 비위를 상하게 해선 안 된다. 후금은 필경 대국이 될 터. 하지만 명의 지원군 요청을 거절할 명분이 없다. 서인들도 가만히 있지 않으리라. 묘안이 없을까?'

광해군의 복잡한 심경은 상관없다는 듯 서인은 연일 군대 파견을 독촉했어. 남인도 서인과 힘을 합쳤어.

"전하. 명 황실은 우리에게 은혜를 많이 베풀었사옵니다. 속히 지원군을 보내셔야 합니다."

"명은 조선의 아버지 나라이옵니다. 후금은 만주 오랑캐에 불과하옵니다. 아버지 나라를 도와 오랑캐를 치는 게 대의명분에 합당하다 사료되옵니다."

대신들의 입을 무조건 틀어막을 수는 없어. 광해군은 서인의 요구를 수용할 수밖에 없었어. 결국, 광해군은 명에 지원군을 파견하겠다고 선포했어. 하지만 나름대로의 조처를 하기로 했어. 총사령관인 강홍립 장군에게 따로 특명을 내리기로 한 거야.

"명을 위해 후금과 싸우라. 단, 결단코 전력을 다해 싸우지는 마라. 전세가 불리하면 즉각 후금에 투항하라. 우리 조선이 원한 게 아니라 명의 압력 때문에 어쩔 수 없이 전투에 참여한 거라고 적장에게 명확하게 말하라."

광해군의 예상은 적중했어. 강홍립 부대는 패전했고, 항복했으며, 후금의 적장은 충분히 이해한다고 말했어. 조선에 책임을 묻지도 않았지. 실로 탁월한 외교정책이지? 하지만 서인은 광해군을 배신자라고 여겼어. 명이 베풀어준 은혜를 원수로 갚았다는 거야.

사실 서인은 광해군의 정치 노선 자체가 맘에 들지 않았어. 서인은 대의명분을 가장 중요하게 여기지만 실리를 추구하는 정치는 아주 경멸했어. 왕이 그런 정치를 한다면? 그 왕을 바꿔야지! 붕당들이 슬슬 권력투쟁에 몰두하는 경향이 나타나고 있지? 붕당정치가 타락하기 시작한 거야.

기회를 노리던 서인에게 광해군이 빌미를 내어주고 말았어. 광해군은 친형인 임해군과 후계자 자리를 놓고 다퉜던 영창대군을 죽여 버렸어. 영창대군의 어머니이자 아버지 선조의 두 번째 부인인 인목왕후도 후궁으로 신분을 낮추고는 별궁에 가둬 버렸단다.

왜 갑자기 폭군이 된 것일까? 정치판이 혼탁해졌기 때문이야. 광해군은 왕에 오르기 전부터 붕당 간의 싸움에 휘말렸어. 세자로 책봉된 후에도 영창대군에게 세자 자리를 빼앗길까 봐 걱정해야 했어. 왕이 된 후에도 서인들은 영창대군을 계속 입에 올렸어. 그러다 보니 광해군도 인간인지라 갈수록 의심이 많아졌고, 급기야 폭군으로 돌변한 거야.

광해군이 통치한 지 15년째 되던 해, 어느 날 밤.

갑자기 궁궐 밖에서 "와!" 하는 함성이 들려왔어. 곧이어 무장한 병사들이 궁궐을 향해 진격했어. 누군가 큰 소리로 외쳤어.

"우리는 패륜아 광해군을 몰아내고 종묘사직을 지킬 것이다. 우린 혼란스런 정치를 바로잡을 반정군이다. 당장 궐문을 활짝 열도록 하라."

반란이 일어난 거야. 반란군은 거세게 궁궐 안으로 밀려들었어. 궁궐 호위 병사들은 모두 죽임을 당하거나 도망을 갔지. 반란군은 곧 궁궐을 점령했어. 날쌔고 무술이 뛰어난 무리들이 왕의 침전으로 달려갔어. 광해군이 미처 몸을 숨기기도 전에 험악한 병사들이 들이닥쳤지. 광해군은 눈을 감았어. 병사들은 광해군을 반란군의 우두머리 앞에 내동댕이쳤어.

"죄인은 고개를 들라."

많이 들었던 음성. 조카뻘인 능양군이었어. 광해군이 분노의 고함을 질렀어.

"네 녀석이…. 하늘이 무섭지도 않으냐? 감히…."

병사들이 어깨와 뒷목을 힘껏 눌렀어. 광해군은 고개를 숙일 수밖에 없었어. 능양군이 입을 열었어.

"죄인은 그동안 명을 업신여기고 혈족을 죽였으며 대비인목왕후를 후궁으로 강등하는 만행을 저질렀다. 이에 반정군은…."

이날 광해군은 왕위에서 쫓겨났어. 다행히 목숨은 건졌지만, 그는 유배지에서 평생을 살다 세상을 떠났단다. 이 사건이 바로 인조반정이야1623년. 능양군은 16대 왕 인조야. 이 반란을 주도한 붕당은 서인. 따라서 서인이 집권당에 올랐어.

이 인조반정을 바라보는 관점은 다양해. 크게 두 가지로 요약해 볼까?

첫째, 긍정적인 측면을 볼 수 있어. 왕이 독재하면 붕당이 몰아낼 수 있다는 선례를 만들었어. 백성을 생각하지 않는 독재자를 붕당이 견제한다는 뜻이야.

둘째, 서인은 백성이 아닌, 자기들의 이익을 위해 반란을 일으켰어. 왕정 국가에서 왕을 몰아내는 것은 가장 큰 반역 행위야. 따라서 이 사건 이후 붕당이 타락하기 시작했다는 징조로 해석되기도 해.

어느 쪽이 맞는 해석일까? 어쩌면 둘 다 맞을 수도 있어. 어쨌든 서인 붕당의 감회는 아주 새로웠어. 30년 만에 집권당이 됐기 때문이야. 그동안은 동인과 동인 계열의 남인과 북인이 집권당이었잖아?

문제는, 이때의 서인이나 인조가 백성을 위한 통치를 하지 않았다는 데 있어. 서인 붕당에 휘둘려 제 목소리를 내지도 못했지. 서인이 요구하는 대로 후금을 배척하고 명을 가까이했어.

그 결과는 비참했어. 그래, 전쟁이 터진 거야. 잘못된 외교 정책 때문에 일어난 이 전쟁이 바로 병자호란이지 1636년. 조선은 청과의 전쟁에서 패했고, 인조는 삼전도에 나아가 청의 황제에게 머리를 조아리며 항복을 해야 했단다.

나라가 이 지경이 된 데는 명에 대한 사대주의만 고집한 서인의 책임이 커. 하지만 서인은 그 후로 일부 기간을 제외하고는 쭉 조선의 집권당 노릇을 했단다. 서인은 자기들끼리 다시 분열하면서 권력싸움을 일삼았어. 그러니 조선 후기로 갈수록 정치가 엉망이 될 수밖에 없지.

이 무렵 서양에서는 근대민주정치가 쑥쑥 발전하고 있었단다. 그런데 조선에서는 붕당정치가 퇴색하고 있어. 인종, 효종의 뒤를 이어 현종이 18대 왕에 올랐을 때, 붕당의 권력투쟁은 뜬금없이 상복 논쟁으로 번진단다. 그게 '예송 논쟁'이야.

21 · 조선 시대
환국정치

일당 독재를 꿈꾸는
붕당들의 피 튀기는 권력투쟁

"장례 예법은 유교의 법도에 따라야 합니다!"

"왕이올시다. 왕은 달라야 하지 않겠소이까?"

궁궐이 떠들썩해. 왜냐고? 현종의 아버지, 그러니까 효종이 세상을 떠났기 때문이야. 왕에게 맞도록 장례를 치르면 되는 거 아니냐고? 맞아. 지금 논란의 핵심은 그게 아니란다.

인조는 뒤늦게 장가를 갔어. 새로 얻은 부인인 장렬왕후 자의대비 는 아들인 효종보다 젊었지. 서열상으로는 이 부인이 효종의 어머니이자, 현종의 할머니가 돼. 이 자의대비 장렬왕후 도 상복을 입겠지? 자, 여기서 퀴즈. 자의대비가 상복을 입어야 하는 기간은? 바로 이 문제를 두고 서인과 남인이 논쟁을 벌이고 있는 거야. 이를 제1차 예송논쟁이라고 한단다 1659년.

서인은 성리학 이념을 가장 중요하게 여기는 붕당이야. 반면 남인은 현실 정치도 중요하다고 여겼어. 각각의 주장을 들어볼까?

"비록 선왕께서 왕통을 이으셨다고는 하나 장남이 아니오. 유교 법도에 따르면 차남 장례식 때 모친은 1년간 상복을 입어야 하오."서인

"허허. 어떻게 해서 왕이 우리 사대부와 같단 말이오. 아무리 차남이라 해도 조선을 다스렸던 왕이오. 그러니 대비께서 3년간 상복을 입는 게 옳소."남인

티격태격. 그러니 현종이 최종 결론을 내려야 해. 이때의 집권 정당이 어디였지? 그래 서인이었어. 남인의 힘은 미약했지. 현종의 권력이 강했을까? 아니야. 역시 미약했어. 그렇다면 어떤 결론이 나올지 뻔해.

"서인이 옳소. 대비께서는 1년만 상복을 입으시는 게 좋겠소."

다시 15년이 흘렀어. 이번엔 효종의 부인, 그러니까 현종의 어머니 인선왕후가 세상을 떠났어. 자의대비는 이때까지도 살아있었어. 똑같은 논쟁이 벌어졌어. 바로 제2차 예송논쟁이야 1674년.

"차남의 부인이니 유교 법도에 따라 자의대비는 9개월 상복을 입으면 될 것이오."서인

"왕은 장남의 지위를 계승한 것이오. 그러니 그에 따라 1년이 타당하오."남인

1차전 때와 마찬가지로 서인은 유교 법도를 강조했어. 남인은 국왕이란 특수한 신분에 맞춰 예우해야 한다고 주장했지. 현종의 선택은 어땠을까?

"아버지 효종은 장남의 지위를 계승했다. 그러니 어머니 또한 장남의 며느리로 보는 게 옳다. 남인의 주장을 따르도록 하라."

1차전 때와 다른 결론이 나왔지? 그 사이에 현종의 힘이 매우 강해졌기 때문이야. 집권당 서인의 눈치를 덜 보고, 남인의 손을 들어줄 수 있을 만큼! 이제 남인이 집권당으로 올라섰고, 서인은 야당으로 전락했어.

엎치락뒤치락.

붕당정치가 전개되는 양상이 딱 이 표현대로야. 문제는, 언제부턴가 붕당들이 백성의 행복과 국가의 발전보다는 명분 싸움에 '올인'한다는 데 있어. 생각해봐. 왕실의 큰 어른이 상복을 얼마나 오래 입느냐가 국민 생활과 무슨 관련이 있어? 이런 문제를 놓고 남인과 서인이 피터지게 싸웠지? 이 예송 논쟁이 필요할 수도 있겠지만, 분명한 것은 국력을 키우는 데 아무런 도움이 되지 않는다는 거야. 소모적인 논쟁일 수 있지. 그래도 다행인 것은 토론과 논쟁의 원칙이 아직은 남아있었다는 거야.

예를 들어볼까? 효종은 생전 당시 북벌운동을 추진했었어. 그때 집권당은 북벌을 지지하는 서인이었어. 하지만 야당인 남인은 북벌이 비현실적이라며 뜯어말렸단다. 언론의 자유가 살아있는 거야. 집권당이 야당을 완전히 무시할 수도 없었어. 예송 논쟁을 봐. 1차전에서는 서인이 이겼지만 2차전에서는 남인이 이겼지?

그나마 남아있던 붕당정치의 장점은 19대 숙종 때부터 거의 사라져버려. 내가 살기 위해 적을 죽여야 하는 식의 싸움이 시작됐지. 붕당 간의 권력다툼은 극에 달했어. 그 과정에서 나타난 정치를 환국정치라 불러. 붕당끼리 정치 투쟁을 벌이다 피바람을 부르고, 그 결과 정권이 바뀌는 것을 '환국'이라고 한다. 숙종 때만 이런 환국이 세 차례나 생겼어.

숙종이 왕에 오를 무렵 집권당은 남인이었어. 예송 논쟁에서 승리한 남인은 거만해졌어. 왕까지도 손에 쥐고 흔들려 했지. 하지만 숙종은 강한 왕이었어. 거만한 남인을 언젠가는 손보리라 생각하고 있었어. 기회가 찾아왔어!

남인의 영수이자 영의정인 허적이 할아버지를 위한 잔치를 열었어. 잔치에 참석한 서인을 죽일 것이란 소문이 퍼졌어. 겁을 먹은 서인들은 잔치에 나타나지 않았지.

후두둑. 갑자기 굵은 비가 내리기 시작했어. 허적이 사람을 불렀어.

"당장 궁중으로 가서 용봉차일을 가지고 오너라."

용봉차일은 물이 새지 않게 기름을 겉에 칠한 천막이야. 용과 봉황의 그림이 박혀 있어. 왕이 행차할 때 쓰는 물건이지. 왕실 물건을 신하가 사사로이 쓰려 하다니, 들키면 경을 칠 일이야. 궁중 물건을 관리하는 책임자도 난색을 보였어. 하지만 집권당의 총수인 허적이 부탁하는데 어떻게 거절할 수 있겠니?

이 무렵 숙종도 편전에서 비 내리는 하늘을 바라보고 있었어. 남인이 밉기야 하지만 그래도 영의정이 모처럼 벌이는 잔치인데 모른 척할 수야 없겠지.

"여봐라. 게 누구 없느냐? 지금 가서 용봉차일을 허적 대감에게 전해주고 오라."

잠시 후 돌아온 내시 대감의 얼굴이 빨개져 있었어. 앞뒤 상황을 알게 된 숙종은 크게 노했어. 즉시 허적의 집을 살피게 했는데, 서인은 몇 명 안 되고 남인만 모여 있다는 보고가 들어왔어.

"사사로이 붕당을 만들어 싸움을 벌이려 함인가? 더는 참지 않으리. 당장 허적의 관직을 삭탈하고, 나머지 남인도 조정에서 쫓아내라!"

남인에게 날벼락이 떨어졌어. 설상가상으로 얼마 후 허적의 손자가 반란을 계획하고 있다는 소문까지 나돌았어. 허적을 비롯해 많은 남인이 의금부로 끌려갔어. 모진 고문이 이어졌지.

허적이 실제로 반역을 모의했는지는 확실하지 않고, 사실 중요하지도 않아. 숙종의 분노를 잠재울 방법이 없다는 게 중요하지. 결국, 허적을 비롯해 많은 남인 대신들이 처형되거나 유배를 떠났어. 이 사건이 첫 번째 환국인 경신환국이야 1680년. 이 사건으로 다시 서인이 권력을 잡았어.

환국은 기존의 정치 싸움과 달라. 지금까지는 견제와 균형의 원칙이 어느 정도는 지켜졌어. 하지만 이젠 아니야. 내가 살기 위해 상대편을 죽여라! 오로지 나의 붕당만이 권력을 잡겠다! 일당전제화가 시작됐어! 맞아. 본격적으로 타락하고 있는 거야.

정철을 제거할 때 동인이 강경파 북인와 온건파 남인로 나뉘었지? 이번에도 비슷한 상황이 벌어졌어. 서인 강경파는 노론 老論, 온건파는 소론 少論이 됐지. 노론의 영수는 송시열, 소론의 영수는 윤증이었어. 대체로 노론은 보수적이었고, 소론은 젊었어. 노론에는 명을 떠받드는 사대주의자들이 많았지만, 소론에는 청이 이미 대국이 됐으니 외교 관계를 맺어야 한다는 실리주의자들이 많았지. 노론과 소론은 당장 서로 대결을 벌이지 않아. 아직은 남인과 서인의 대결이 더 중요했거든.

앞으로도 몇 차례 환국정치가 더 나타나. 숙종은 이 환국정치를 통해 왕권 강화를 도모했어. 한 붕당이 맘에 안 들면 환국을 일으켜 다른 붕당을 집권당으로 만들었어. 그 붕당이 맘에 안 들면? 또다시 환국을 일으켜 다른 붕당으로 갈아탔어. 뭐, 이렇게 하면 왕권은 강화될 거야. 하지만 정치는 엉망이 되고 말겠지.

역관의 딸로, 장옥정이란 여인이 있었어. 궁에 나인으로 들어갔는데, 상당한 미모였나 봐. 숙종이 그녀를 보자마자 푹 빠졌어. 숙종은 그녀를 후궁으로 삼으려 했어.

남인이 만세를 불렀어. 장옥정의 양아버지가 남인이었거든. 그녀를 궁에 들여보낸 것부터가 남인의 전략이었어. 그녀가 후궁에 오르면 서인으로부터 권력을 빼앗아올 수 있을 거라 판단했던 거지.

하지만 당장은 뜻을 이룰 수 없었어. 서인의 반대가 심했기 때문이야. 숙종의 어머니인 명성왕후도 서인 가문 출신. 당연히 장옥정을 싫어했어. 숙종은 어머니와 여러 차례 언성을 높였어.

"후궁 첩지 하나 맘대로 내리지 못하는 왕이 있답니까? 어마마마는 왜 옥정이를 그리 싫어하시는 겁니까?"

"주상! 다른 사람은 얼마든지 괜찮소. 하지만 옥정이 그 계집만은 절대 안 되오. 그 계집은 천한 중인의 딸이오. 후궁의 첩지를 내어주는 건 왕실 법도에 맞지 않소."

어머니의 반대가 그토록 심하니 숙종은 눈물을 머금고 장옥정을 궁 밖으로 내보내야 했어. 얼마 후 명성왕후가 세상을 떠나자 숙종은 당장 장옥정을 다시 불러 소의라는 후궁 첩지를 내렸어.

숙종의 원래 부인은 인경왕후였는데, 병으로 목숨을 잃었어. 그러자 계비인 인현왕후가 중전이 됐어. 인현왕후도 서인 가문 출신. 인현왕후와 장옥정의 사이가 좋을 리 없어.

장옥정이 먼저 '홈런'을 쳤어. 인현왕후는 아직 자식을 낳지 못하고 있는데, 장옥정이 아들을 낳았어! 남인은 축제 분위기였고, 서인은 초상집 분위기였어. 이러다간 세자 자리를 남인에게 빼앗길 수도 있잖아?

아들을 얻은 숙종은 무척 기뻐했어. 당장 그 아기를 미래의 세자인 '원자'로 책봉했어. 원자를 낳은 장옥정에게는 희빈 첩지를 내렸지. 희빈은 소의보다 품계가 높은 후궁이야.

서인에 비상이 떨어졌어. 장옥정의 아들을 원자로 삼았으니 곧 세자로 책봉할 테고, 그러면 차기 국왕에 오를 거야. 남인이 세력을 되찾을 거고, 그러면 경신환국 때 남인을 핍박했던 서인이 똑같은 꼴을 당하지 않겠어? 서인의 우두머리 송시열이 원자 책봉을 반대하는 상소를 올렸어.

"전하. 왕자 생산을 감축하옵니다. 하지만 후궁의 왕자를 원자로 책봉하심은 너무 성급하신 결정이라 사료되옵니다. 부디 통촉하여주시옵소서."

숙종의 얼굴이 일그러졌어.

"왜 그렇게 생각하시오? 그토록 기다려온 왕자의 생산이오. 15년을 기다려왔소. 중전이 왕자를 생산할 기미는 전혀 보이지 않소. 도대체 언제까지 기다려야 한단 말이오?"

송시열도 물러서지 않았어.

"아직 중전마마의 연세가 젊사옵니다. 마마께서 틀림없이 곧 왕자 아기씨를 생산하실 겁니다. 지금 원자를 책봉해 버리면 그때 가서 종묘사직에 큰 혼란이 생기지 않겠습니까?"

"뭐라? 감히 종묘사직을 논해?"

결국, 숙종의 분노가 터졌어. 숙종은 송시열을 제주도로 보낸 뒤 사약을 내렸고, 나머지 서인들도 모두 귀양을 보냈어. 서인의 몰락과 남인의 귀환! 이것이 기사환국이야 1689년.

서인은 그 후 한동안 힘든 시절을 보내야 했어. 설상가상으로 인현왕후마저 폐비돼 궁궐 밖으로 쫓겨났어.

숙종은 총애하던 희빈 장옥정을 왕비로 승진시켰어. 그러자 서인 80여 명이 절대 안 된다는 상소를 올렸어. 숙종은 눈도 깜짝하지 않았어. 오히려 상소를 올린 서인들을 처형하거나 벌을 내렸단다. 이러다 서인이 흔적도 없이 사라질 위기에 처했어.

서인을 구한 것은 공교롭게도 남인이었어. 남인 정권이 또다시 거만해졌고, 왕 무서운 줄 모르고 권력을 남용했던 게 화근이야. 숙종은 왕권 강화를 위해 환국을 이용했다고 했지? 이번에도 마찬가지였어.

우선 중전이 된 장옥정부터 권력을 마음대로 휘둘렀어. 장옥정의 오빠 장희재는 포도대장이 된 후 온갖 나쁜 짓을 다 하고 다녔지. 숙종은 장옥정과 남인에게 염증을 느끼기 시작했어. 마침 숙종은 또 다른 후궁인 숙빈 최씨를 총애하고 있었어. 숙빈 최씨는 아들을 낳았고, 자기 아들을 왕위에 올리기 위해 장옥정과 갈등을 벌였지.

이런 상황에서 서인 김춘택이 인현왕후를 복위시켜야 한다고 주장하기 시작했어. 남인 정권은 그가 반역을 도모한다며 체포한 뒤 모진 고문을 가했어. 살이 타들어가는 냄새가 진동했어. 살 찢어지는 소리, 비명이 울려 퍼졌어. 멀리서 이 고문 소리를 잠자코 듣고 있던 숙종이 심각한 표정을 짓고 있었어.

'인현왕후를 폐비시킨 과인의 결정이 잘못된 건 아니었을까? 저 남인의 횡포를 계속 봐 줘야 한단 말인가? 아니, 그럴 수는 없다.'

숙종이 마침내 결심했어. 김춘택과 서인들을 풀어주라는 어명을 내렸어. 나아가 그들을 다시 조정으로 불러들이고 남인 대신들을 쫓아냈어. 사약을 내렸던 송시열의 명예도 회복시켜 줬어. 인현왕후를 다시 중전으로 들여앉혔고, 장옥정은 후궁으로 떨어뜨렸어.

분위기가 또 바뀐 것 같지? 숙종의 이 결단으로 서인이 권력을 되찾은 이 사건이 갑술환국이야1694년.

몇 년 후 인현왕후가 세상을 떠났어. 모두 애도하는 분위기였어. 이런 상황에서 장옥정이 자신의 거처인 취선당 한쪽에 신당을 만들어놓고 인현왕후를 저주했다는 사실이 알려졌어. 숙종이 크게 노했어. 숙종은 끝내 장희빈에게 사약을 내렸단다. 물론 그의 오빠인 장희재도 처형했지.

이로써 세 번에 걸친 환국이 끝이 났어. 붕당정치가 빠른 속도로 변질하고 있는 게 느껴지니? 그런데 어쩌다 붕당정치가 이렇게 타락해버린 것일까? 아마도 조선 사회가 빠른 속도로 바뀌기 시작해서인지도 몰라.

두 번의 전쟁 후유증도 상당히 복구됐어. 농업이 안정을 찾았고, 농사 기술도 발전했어. 농업 생산량이 늘었고, 생활 수준도 높아지는 것 같았어. 생활에 필요한 물품도 많아졌고, 이런 물품을 조달하는 상업이 발달했어. 여러 물품을 돈을 주고 거래하는 상품화폐 경제도 발전하기 시작했지. 새로운 바람이 불고 있는 거야.

큰돈을 번 농민들은 돈을 주고 양반 신분을 샀어. 돈이 없는 양반은 몰락해 조롱받는 신세가 됐어. 상상도 하지 못했던 일들이 벌어지기 시작한 거야. 그래, 양반과 평민으로 구분됐던 신분제가 흔들리고 있었어.

백성은 더는 정치인들을 따르지 않았어. 정치인들은 위기감을 느꼈어. 살아남으려면 바싹 정신을 차려야 해. 나의 생존을 위해 다른 붕당을 제거해야 해! 그 결과 다른 붕당을 인정하지 않는 환국정치가 나타난 거야.

세 차례의 환국을 거친 후 서인이 집권당이 됐어. 이때부터 조선이 사라지는 날까지 조정은 서인이 장악하게 돼. 오만한 서인들. 심지어 왕위를 이을 세자까지 죽음에 이르게 하는 사건까지 일으키지. 이 사건이 바로 사도세자의 죽음이야.

22 · 조선 시대
사도세자의
죽음

붕당정치 타락의
극단을 보여주다

서인의 시대. 하지만 권력을 차지하고 나니 노론과 소론이 본격적으로 대결을 벌이기 시작했어. 후계자를 둘러싼 논쟁이 첫 싸움이었어.

"세자는 대역 죄인인 장옥정의 소생이오. 왕위에 앉힐 수는 없습니다. 세자를 폐하고 연잉군 숙빈 최씨의 아들 을 후계자로 세워야 합니다." 노론

"세자로 책봉한 지가 벌써 몇 해째인데, 지금 와서 세자를 바꾸자고요? 있어서는 안 될 일이외다." 소론

"연산군이 왜 폭군이 됐소이까? 폐비된 모친이 사약을 받고 죽었다는 사실을 알았기 때문이오. 지금 세자가 연산군처럼 돌변하면 어떻게 하실 겁니까?" 노론

"종묘사직의 문제를 그런 추측으로 결정하는 것은 옳지 않소이다. 왕실에도 법도가 있소. 우리 소론은 세자를 바꾸는 데 절대 동의할 수 없소이다."소론

노론과 소론의 주장이 팽팽하지? 이제 공은 숙종에게 넘어갔어. 숙종은 고민에 빠졌어. 마침내 결론. 숙종은 노론인 영의정 이이명을 불러 이렇게 말했어.

"일단 내 왕위는 세자에게 잇게 하라. 그 대신 세자가 왕에 오른 뒤 후계자는 세자의 아들이 아닌, 연잉군으로 정하도록 하라. 그러면 노론과 소론 대신들 모두 불만이 없지 않겠는가?"

숙종의 이 결정은 유언이 되고 말았어. 얼마 후 세상을 떠났기 때문이야. 결국, 장옥정의 아들이 20대 경종에 등극했어. 더불어 경종을 지지했던 소론이 집권당이 됐지.

경종은 몸이 많이 약했어. 대신들 사이에는 "국왕이 언제 승하하실지 모른다"는 이야기까지 나돌 정도였단다. 노론은 기회를 놓치지 않고 밀어붙였어.

"선왕의 유지를 어기실 셈이오? 선왕께서는 연잉군이 전하의 보위를 잇도록 하라 하셨소."

틀린 말이 아니잖아? 경종은 연잉군을 왕세제로 책봉한다고 선언했어. 일단 노론이 승리한 셈이지. 노론은 이참에 더 강력하게 밀어붙이기로 했어. 노론 핵심 대신들이 어느 날 은밀하게 모였어.

"기호지세騎虎之勢, 즉 우린 호랑이를 타고 있소이다. 중간에 내릴 수도 없어요. 연잉군 마마를 왕으로 추대하지 못한다면…."

"맞소이다. 전하의 옥체가 예사롭지 않습니다. 정무를 제대로 수행하실 수 있겠습니까? 우리 노론이 강하게 나가야 합니다. 연잉군 마마

의 대리청정을 주청해야 합니다."

위험천만한 결론! 대리청정은 대신 정치를 한다는 뜻. 즉, 경종을 허수아비로 만들고, 연잉군에게 권력을 몰아주자는 이야기야. 연잉군이 대리청정하면 노론은 권력을 차지할 수 있으니까!

소론이 가만히 당하고만 있을까? 아니야. 소론은 경종에게 부당함을 호소했어.

"전하. 노론과 연잉군이 감히 왕의 권위에 도전하고 있나이다. 도저히 넘겨버릴 수 없는 일입니다."

아무리 나약한 왕이라 해도 자존심이 상할 수밖에 없을 거야. 경종이 크게 노했어.

"뭐라? 대신들이 나를 내치고 연잉군을 보위에 앉히려 한다고? 과인이 이렇게 두 눈 뜨고 시퍼렇게 살아있는데 말이지?"

경종이 노론 대신들을 체포하라는 어명을 내렸어. 김창집과 이이명, 이건명, 조태채 등 노론의 핵심 대신인 4명이 모두 유배를 떠났어. 분위기 역전! 이제 소론이 노론을 강하게 밀어붙였어. 소론이 다시 경종에게 주청을 올렸어.

"노론과 연잉군이 전하를 시해하려 했습니다. 대역죄를 저지른 그자들을 엄벌하시옵소서."

또다시 경종이 크게 노했어. 경종은 유배 중인 노론 대신 4명에게 사약을 내렸어. 이 밖에도 60여 명의 노론 대신들이 처형을 당했지. 또 다른 200여 명의 노론 대신들이 귀향지로 떠났어.

이제 연잉군이 파리 목숨 신세가 돼 버렸어. 소론은 연잉군이 경종을 시해하는 음모에 가담했다고까지 경종에게 고했단다. 경종은 철석같이 그 말을 믿었어. 숙종의 세 번째 왕비였던 인원왕후가 중재에 나선 덕에 연잉군은 간신히 목숨을 구할 수 있었단다.

그 대신 왕위와는 점점 멀어지는 것 같았어. 그런 연잉군에게 기회가 왔어. 경종이 갑자기 세상을 떠나고 만 거야. 결국, 연잉군이 꿈을 이뤘어. 그가 바로 조선의 21대 국왕인 영조란다.

영조도 어떤 의미에서는 타락한 붕당정치의 희생자야. 왕자 시절, 붕당정치의 소용돌이에 휘말려 목숨을 잃을 뻔했잖아? 몇 차례나 그런 위기를 겪으면서 영조는 타락한 붕당정치가 얼마나 나라에 큰 해가 되는지 깨달았어.

영조는 붕당의 싸움, 즉 당쟁을 완전히 뿌리 뽑아야 한다고 생각했어. 하지만 왕에 오르자마자 바로 개혁을 추진할 수는 없었어. 자신을 지지해준 노론에게 은혜를 갚아야 하잖아? 영조는 귀양살이하는 노론 대신을 조정으로 불러들이고, 조정에 있던 소론을 내쫓았어.

하지만 정치가 어느 정도 안정이 되자 영조가 개혁에 나섰어. 붕당 갈등을 일으키는 신하들은 노론, 소론 가리지 않고 조정에서 내쫓았어. 국왕인 자신에게 충성하는 신하들을 집중적으로 기용했어. 소론에 속하더라도 충성스런 신하는 주변에 두고 썼어. 노론과 소론의 우두머리를 한자리에 불러 서로 화해할 것을 권하기도 했어. 만약 말을 듣지 않는다면? 그 대신은 조정에서 쫓아냈어.

정승 자리는 각 붕당에 골고루 나눠줬어. 노론이 영의정을 맡았다면 좌의정은 소론에서 뽑았지. 노론이 삼정승을 독식하거나 소론이 요직을 꿰차는 법은 없었어. 이런 식으로 영조는 어느 한 붕당이 지나치게 권력을 많이 갖지 못하도록 했어. 이 정책을 탕평책이라고 했단다. 이 말은 '탕탕평평'의 줄임말로, 어느 한 쪽으로 치우치지 않는다는 뜻이야.

영조는 지방 유학자들도 단속했어. 배후에서 이념과 이론을 만드는 유생들을 인정하지 않았어. 붕당에 속한 유생은 정치 문제에 대해 상소를 올리지 못하도록 했지. 최초에 동서붕당의 계기가 됐던 이조전 랑으로부터 인사권도 빼앗았어.

이런 조치에 대신들이 반발할 수도 있어. 하지만 영조는 아주 강력한 왕이었어. 조선 초기의 태종이나 세조에 버금갔단다. 그러니 대신들은 감히 항의할 수도 없었어. 영조는 붕당끼리 더는 싸우지 말라며 성균관에 '탕평비'를 세우기도 했단다.

이제 붕당 간의 피 터지는 싸움은 끝이 난 걸까? 일단 겉으로는 그렇게 보였어. 하지만 안을 들여다보면 아니야. 노론은 권력을 내놓고 싶지 않았어. 세자를 죽여야 한다면? 그렇게 해서라도 권력을 움켜쥐고 싶었어.

사도세자의 본명은 이선. 영조와 후궁 사이에 태어난 왕자야. 형이 있었지만, 일찍 죽는 바람에 그가 세자로 책봉됐어. 세자는 총명했어. 만 두 살 때 글자를 익혔고, 어려운 문장도 곧잘 이해했단다.

하지만 열 살이 넘어설 무렵부터 세자는 공부를 멀리했어. 무예를 익히고 자유롭게 노는 걸 더 좋아했어. 영조와의 사이가 벌어진 것도 이때부터야.

세자는 엄한 아버지가 무서웠어. 아버지 앞에만 서면 글을 낭송하는 목소리가 기어들어갔어. 더듬거리는 대목도 많아졌어. 나중에는 아버지의 발걸음 소리만 들어도 얼굴이 하얗게 질리면서 기절하기도 했어. 결국, 세자에게 병이 생기고 말았단다. 이따금 세자는 폭력적으로

사도세자의 죽음

변했어. 궁인을 죽이기까지 했어. 아마도 정신 질환의 일종이었을 거야. 아버지에 대한 두려움이 심각한 질병으로 이어진 셈이지.

어느 날, 상소문이 날아왔어. 상소문을 든 영조의 손이 부르르 떨렸어. 두 눈은 마치 불꽃이 튀는 것처럼 새빨갛게 변했어. 정신도 혼미해졌어. 왜 그러느냐고?

형조 판서의 청지기_{하인} 나경언이 올린 상소문에는 세자가 그동안 저지른 잘못 10가지가 빽빽하게 적혀 있었어. 세자가 제 부인을 죽이려 했고, 비구니를 궁궐로 끌어들였다고 했으며 왕 몰래 평양 나들이를 떠났다는 식이야.

영조가 당장 세자를 불렀어. 세자는 아버지와 눈이 마주치자 심장이 쿵쿵거리기 시작했어. 상소문에 적힌 게 모두 거짓은 아니었어. 하지만 사실이 아닌 게 더 많았어. 누군가 자신을 궁지에 빠뜨리려고 모함한 게 틀림없어. 세자가 머리를 땅에 박으며 말했어.

"아바마마. 모, 모함이옵니다. 이 상, 상소문을 올린 나경언이란 작자와 대, 대질하게 해주십시오. 그러면 모, 모든 게 나, 날조라는 것을 아바마마께서도 아시게 될 겁니다."

세자의 목소리가 심하게 떨렸어. 영조대왕의 불호령이 떨어졌지.

"네 이놈! 뉘 안전이라고 거짓 고변을 하는 게야? 에이. 보기도 싫다. 썩 물러가거라!"

다음날 세자가 따로 사람을 시켜 나경언의 가족을 조사하도록 했어. 그 결과 나경언이 노론 대신의 사주를 받았다는 사실을 밝혀냈어. 세자는 그 사실을 영조에게 고했어. 하지만 영조는 세자의 말을 들으려고 하지 않았어.

다행히 몇몇 대신들이 목숨을 걸고 세자를 변호한 덕분에 사건은 그럭저럭 매듭지어졌어. 나경언은 세자를 모함한 대역죄인으로 처형됐지. 하지만 영조의 마음은 완전히 세자로부터 멀어져 버렸어.

며칠이 다시 흘렀어. 영조가 굳은 표정으로 세자를 불렀어. 세자가 하얗게 질린 얼굴로 영조의 앞에 섰어. 영조가 곤룡포 안에서 검을 꺼내 세자에게 던졌어.

"세자. 명예롭게 죽을 기회를 주겠다. 자결하라."

청천벽력이 떨어진 거야! 이런 무서운 결정을 내리다니…. 세자가 국왕의 자질이 없을 뿐 아니라 조정의 명예까지 떨어뜨리고 있다고 영조는 판단했어. 노론 대신들의 상당수가 "세자가 국왕 자질이 없다!"며 비판했는데, 그 비판을 잠재우지 못했어. 그들의 말에 휘둘리면서 결국, 아들을 희생시키기로 한 거야.

세자의 눈에서 눈물이 뚝뚝 떨어졌어. 세자는 머리를 땅에 짓이기면서 울부짖었어.

"아바마마. 소자, 뉘우치고 있나이다. 열심히 공부하고 있나이다. 제발 자결하라는 어명만은 거두어주소서. 소자, 이렇게 빌고 비나이다. 제발 통촉해주시옵소서."

영조가 매몰차게 돌아섰어. 곤룡포에서 휙 하고 바람 소리가 났어. 영조는 곧 세자의 '폐서인'을 선언했어. 세자의 지위를 박탈한다는 뜻이야. 이어 세자를 뒤주에 가두라는 어명을 내렸어.

"그 누구도 세자에게 먹을 것과 마실 것을 주지 마라."

8일이 지났어. 세자는 차디찬 시신으로 변했단다. 영조가 조선을 통치한 지 38년 되던 해, 1762년의 일이야. 그 후 영조는 자신의 행동을 후회하며 죽은 아들에게 새 이름을 내렸어. 그게 바로 사도세자야. '사思'는 생각한다는 뜻이고, '도悼'는 슬퍼한다는 뜻이야.

조선 왕실의 역사에서 사도세자는 가장 비극적인 죽음을 맞은 인물 중 하나야. 도대체 사도세자가 얼마나 큰 잘못을 저질렀기에 이런 비극적인 죽음을 맞은 것일까? 아버지 영조가 아들을 너무나 싫어해서? 아니면 사도세자가 미치광이라서? 글쎄. 그런 이유만으로는 사도세자의 죽음을 설명할 수 없어. 타락한 붕당정치에서 이유를 찾을 수 있어.

누가 나경언을 부추겨 세자를 모함했지? 노론 대신이야. 그들이 왜 그랬을까? 그래, 사도세자를 모함하기 위해서야. 그렇다면 왜 사도세자를 궁지에 몰아넣었을까? 사도세자가 소론과 가깝기 때문이었어.

영조 통치 시절 집권당은 노론이었지? 강력한 왕이라는 영조마저도 무시할 수 없을 정도로 노론은 힘이 강했어. 그런 노론에 맞서려면 소론도 '강력한 인물'이 필요해. 그 인물이 바로 사도세자였어. 사도세자가 왕이 된다면? 소론은 집권당이 될 수 있어. 물론 사도세자 자신도 보수적인 노론보다 진보적인 소론을 더 좋아했어. 평소에도 소론 대신들과 자주 어울렸거든.

이러니 노론이 위험한 선택을 한 거야. 붕당정치가 왜 타락했다고 했니? 노론은 자기들이 살기 위해 사도세자를 제거하기로 했어. 사도세자만 없애면 영조에 이은 왕을 잘 구슬려 노론이 계속 집권당으로 남을 수 있다고 생각한 거야. 정말 무시무시하지 않니? 바로 이런 점 때문에 영조의 탕평책이 완전히 성공했다고 볼 수는 없을 것 같아.

사도세자의 죽음을 놓고 노론이 다시 분열했어. 사도세자를 없애는 데 적극 나섰던 파벌은 벽파, 사도세자의 죽음을 안타까워한 파벌은 시파가 된 거야. 북인은 사실상 거의 사라졌으니 조정에는 노론 벽파, 노론 시파, 소론, 남인이 복잡하게 얽혀 있었어. 대체로 노론 벽파가 가장 우세했지.

사도세자에게는 아들이 있었어. 그의 이름은 이산. 당시 열한 살이었지.

이산은 사도세자가 죽기 3년 전에 세손에 책봉됐단다. 사도세자가 왕이 되면, 그다음 왕에 오를 인물로 결정한다는 뜻이야. 하지만 사도세자가 갑자기 죽어버렸어. 절차가 엉망진창이 돼 버렸지.

노론 벽파는 세손이 왕에 오르는 것을 극구 반대했어. 왜 그런지는 굳이 설명하지 않아도 알겠지? 세손이 왕이 된 후 과거의 복수를 한다면? 궁궐이 피바다가 될 수도 있어. 노론 벽파 대신들은 영조에게 이렇게 주청했어.

"전하. 지금의 세손으로 하여금 왕통을 잇게 하시려면 조치가 있어야 할 것이옵니다. 세손께 확답을 받아 놓으셔야 하옵니다. 그렇지 않으면 궁중에 큰 폭풍이 들이닥칠 수 있사옵니다."

세손이 왕이 되고 난 후에 까불면 제거할 수도 있다는 협박이나 다름없어. 영조는 사도세자에 이어 세손까지 희생시킬 수는 없다고 생각했어. 어느 날 조용히 세손을 불렀어.

"세손은 할아비 말을 잘 듣게나. 이 할아비가 죽고, 세손이 왕에 오른 뒤에 뒤주에 갇혀 죽은 아비의 일을 논할 텐가?"

손자는 아무 말도 하지 못했어. 억울하게 죽은 아버지의 복수를 하지 말라는 뜻인데, 받아들이기가 쉽지 않았던 거야. 영조가 대답을 독촉했어.

"세손은 몇 번이고 명심하라. 다시 아비의 일을 논해서는 안 된다. 약속할 수 있겠는가?"

손자가 고개를 끄덕였어. 영조가 연민의 표정으로 손자를 바라봤어.

"휴. 이 할아비의 잘못이 크다. 하지만 어쩌겠는가. 이제 세손은 먼저 세상을 떠난 효장세자의 아들로 입적해 왕통을 이을 것이다. 군주 수업을 지금부터 착실하게 하도록 하라."

세손은 현명했어. 그 후 10여 년간 노론 벽파의 음모에 휩싸이지 않기 위해 말과 행동을 늘 조심했어. 하지만 방해공작은 갈수록 집요했어. 자객을 보내 죽이려 한 게 한두 번이 아니야.

그 고비를 모두 넘겼어. 마침내 세손이 왕에 올랐어. 바로 22대 정조야. 경희궁에서 왕위 즉위식이 열렸어. 모든 대신이 이 행사에 참석했겠지? 바로 그 자리에서 정조가 폭탄선언을 했어.

"대신들은 똑바로 들어라. 과인은 사도세자의 아들이다!"

노론 대신들이 당황했어. 왕이 노론과의 전면전을 선포했잖아! 이때부터 정조와 노론, 특히 벽파와의 싸움이 시작됐어. 사실 정조도 모험이었어. 아직 왕권이 그토록 강한 건 아니었거든.

정조는 노론과 싸우면서, 동시에 왕권을 강화했어. 오로지 왕에게만 충성하며 왕을 위해 목숨을 바치는 친위부대인 장용영을 설치했어. 자신을 보필할 젊은 학자들을 직접 뽑아 규장각에 투입했어. 규장각은 겉으로는 도서관이었지만 실제로는 왕을 보위하는 두뇌집단이라고 할 수 있단다.

정조는 아버지의 죽음에 관여했거나 수수방관한 노론 벽파 대신들을 모두 처형하거나 관직을 빼앗았어. 작은 외할아버지인 홍인한도 그 칼날을 피할 수 없었어. 홍인한 또한 노론 벽파로서 사도세자의 죽음을 방관하고 정조의 등극을 반대했었거든.

이제 정치가 어느 정도 안정됐어. 정조도 더는 복수에 매달리지 않았어. 할아버지가 그랬던 것처럼 정조 또한 탕평책을 쓰기 시작했어. 노론 벽파의 리더인 심환지를 정승에 임명해 정치를 논의하기도 했어.

몇몇 소론과 남인 대신들이 사도세자의 복수를 해야 한다고 주장하자 "더는 아무 말도 하지 마라!"며 경고했지.

자신의 측근이라 해도 권력을 남용하면 가차 없이 쳤어. 심지어 세손 시절부터 자신을 보호해준 측근 중의 측근, 홍국영까지 지방으로 좌천시켜 버렸어. 그가 왕을 믿고 권력을 남용했기 때문이야.

이처럼 정조는 붕당을 가리지 않고 인재를 골라 썼어. 평민에게 신분 상승의 기회를 주는가 하면, 모든 지역에서 골고루 관료를 임명했단다. 명실상부한 탕평이 완성된 거야.

당쟁이 많이 줄어들자 조선 사회가 번영하기 시작했어. 이때 크게 발전한 학문이 바로 실학이야. 오늘날 건재한 수원 화성은 실학자인 정약용이 설계한 거란다. 이 조선 후기의 발전상을 두고 '조선의 르네상스'라고 불러. 서양의 르네상스와 마찬가지로 조선도 크게 문화가 융성했다는 뜻이지. 하지만 정조가 세상을 떠나자 르네상스는 끝이 나고 말았어.

근현대
시대

근현대 시대

강화도조약

조선의
문이 열리다

19세기로 접어들면서 왕권은 다시 약해졌고, 왕비의 가문인 외척이 세력을 키우기 시작했어. 조선 건국 이후 최악의 정치 혼란 시대. 바로 특정 가문이 권력을 마음대로 휘두른 시대, 즉 세도 정치 시대로 접어든 거야.

정조의 뒤를 이은 순조는 아직 어렸어. 그러니 정조가 맘 편하게 눈을 감을 수 없었겠지? 정조는 측근인 김조순을 불렀어. 정조는 김조순의 딸을 이미 며느리, 즉 순조의 부인으로 들였단다.

"아직 세자가 어리니 잘 보필해서 조정을 훌륭하게 이끌어주시오."

김조순은 정조의 부탁을 마음에 새겼어. 처음에만! 곧 권력에 대한 욕심이 강하게 꿈틀거렸어. 김조순은 순조의 뒤에서 권력을 거머쥐고 멋대로 정치를 하기 시작했어. 조정은 곧 김조순과 그의 가문, 즉 안동 김씨가 장악했어. 세도 정치가 시작된 거야.

안동 김씨 가문에 도전장을 내민 가문도 있었어. 바로 풍양 조씨야. 얼마 후에는 실제로 풍양 조씨가 권력을 잡는단다. 하지만 다시 안동 김씨가 권력을 빼앗았어. 이들은 노론 벽파와 시파의 대표적 가문이기도 해. 벽파와 시파의 붕당 싸움은 근대 시대를 코앞에 둔 시점까지도 계속되고 있었어.

모든 관직을 이 두 가문이 장악했어. 두 가문은 돈을 받고 관직을 팔았어. 관직을 산 양반은 본전을 되찾기 위해 백성을 착취하는 탐관오리가 됐어. 세금을 몇 배로 껑충 부풀려 받는가 하면, 없는 세금을 만들어 거두기도 했어. 고리대금업을 하는 탐관오리들도 허다했어. 이른바 '삼정 세 가지 세금의 문란'으로 백성은 도탄에 빠졌어.

민중들은 괴로웠어. 못 살겠다고 전국이 아우성이야! 곳곳에서 반란이 일어났어. 대표적인 것이 서북 지방에서 일어난 홍경래의 난이야 1811년. 50여 년 후에는 한반도 남부지방에서 임술농민봉기가 일어나기도 했어 1862년.

이 혼란을 끝낸 인물이 흥선대원군이야. 흥선대원군은 26대 고종의 아버지야. 고종을 대신해 섭정했어. 섭정하면서 흥선대원군은 대대적인 개혁을 벌였어.

첫째, 당파싸움의 근거지가 되는 서원을 확 줄여버렸어. 47개만 놔두고 나머지는 모두 문을 닫게 했단다. 양반 유생들이 반발했지만, 흥선대원군은 강행했어.

둘째, 다시 세도정치를 못하도록 안동 김씨와 풍양 조씨가 아닌 평범한 가문의 여성을 고종의 부인으로 들였어. 그 결과 두 가문의 세도정치는 끝나버렸지.

셋째, 당파를 따지거나 부패한 관리는 모두 조정에서 쫓아냈어. 흥선대원군은 정조가 그랬던 것처럼 인재를 골라 관리로 임명했단다.

흥선대원군의 노력으로 붕당싸움, 즉 당쟁은 어느 정도 막을 내리게 돼. 하지만 세상이 달라졌어. 서양 세력이 물밀 듯이 밀려오기 시작한 거야. 그들은 조선의 문호를 개방하라고 아우성쳤어.

급기야 1876년. 조선은 강화도 조약을 통해 강제로 문이 열리게 돼. 이 조약은 우리 역사상 최초의 근대 조약이야. 물론 공평하지는 않아. 그래서 불평등조약이란 단서가 붙지. 어쨌든 이 사건으로 조선은 근대의 역사로 돌입하게 돼.

흥선대원군이 세도정치와의 끝장 싸움에 여념이 없던 1860년대. 동아시아의 상황은 급변했어.

중국은 영국과의 제1차 아편전쟁 1840~1842년 에서 크게 혼났어. 일본은 미국에 의해 강제로 문호를 개방했어 1854년 . 다시 얼마 후에는 중국이 영불연합군과 제2차 아편전쟁 1856~1860년 에서 대패했어.

중국의 몰락과 일본의 문호개방! 이런 모습을 지켜보는 조선 조정의 심정은 어땠을까? 아마도 두려움이 아니었을까 싶어. 사실 조정은 서양 문물과 문화를 철저히 배격했어. 대표적인 증거가 천주교 박해야. 이미 신유박해 1801년 와 기해박해 1839년 를 통해 조선 조정은 천주교를 허용하지 않겠다는 뜻을 분명히 밝혔어.

공교로운 점은, 새로운 천주교 박해가 서양 제국주의 세력의 침략으로 이어졌다는 거야. 그게 바로 병인박해 1866~1871년 야. 이 기간 8천여 명의 신도가 순교한, 우리나라 역사상 최대 규모의 천주교 박해란다.

제2차 아편전쟁 이후 러시아가 청으로부터 연해주, 오늘날의 블라디보스토크 지역을 빼앗았어. 이로써 러시아는 조선과 국경을 마주하게 돼. 가까이 있으면 접촉도 늘어나는 법. 러시아가 툭하면 "통상하자!"고 요구해왔어. 서로 무역을 하자는 얘기야. 조선의 공식 입장은? 당연히 "노no!"야.

물론 이때에도 통상을 허용해야 한다는 목소리가 없지는 않았어. 과거 실학자 가운데 북학파가 상공업을 중히 여겼지? 그들의 후학들이 통상을 허용해야 한다고 주장했어. 그들을 통상개화파라 불렀어. 이들의 계보가 훗날 개화파로 이어진다.

하지만 이들은 소수였어. 흥선대원군과 대다수 대신은 통상을 반대했어. 중국이 처참하게 몰락하는 걸 봤잖아? 그러니 서양 열강에 대해 위기감을 느낄 수밖에 없지. 이런 상황에서 천주교를 믿는 몇몇 대신들이 흥선대원군에게 접근했어.

"프랑스를 이용하십시오. 그러면 러시아가 남하하는 걸 막을 수 있습니다. 프랑스 주교를 만나 구체적인 방법을 논의하심이 어떻겠나이까?"

흥선대원군이 고개를 끄덕였어. 나쁜 방법은 아니라고 생각한 거야. 이 대목에서 알아둬야 할 게 있어. 흥선대원군이 처음부터 쇄국정책을 밀어붙인 게 아니란 점이야. 그는 제국주의의 침투를 막기 위해 여러 방법을 모색했어. 러시아의 통상 요구를 꺾을 수만 있다면 천주교의 포교 활동을 허용할 수도 있다고 생각했어.

하지만 상황이 곧 급변했어. 청에서 천주교 신도들에 대한 테러와 학살이 난무했어. 이 사실이 국내에 알려졌고, 천주교를 반대하는 대신들이 흥분하기 시작했어.

"천주교를 허용하면 나라가 망국으로 치닫게 됩니다. 우리도 천주교와 싸워야 합니다!"

"최근에 조정에까지 사사로이 천주교가 침투했다 하옵니다. 이래서야 되겠습니까?"

분위기가 이상해졌지? 흥선대원군은 슬그머니 천주교와의 연합 전략을 철회했어. 나아가 천주교에 대한 대대적인 박해를 시작했지. 이게 병인박해야.

수많은 천주교 신도들이 순교했어. 프랑스인 신부 9명도 이 박해를 피하지 못하고 순교했지. 운 좋게 이 박해를 피한 프랑스 신부 리델이 청으로 달아났어. 그는 거기에 있던 프랑스 함대의 로즈 사령관에게 도움을 요청했어.

로즈 사령관이 즉각 7척의 군함을 이끌고 와서 강화도를 공격했어. 흥선대원군은 피하지 않았어. 승리! 프랑스군은 후퇴할 수밖에 없었어. 이때 프랑스군은 온갖 약탈을 자행했지. 외규장각의 도서를 포함해 귀중한 문화유산도 다 가져갔단다. 이게 '병인양요'야 1866년.

비슷한 시기에, 이번엔 미국에서 통상 요구를 해왔어. 미국 상선 제너럴셔먼호가 대동강을 거슬러 평양에 도착했어. 평양 관찰사 박규수는 점잖게 거절했어.

"조선 국법은 서양과의 통상을 허용하고 있지 않소. 그러니 돌아가시오."

제너럴셔먼호는 화풀이하려는 것인지 대포를 쏘고 한국 포졸을 감금하는 등의 만행을 저질렀어. 그러다가 이에 저항하는 조선 군민에게 선원들이 죽임을 당했단다.

뒤숭숭한 시대지? 가뜩이나 서양 열강에 대한 이미지가 안 좋은데,

또다시 분통 터지는 사건이 발생했어. 독일 상인 오페르트가 통상을 요구했는데 들어주지 않자 흥선대원군 부친 남연군의 묘를 도굴하려다 들킨 거야 1868년.

얼마 후에는 미국이 제너럴셔먼호 사건에 관한 책임을 묻겠다며 다시 강화도로 쳐들어왔어. 이번에도 결사항전으로 맞서 싸운 조선이 승리했어. 이게 신미양요야 1871년.

이 사건 이후 흥선대원군의 마음은 더 확고하게 닫혀 버렸어. 더불어 조선의 문도 더 단단히 닫혔지. 흥선대원군은 문호 개방을 반대하는 척화비를 전국에 세웠어. 또 서양 세력은 오랑캐로 규정했어. 이 정책이 '쇄국양이'야. 천주교 박해는 이때까지도 계속되고 있었어!

이 쇄국정책을 지지하는 대신들을 위정척사파라 불렀어. 성리학 유생이 대표적인 위정척사파야. 이 위정척사 운동은 훗날 의병운동으로 이어진단다.

고종이 왕에 오른 지 어느덧 10년. 병인양요, 남연군묘 도굴 사건, 신미양요가 잇달아 터지고 있었지. 바로 그 시간, 일본에서는 메이지 유신이 단행됐어. 막부 체제가 무너지고 천황 체제로 바뀌면서 근대 개혁에 돌입했지. 근대 교육을 도입하고 군대를 개혁했어. 일본은 빠른 속도로 서양 열강을 뒤쫓아 가고 있었어.

하지만 조선은 우물 안 청개구리처럼 권력다툼을 벌이고 있었어. 무슨 소리냐고? 고종의 부인인 명성황후 황후 민씨인데, 훗날 명성황후로 추존된단다가 시아버지인 흥선대원군과 한판 붙은 거야!

명성황후는 권력 욕심이 강했어. 정권을 장악하고, 요직에 민씨 가문 사람들을 기용해 정치를 하려 했어. 그런데 흥선대원군이 떡하니

버티고 있잖아? 반드시 넘어야 할 산! 명성황후는 유림 ~~유학을 신봉하는~~ ~~무리~~을 끌어들였어.

홍선대원군이 서원을 대거 철폐했지? 바로 그 조치 때문에 유림은 홍선대원군을 싫어했었어. 서원은 성리학자들에겐 학교이자 사당이야. 일종의 자존심이지. 그런 서원을 홍선대원군이 개혁의 대상이라며 대거 없애버렸으니….

유림 대표 최익현이 홍선대원군을 비판하는 상소문을 고종에게 올렸어. 자존심이 상한 홍선대원군은 정계에서 물러났어. 명성황후는 만세를 불렀어. 이제 자신의 세상이 열린 거잖아!

명성황후와 민씨 세력은 홍선대원군과 달리 통상과 개화를 긍정적으로 생각했어. 발전하고 있는 일본과도 다시 국교를 수립하려고 했어. 사신을 보냈지. 근데 웬걸. 일본은 아무런 답변을 주지 않았어. 말 대신 행동으로 보여줬어!

"펑! 펑!"

1875년 9월. 일본 군함 운요 호가 강화도 앞바다에 나타났어. 연신 대포를 쏘며 조선을 위협했어. 왜? 통상하자는 거야! 문을 열라는 거야!

힘이 없으니 당할 수밖에 없어. 조정은 결국, 강화도에서 문호를 개방하는 조약에 서명했어. 바로 강화도조약이야 ~~1876년~~. 이 조약은 우리가 맺은 최초의 근대조약이야. 하지만 문제가 많아. 그 내용을 볼까?

"조선은 부산 외에 인천과 원산항을 추가로 개방한다. 이 개항장에는 일본인이 거주할 수 있는 구역을 두며, 일본 화폐를 사용할 수 있게 한다. 조선은 쌀을 일본에 수출하고, 대신 면제품을 수입한다. 단, 관세는 일절 붙이지 않는다. 일본은 조선의 해안선을 언제든지 마음대로 측량할 수 있다."

외국 화폐가 아무런 제지를 받지 않고 사용되는 상황이야. 상품을 수입하면 국내 산업의 경쟁력을 보호하기 위해 관세를 붙이는 게 당연한데, 그마저도 할 수 없어. 우리 땅인데, 일본이 마음대로 드나들며 측량할 수 있어. 아주 평등하지 않아. 그래서 이 조약을 불평등조약이라고 하는 거야.

이제 조선의 문이 활짝 열렸어. 서양 문물과 문화가 질풍노도처럼 수입되겠지? 이를 바라보는 두 가지 시선이 있었어.

"그래, 바로 저거야. 그동안 우리 조선은 너무 우물 안 개구리처럼 갇혀 있었어. 지금부터라도 첨단 문물을 적극 받아들여야 해. 일본과 청으로부터 배워야 해. 그게 조선이 살 길이야." 개화파

"서양 오랑캐양이를 막아내기 위해 치열한 전투도 치렀는데, 결국, 국가의 문을 열다니! 나라 꼴이 점점 말이 아니로구나. 일본 오랑캐가 서양 오랑캐와 뭐가 다르단 말인가? 오호통재라." 위정척사파

명성황후와 민씨 세력은 개화파에 가까웠어. 그러니 당연히 개화파가 권력을 잡았어. 개화파는 근대 세계로 도약하기 위해 여러 개혁에 돌입했어. 하지만 그 과정이 순탄하지만은 않았어. 반란이 잇달아 일어난 거야!

임오군란과
갑신정변

혼란은 커지고,
개화파는 분열하고…

민씨 정권은 통리기무아문이란 개혁 기구를 설치했어. 통리기무아문은 크고 작은 개혁을 시행했어. 그 가운데 군대 개편이 화근이 돼 큰 반란으로 이어졌어.

조선 후기까지 중앙 군대 조직의 핵심은 5군영이었어. 통리기무아문은 이를 2영 무위영, 장어영으로 축소해버렸어. 그 대신 신식 군대를 창설했는데, 별기군이라 불렀지. 일본인 교관을 고용했기 때문에 2영의 구식 군대 병사들은 별기군을 왜별기라고 불렀단다. 서로의 감정이 좋지 않았다는 걸 알 수 있겠지?

정부가 새로운 사업을 벌인다는데, 제아무리 불만이 있어도 따라야 하겠지? 구식 군인들도 입을 삐죽 내밀긴 했지만, 묵묵히 따랐어. 문제는, 권세만 믿고 타락하는 정치인들이야! 정부는 구식 군인을 대놓고 차별했어. 심지어 13개월이나 봉급을 주지 않았어. 고분고분하던 구식 군인들도 술렁거리기 시작했어.

빨리 불만을 무마해야지? 정부는 봉급 1개월분을 주겠다고 발표했어. 당시 봉급은 쌀로 줬어. 지급일이 되자 선혜청에 구식 군인들이 긴 줄을 늘어섰지.

"이게 뭐야? 쌀에 웬 겨가 이렇게 많아?"

"내 쌀에는 모래까지 있어!"

"쌀의 양도 터무니없이 적어. 예전에 받았던 월급의 절반도 안 되는 것 같아!"

여기저기에서 불만이 터져 나왔어. 그래, 중간에서 관리들이 가로챈 거야. 정치인이나 관리나 모두 부패한 거지. 이날 쌀을 나눠주던 사람은 민씨 정권의 핵심 중 한 명인 민겸호의 하인이었어. 그 하인조차 권세만 믿고 큰소리를 쳤어.

"무슨 볼멘소리가 그렇게도 많아? 싫어? 싫으면 받지 마!"

주객이 바뀌었지? 누가 화를 내야 할 상황인데! 오히려 관리들이 화를 내? 결국, 화를 참지 못한 몇몇 군인들이 난동을 부렸어. 그들은 곧 체포돼 감옥에 갇혔어. 그런데 잠시 후 이상한 소문이 퍼지기 시작했어. 그들을 처형한다는 거야!

군인들이 이를 저지하기 위해 다시 모였어. 웅성웅성. 그때 누군가가 외쳤어.

"이대로 물러서면 안 됩니다. 일본과 붙어 우리 고혈을 빨아먹고 사는 민씨 세력과 왕비를 처단해야 합니다. 봉기합시다! 이 나라를 구합시다!"

차별을 받으면서도 꾹 참아왔던 구식 군인들. 결국, 그들이 폭발하고야 말았어. 이 사건이 바로 임오군란이야 1882년.

군인들은 의금부를 습격해 무고한 죄수들을 풀어줬어. 무장한 반란군들은 민씨 세력을 비롯해 개화파의 집을 습격했어. 또 다른 반란군들은 일본 공사관을 습격했지. 별기군을 습격해 일본 교관도 살해했어. 겁먹은 일본인들은 인천으로 달아났어.

다음날, 반란군은 창덕궁으로 향했어. 누구를 찾으러? 바로 명성황후야! 개화파의 중심에 명성황후가 있다고 생각했던 거야. 반란군이 쳐들어온다는 소식을 들은 명성황후는 다급하게 궁궐을 빠져나갔어.

군란이 성공한 것처럼 보이지? 반란군은 흥선대원군을 추대했어. 정계에서 멀어졌던 흥선대원군이 당당하게 입궐했어. 흥선대원군은 통리기무아문과 별기군을 폐지했어. 중앙 군대는 종전의 5군영 체제로 복귀했지.

임오군란으로 개화파 세력이 입은 상처는 아주 컸어. 조선은 척화를 외치던 1870년대 이전으로 돌아가는 듯했어. 하지만 개화파가 앉아서 당하고 있지만은 않았어.

통리기무아문은 일본에 수신사, 청에 영선사를 파견한 적이 있어. 수신사와 영선사는 모두 개화파 인사들로 채워졌어. 하지만 자세히 들여다보면 주장하는 내용이 약간씩 달라.

"일본 메이지 개혁의 결과는 실로 놀라울 따름이오. 조선이 여태껏 보지 못했던 새로운 문명이었소. 일본을 모델로 삼아 우리 조선도 '문명개화'를 해야 하오. 기존의 낡은 것은 다 버려야 합니다." 급신개화파

"청에 와서 보니 전통을 잃지 않으면서도 서양 문물을 받아들이고

있었소이다. 동양의 정신에 서양의 기술을 접목하는 '동도서기'가 옳은 개화 방법이오. 너무 서두르면 체할 수 있소이다."_{온건개화파}

명성황후와 민씨 정권은 온건개화파였어. 그렇다면 궁궐을 떠나 도피 중인 명성황후가 도움을 요청할 대상은 뻔해. 그래, 청이야. 명성황후는 즉각 청에 군사적 지원을 요청했어. 청의 반응은 어땠을까?

"옳거니! 강화도 조약 이후 일본이 한반도에서 주도권을 잡는 것 같아 걱정이 됐는데, 아주 좋은 기회야. 즉시 병사를 보내 반란을 진압하라!"

청의 군대가 신속하게 반란을 진압했어. 흥선대원군도 중국 톈진으로 끌고 가 버렸지. 일본도 청에게 한반도의 주도권을 빼앗기기 싫어 병력을 보냈지만, 이미 모든 상황이 정리되고 난 후였어.

세상에 공짜는 없어. 청이 그냥 도와줬겠어? 오는 게 있으면 가는 것도 있어야 해. 청과 일본이 조선을 협박하기 시작했어.

"강화도 조약을 체결한 이후 일본 상인들이 개항장에서 무역하고 있다. 우리 대 청국은 그 정도로는 성에 안 찬다. 청의 상인들이 한양 한복판에서 장사할 수 있도록 허용하라."_{조청상민수륙무역장정 체결}

"일본 공사관이 불에 탔다. 조선 조정은 배상을 해라. 또한, 앞으로는 우리 일본 군대가 직접 공사관을 지키겠다. 조선은 일본 군대가 한반도에 주둔하는 것을 허용하라."_{제물포조약}

허 참. 기가 막힐 노릇이야. 특히 청의 내정간섭이 심했어. 하지만 온건개화파는 별문제가 아니라고 생각했나 봐. 왜? 어차피 온건개화파는 청에 대한 사대주의를 당연한 걸로 여기고 있었거든. 온건개화파의 대표적 인물은 김홍집, 어윤중, 김윤식이야.

반면 급진개화파는 나라 꼴이 이상하게 돌아간다고 생각하고 있었어. 그들에게 청은 타도해야 할 대상에 불과했어. 그런 나라에 의존하고 있으니 맘에 들겠니? 급진개화파의 대표적 인물은 김옥균, 박영효, 서광범, 서재필, 홍영식이야.

급진개화파는 조선의 문을 더 활짝 열기 위해 노력했어. 최초로 신문을 발행한 것도 그런 노력의 하나였지. 열흘마다 발행된 이 신문이 〈한성순보〉인데, 최초의 근대식 인쇄기관인 박문국에서 찍었단다.

이런 저런 개혁 사업을 추진하다 보니 국가 재정이 많이 필요하겠지? 이때 급진개화파의 리더인 김옥균이 나섰어.

"저를 일본으로 보내주십시오. 그러면 차관을 얻어올 수 있습니다."

결과는? 실패! 일본은 아직까지 급진개화파가 조선 조정에서 영향력이 크지 않다고 판단했던 거야. 그러니 김옥균에게 차관을 내어주지 않은 거지. 이 실패로 급진개화파는 꿰다 놓은 보릿자루 신세로 전락했어.

쥐도 궁지로 몰리면 고양이를 무는 법이야. 급진개화파가 그랬어. 마침 때가 왔어. 청이 프랑스와 전쟁을 벌이느라 군대를 베트남으로 파견한 거야. 온건개화파와 청이 약해진 틈을 노려라!

"불이야!"

우정국 우체국 별관에서 연기가 피어올랐어. 우정국 개국 축하연이 순식간에 아수라장으로 돌변했어. 급진개화파들의 목소리도 들렸어.

"온건파를 찾아내 제거합시다. 저기 저놈도 온건파요!"

반란! 그래, 궁지에 몰린 급진개화파가 반란을 일으킨 거야. 물론 급진개화파도 믿는 구석이 있었어. 일본으로부터 '만일의 사태가 발생하면' 즉각 지원하겠다는 약속을 받아놓았거든.

현장에 있는 온건파를 제거한 뒤 김옥균과 박영효가 왕과 왕비가 있는 창덕궁으로 달려갔어.

"전하. 온건개화파가 반란을 일으켰나이다. 어서 빨리 경우궁으로 옮기셔야 하옵니다."

경우궁은 왕궁이 아닌, 작은 사당이야. 왜 그런 곳으로 옮기라는 걸까? 작은 데에 '감금'해야 관리가 편하지 않겠어? 고종과 명성황후는 이상한 분위기를 눈치 챘지만 거부할 수는 없었어. 급진개화파 소속 병사들은 곧 경우궁 주변을 포위했어. 이어 나머지 온건파 인사들을 차례차례 제거했지.

거사가 성공했어! 이 사건이 바로 갑신정변이야 1884년. 바로 다음 날, 급진개화파는 새 정부를 꾸리고 14개조로 구성된 혁신정강을 발표했어. 내용을 요약해볼까?

"청과의 사대 관계를 끊고 입헌군주제를 지향한다. 신분제는 폐지한다. 보부상으로 구성된 혜상공국을 비롯해 전근대적인 기구는 모두 해체한다."

사실 혁신정강을 보면 완벽한 근대 세계와는 조금 거리가 있어. 가령, 토지 개혁에 관한 조항이 없어. 왜 그랬겠니? 급진개화파 인사들 또한 지주의 자식들이었어. 그러니 토지 개혁에 대한 고민을 별로 하지 않은 거야. 대부분 백성이 원하는 개혁은 쏙 빼놓았으니 민중의 지지를 받을 수가 없겠지? 게다가 일본에 지나치게 의존하고 있지? 이런 '일방적이고' '외세 의존적'인 개혁이 성공할 수 있겠니?

또 명성황후가 청에 도움을 요청했어. 다시 청의 군대가 파견됐고, 급진개화파는 철수할 수밖에 없었어. 일본은 뭐했느냐고? 청의 반격이 뜻밖에 강하자 슬쩍 발을 뺐단다. 일본이 강해지고는 있지만, 아직

청을 넘기에는 힘이 조금 달린다는 것을 자신도 잘 알고 있었던 거야.

삼일천하! 홍영식은 전투 도중 사망했어. 나머지 인사들_{김옥균, 서재} _{필, 박영효, 서광범}은 외국으로 망명을 떠나야 했단다. 급진개화파의 리더인 김옥균은 훗날 일본과 중국을 오가다 피살된단다. 비참한 최후지.

이제 정권은 다시 명성황후와 민씨 세력에게 돌아갔어. 일본은 갑신정변 와중에 피해를 보았다며 배상을 요구했어. 이때 체결된 조약이 한성조약이야. 일본은 중국과도 조약을 체결했어.

"앞으로 한반도에 군대를 보낼 때는 반드시 알리도록 합시다."_{톈진} _{조약}

나 원 참. 한반도가 자기들 땅도 아니면서…. 임오군란과 갑신정변을 거치면서 조선은 이처럼 청과 일본에 휘둘리는 신세로 전락했어.

얼마 후 한반도에 눈독을 들이는 또 하나의 나라가 등장했어. 바로 러시아야.

갑신정변이 발생하고 1년이 지난 시점이었어. 영국 함대가 갑자기 나타나 전남의 섬 거문도를 무단 점령했어_{1885년}. 물론 우리 정부의 허락도 받지 않았지. 이 사건은 또 어쩌다 일어난 것일까?

이 무렵 러시아는 남하 정책을 펴고 있었어. 이 남하 정책이 거슬리는 나라가 있었어. 바로 영국이야. 생각해봐. 러시아가 한반도를 장악한다면 중국, 인도까지 노리지 말란 법 있어? 영국의 생각을 엿볼까?

'오랫동안 공을 들여 중국과 인도를 반식민지로 만들었다. 절대 러시아 따위에게 내어줄 수 없다.'

이제 왜 영국이 느닷없이 거문도를 점령한 이유를 알겠니? "러시아가 계속 남하하면 영국은 북진한다!"라고 선포한 거야.

임오군란과 갑신정변

한반도에 미치는 영향력이 가장 큰 나라가 어디였지? 맞아. 청이었어. 결국은 청이 중재에 나섰어. 그 결과 러시아는 한반도에 집적대지 않겠다고 약속했어. 그러자 영국 함대도 거문도를 떠났단다. 무려 2년 만에!

도대체 조선 정부는 뭐하고 있는 걸까? 답답하지? 당시 민중들도 똑같은 생각이었나 봐. 결국, 아래로부터의 혁명이 터진단다. 그게 바로 동학운동이야.

25 · 근현대 시대
동학운동에서
을미개혁까지

1894~1895년,
한반도가 요동치다

강화도 조약 이후 일본 상인이 쌀을 헐값에 사들여 본국으로 보냈는데도 우리 정부는 아무런 대책도 세우지 못했어. 농민들의 삶이 더욱 힘겨워졌어. 설상가상으로 지방 관리들은 가혹하게 세금을 강탈했어. 무능하기만 할 뿐 아니라 타락한 정부야!

급진개화파는 어땠을까? 갑신정변 때 토지개혁 내용이 있었니? 아니야. 없었어. 농민들의 마음도 모르는 개혁가들. 그런 개혁이 성공할 리가 없지. 결국, 농민들이 세상을 바꾸기 위해 들고 일어났어. 그게 바로 동학농민운동이야.

이 운동이 발생한 해는 1894년이야. 이 운동을 시작으로 1895년까지 청일전쟁과 갑오개혁이 연달이 일어나게 돼. 세 사건이 얽혀있기 때문에 발생시간 순으로 하나씩 살펴보는 게 가장 좋은 방법이야.

동학농민운동은 억울하게 죽은 동학 창시자 최제우의 누명을 벗겨달라는 '신원' 운동에서부터 시작됐어. 동학교도들은 전북 전주 삼례 집회 1892년를 시작으로 서울 경복궁 앞 상소운동, 충북 청주의 보은 집회 1893년를 잇달아 벌였어.

이때만 해도 종교 집회에 더 가까웠어. 하지만 그 양상이 1894년 들어 확 달라졌어. 어떻게? 봉건사회를 비판하는 집회로! 지방 관리의 폭정을 규탄하는 집회로!

전북 고부 오늘날의 정읍 군수 조병갑은 아주 악랄했어. 만석보라는 저수지를 만들고는, 물을 사용할 때마다 세금을 강요했어. 자기 아버지 비석을 세우려고 세금을 거뒀어. 가족, 또는 이웃과 잘 지내지 않는다는 명목으로도 세금을 거뒀단다. 어처구니가 없지?

결국, 민중이 폭발했어. 동학교도를 중심으로 한 농민군이 봉기해 고부 관아를 접수했어. 탐관오리가 곳간에 쌓아놓은 쌀을 모두 풀어 농민들에게 나눠줬어. 조정이 깜짝 놀랐어. 얼른 사태를 수습해야지? 조정은 문제를 해결하라며 안핵사 이용태를 내려보냈어. 문제는, 이 안핵사가 제구실을 못했다는 데 있어. 오히려 주동자를 찾아내겠다며 길길이 날뛰었어.

동학은 각 지방에 일종의 지점을 뒀어. 그 지점을 접이라 불렀고, 책임자를 접주라 불렀어. 삼남지방 남접의 책임자는 전봉준이란 인물이었는데, 이 사태를 지켜보면서 생각이 많아졌어.

'관아 한 곳을 접수한들 조선이 바뀔까? 동학 창시자인 최제우 선생께서 왜 '보국안민'을 주장했겠는가? 나라를 어려움에서 구하고 백

성을 편안하게 하려면…. 어쩔 수 없어. 썩어빠진 나라를 통째로 바꿔야 해!'

마침내 전봉준이 고부 백산에서 봉기했어. 다른 지역의 동학군도 봉기에 합류했어. 순식간에 농민군은 1만여 명으로 늘어났어. 제1차 동학농민운동

전봉준은 4대 행동강령을 발표했어. 강령을 보면 이 봉기가 단순한 반란이 아니라는 점을 알 수 있단다.

"하나, 사람을 해치지 않는다. 둘, 충효를 다해 '제세안민'한다. 셋, 일본 오랑캐를 몰아낸다. 넷, 한양으로 가서 부패 관리를 몰아낸다."

봉건 조선을 타도하겠다는 의도가 명확하게 보이지? 강화도 조약 이후 일본이 쌀을 싹쓸이해 버리는 바람에 국내 쌀값은 천정부지로 뛰어올랐어. 당연히 농민들에겐 큰 타격이 됐지. 그 때문에 일본에 대한 농민들의 반감이 아주 컸어. 이 행동강령에서도 그 점을 읽을 수 있어.

농민군의 기세는 하늘을 찔렀어. 무기라고 해봐야 죽창이 전부였지만 관군과의 싸움에서 절대 물러서지 않았어. 농민군은 황토현 전투, 황룡촌 전투에서 대승을 거두며 전라도 지역의 대부분을 장악했어!

당황한 조정은 곧 중앙의 정예부대를 내려보냈어. 정예부대와의 싸움은 쉽지 않았어. 많은 농민이 대포에 목숨을 잃었어. 그래도 농민군은 물러서지 않았고, 마침내 전라도의 최대 중심지인 전주성을 점령하는 데 성공했어!

명성황후와 민씨 정권은 또다시 청에 도움을 요청했어. 정말이지, 화가 날 정도야. 나라 내부의 문제를 외세에 의존해 해결하려는 안일함! 그 안일함이 훗날 경술국치로 이어졌다는 사실을 잊지 마.

한반도의 보호국임을 자청하는 청은 기꺼이 군대를 파견했어. 톈진

조약에 따라 일본에도 그 사실을 알렸어. 그러니 일본도 한반도에 군대를 파견했어. 이 사실이 동학농민군에게도 알려졌어.

농민들이 정치인보다 훨씬 성숙했어. 외세의 개입을 막기 위해 해산하기로 한 거야! 그 대신 정부에게 개혁을 요구하기로 했어. 바로 12개조로 된 폐정개혁안이야. 수세에 몰렸던 조정이 얼른 수락했어. 전주화약 체결

"토지를 공평하게 나눈다. 노비문서를 태워 신분제를 폐지한다. 탐관오리와 부패한 양반을 처벌한다. 과부의 재혼을 허가한다. 일본을 멀리한다."

농민군은 전주성을 내어주고 일상으로 돌아왔어. 그 대신 전라도 전역에 집강소라는 자치 기구를 설치해 폐정개혁안을 이행해나갔단다. 농민이 원하는 세상이 온 걸까?

청이 2500여 병사를 한반도에 파견하자 즉시 일본도 4500여 병사를 보냈어. 그러자 동학군이 정부와 전주화약을 체결하고 해산했어. 사태가 끝났지? 청과 일본은 군대를 철수시키는 게 맞지? 하지만 일본은 거절했어. 일본의 속내가 궁금하지?

'더는 청을 두고 볼 수 없다. 갑신정변 때 당한 수모를 갚아주자. 조선 조정을 장악하고, 청에 전쟁을 선포하자. 청이 한반도에서 영원히 손을 떼게 하자.'

작전 개시. 먼저 조선의 조정을 장악하는 것부터!

일본군이 기습적으로 경복궁을 점령했어. 이어 민씨 세력을 내쫓고 친일 정부를 세웠는데, 이게 제1차 김홍집 내각이야. 일본은 이 내각에 개혁을 맡겼어. 김홍집 내각은 군국기무처란 임시 사령탑을 설치한

뒤 본격 개혁을 단행했어. 제1차 갑오개혁

"조선과 청은 대등하다. 청의 연호 대신 조선 건국연도를 시작으로 하는 '개국기년' 연호를 사용한다. 또한, 조선사회의 폐단인 신분제도와 노비매매, 조혼은 법적으로 폐지한다. 정부기구와 관련해 의정부 밑의 6조를 8아문으로 개편하며 경무청을 설치해 치안을 맡긴다. 경제와 관련해서는, 세금을 돈으로 내는 '조세금납화'를 단행한다."

많은 개혁이 이뤄졌지? 갑신정변과 동학농민운동 때 제기됐던 신분제가 법적으로 폐지됐다는 점이 눈에 띄지? 청과 대등한 관계를 선포한 점도 중요한 것 아니냐고? 물론 그럴 수 있어. 하지만 이는 일본이 청을 몰아내는 명분으로 악용됐단다. 일본이 개혁을 지원한 이유가 바로 여기에 있었거든.

조선 정부를 꽉 붙들어 맸지? 일본이 드디어 아산만에 있던 청군의 기지를 습격했어. 일본의 대승. 천안에서 또 붙었어. 이번에도 일본의 승. 이어 두 나라가 서로에 대해 전쟁을 선포했어. 청일 전쟁

청과 일이 팽팽할까? 아니야. 청은 계속 밀리기만 했어. 평양에서 배수진을 쳐 봤지만, 청은 이미 일본의 적수가 되지 못했어. 결국, 청은 한반도 밖으로 밀려난단다.

동학농민들은 이 무렵 한숨만 푹푹 쉬고 있었어. 집강소를 설치해 나름대로 개혁을 한다지만 나라꼴이 엉망이기 때문이야. 조정이 일본 손아귀에 잡혀 있잖아? 결국, 동학농민들이 외세를 몰아내기 위해 다시 일어났어. 제2차 동학농민운동

"조정을 멋대로 주무르는 오랑캐 일본을 몰아냅시다! 무능한 정부를 타도합시다! 서울로 진격합시다!"

친일 내각이 반외세 투쟁에 우호적일 리가 없겠지? 즉시 정부군과 일본군이 합동으로 동학운동 진압에 나섰어. 봉기에 나선 동학군은 무려 20만 명. 하지만 첨단 무기를 앞세운 진압군을 이길 수는 없었어.

공주 우금치 고개. 무려 1주일간 전투가 계속됐어. 농민군 사상자가 속출했어. 패배! 농민군의 서울 진격은 무산됐고, 기세도 꺾이고 말았어. 전봉준은 체포됐고, 이듬해 처형됐지.

이로써 두 번에 걸친 동학농민운동은 최종 실패로 끝나고 말았어. 개항 이후 최대의 반봉건-반외세 투쟁이 막을 내린 거야. 하지만 이 운동의 맥은 끊어지지 않았어. 을미사변 이후 터져 나온 을미의병을 포함해 의병 항쟁의 원동력이 되거든.

어느덧 청일 전쟁도 거의 막바지로 치닫고 있었어. 일본은 한반도를 넘어 만주까지 공략했어. 승리가 눈앞에 보이는 순간. 자신감을 얻은 일본은 다시 조선에 개혁을 강요했어. 친일 색채가 더 강한 박영효-김홍집 공동 내각이 꾸려졌고, 곧바로 개혁에 돌입했어. 제2차 갑오개혁

내각은 고종에게 조선의 독립을 선포하라고 설득했어. 물론 일본이 그렇게 하라고 권했어. 친일 내각이잖아? 고종이라고 해서 뾰족한 수가 있었을까? 고종은 관리들을 이끌고 종묘에 나가 14개의 조항을 발표했어. 홍범 14조

"청에 의존하지 않고 자주독립의 기초를 세운다. 왕실과 정부의 일을 분리한다. 인재를 발굴해 유학을 보내 선진기술을 배우도록 한다. 문벌을 떠나 능력에 따라 인재를 등용한다. 또⋯."

청으로부터 독립하려는 개화파들의 철학이 모두 담겨 있지? 왕실과 정부의 일을 분리한다는 것은, 입헌군주제를 지향한다는 뜻이야. 대단

하지? 개혁안의 세부 내용을 조금만 더 살펴볼까? 이 홍범14조가 얼마나 중요한지 알 수 있어.

"본격적으로 내각 제도를 시행한다. 의정부를 내각으로 개편한다. 전국을 8도에서 23부로 개편한다. 지방의 관찰사나 수령은 더는 재판을 해선 안 된다. 사법부를 독립시킨다. 재판소는 따로 설치하며, 별도의 재판관이 일을 맡는다."

조선의 관료 체제를 근대적으로 개편하겠다는 의도가 보이지? 조직뿐만이 아니야. 교육 시스템도 근대적으로 바꿨어. 그게 바로 교육입국조서야. 이 조서에 따라 소학교와 중학교 등 근대학제가 마련됐단다.

홍범 14조에 정말로 많은 근대 개혁 내용이 담겨 있지? 바로 이 점때문에 홍범 14조를 우리나라 최초의 근대적 정책 백서로 규정하고있어. 또한, 정부 주도로 자주독립국임을 선언한 최초의 문서이기도하지. 갑신정변 때 선포하지 않았느냐고? 물론 그랬지만 정부가 주도한 건 아니잖아?

제2차 갑오개혁은 해를 넘겨 1895년이 돼서도 진행되고 있었어. 청일 전쟁은? 일본의 승리로 끝이 났단다.

이제 청은 한반도에서 완전히 손을 떼야 했어. 뿐만 아니야. 요동반도를 포함해 중국의 영토 일부를 일본에 떼어줘야 했어. 물론 어마어마한 전쟁배상금은 따로 물어야 했지. 시모노세키 조약

일본은 10년 전의 갑신정변, 더 과거로 가서는 임진왜란의 패배를깨끗이 설욕했어. 게다가 보기 좋게 중국 땅까지 빼앗았어. 얼마나 일본이 기고만장했겠니? 하지만 기쁨은 잠시였어. 러시아와 프랑스, 독일이 시모노세키 조약에 문제가 있으니 땅을 돌려주라고 했기 때문이

야. 특히 러시아의 반대가 심했어.

일본이 얼마나 속상했을까? 하지만 별수 있겠어? 세 열강을 상대로 이길 수가 없잖아? 결국, 일본은 삼켰던 중국 영토를 토해낼 수밖에 없었어. 삼국간섭, 1895년

이 사건의 전 과정을 유심히 지켜보던 사람이 있었어. 바로 명성황후야. 그녀는 원래 청에 의존했지? 이제 청이 사라졌으니 일본을 견제할 새로운 세력이 필요한 상황이야. 명성황후는 러시아야말로 일본을 견제할 세력이라고 판단했어. 명성황후가 러시아에 접근했어.

명성황후는 러시아 공사 베베르의 조언을 받아 친일 내각을 무너뜨리기 위한 작업에 돌입했어. 얼마 후, 친일 인사인 박영효가 걸려들었어. 그래, 2차 내각의 총책임자인 바로 그 박영효야.

"박영효가 나를 죽이려 했다! 박영효가 역모를 꾸몄다!"

박영효는 얼른 일본으로 망명을 떠났어. 명성황후는 나머지 친일 대신들을 쫓아냈어. 이어 김홍집을 수반으로 다시 내각을 꾸렸는데, 이게 3차 김홍집 내각이야. 성격은? 당연히 러시아에 가까웠어. 그래, 친러 내각이란 얘기야. 이 내각은 오래갈까?

10월의 밤. 작전명은 여우사냥!

일본 깡패 낭인들이 경복궁을 습격했어. 그들의 타깃은 바로 명성황후였어. 이유? 명성황후가 러시아와 가까이 지내고 있잖아!

일본은 청만 쫓아내면 한반도를 집어삼킬 수 있을 거로 생각했어. 그런데 예상하지도 않았던 러시아가 등장해 훼방을 놓고 있는 거야. 당장 러시아를 칠 수는 없지만, 친러 외교를 하는 명성황후는 칠 수 있어!

일본 깡패들은 명성황후를 '제거'했어. 시신은 불을 질러 태워버렸

지. 어떻게 한 나라의 왕비를 이렇게 잔인무도하게 살해할 수가 있어? 이 사건이 바로 을미사변이야1895년.

일본은 러시아가 개입하기 전에 후닥닥 내각을 개편했어. 이번에도 수반은 김홍집. 그래서 이 내각을 제4차 김홍집 내각이라 불러. 김홍집은 친일에서 친러로, 다시 친일로 노선을 바꾼 셈이야. 어쨌든 이 내각도 다시 개혁을 단행했어. 제3차 갑오개혁, 을미개혁

"태양력을 사용한다. 건양이란 연호를 사용한다. 종두법을 시행한다. 또 소학교를 설치한다. 그리고⋯. 단발령을 시행한다!"

내용을 봐. 지금까지 시행된 근대 개혁의 연속이지? 하지만 많은 민중이 이 개혁에 강력히 저항했어. 왜 그랬을까? 민중의 목소리를 들어볼까?

"단발령이라니! 상투를 자르라니? 부모님으로부터 물려받은 신체를 훼손하란 말인가? 이런 불효막심한 정책이 어디 있단 말인가?"

"왕비가 맘에 들진 않았지만, 그래도 조선의 국모요. 그분을 시해한 패륜아가 개혁한다고? 집어치워라."

전국적으로 을미개혁에 반대하는 의병 운동이 거세게 일어났어. 특히 단발령에 대한 양반들의 반발이 컸어. 이 때문에 을미의병을 일으킨 의병장은 주로 지방 유림이 많았단다.

자, 정리해볼까? 갑오개혁은 총 3차에 걸쳐 진행됐어. 대부분 일본의 지원과 강요로 진행됐다는 것이 가장 큰 약점이지. 하지만 이때의 개혁 정신이 조선의 근대화를 크게 앞당긴 것 또한 사실이야. 개화파는 독립협회의 운동을 주도했고, 나아가 경술국치에 이를 때까지 애국계몽운동을 주도한단다.

이 모든 개혁을 불안한 시선으로 쳐다보는 사람이 있었어. 지금까

지 단 한 번도 자신의 정치적 견해를 내지 못했던 왕. 부인이 살해된 뒤 정신적 충격에 빠진 왕. 바로 고종이야. 그가 어떤 행보를 보일까?

동학운동에서 을미개혁까지

26 · 근현대 시대

대한제국과
독립협회

황제의 나라로 갈 것인가,
근대 국가로 갈 것인가

고종의 최종 선택은 러시아였어. 을미사변을 일으킨 일본은 절대로 믿을 수 없고, 청은 이미 사라졌으니…. 고종 또한 부인이 그랬던 것처럼 러시아에 의지하기로 했어. 2월의 어느 날. 고종은 러시아 공사관으로 피신했어. 공관을 한자로 쓰면 아관이 돼. 그래서 이 사건을 아관파천이라고 한단다 1896년.

세상에 공짜가 없다는 진리는 아관파천의 역사에서도 확인돼. 러시아가 아무 대가 없이 고종을 보호해줄까? 아니야. 러시아는 여러 이권을 요구했어.

"두만강과 압록강, 울릉도 일대의 삼림을 채벌할 수 있는 권리를 주시오. 경성과 경원 광산 채굴권도 내놓으시오."

이를 거절할 수 있을까? 고종은 수락할 수밖에 없었어. 러시아가 이 권을 차지했으니, 다른 열강들이 가만히 있을까? 아니야. 일본은 철도 부설권을 얻었고, 미국은 운산의 금광 채굴권을 가져갔어. 미국이 획득했던 경인선 부설권은 나중에 일본으로 넘어갔어. 프랑스, 영국 등 나머지 열강들도 한반도로 뛰어들었어. 전 세계의 열강들이 땅따먹기 하는 형국인 셈이야!

나라 상황이 갈수록 꼬이고 있어. 이제 고종은 홀로서기를 해야 해. 언제까지 러시아 공사관에 머물 수도 없잖아? 많은 고민을 했을 거야. 그런 고종에게 큰 힘이 된 단체가 있어. 바로 독립협회야 1896년 설립.

독립협회를 조직한 인물은 서재필. 맞아. 갑신정변을 주도했다가 일본을 거쳐 미국으로 망명을 떠났었어. 그랬던 그가 근대개혁에 속도를 내기 위해 귀국해서 독립협회를 조직한 거야.

독립협회는 국민에게 애국심과 근대의식을 심어주는, 이른바 애국 계몽운동을 시작했어. 이를 위해 〈독립신문〉도 발간했어. 이것은 우리나라 최초의 민간신문이자 한글신문이란다. 사실 이 신문을 발행할 때 정부로부터 약간의 지원금을 받기는 했어.

고종은 독립협회에 큰 관심을 보였어. 신문 발행에 쓰라고 지원금을 준 것만 봐도 이 사실을 알 수 있지. 고종이 독립협회에 또 하나의 주문을 했어.

"이제 조선은 명실상부한 자주독립국이 돼야 한다. 과거 청의 사신을 환영하는 영은문이 아직도 남아있다는 것은 수치다. 당장 그 문을 헐라. 그 자리에 우리의 독립을 널리 알릴 기념물을 새로 만들라."

고종이 드디어 제 목소리를 내기 시작하는 것 같지? 독립협회는 즉각 왕의 지시를 이행했어. 영은문을 허물고 새 기념물을 짓기 시작했어. 이게 바로 오늘날까지 남아있는 독립문이야. 프랑스의 개선문을 모방한 거란다.

어느덧 해가 바뀌었어. 고종이 러시아 공사관에 머문 지도 1년. 그 사이에 러시아의 횡포는 점점 더 심해졌어. 내각에서도 친러파 인사들이 멋대로 정치를 하고 있었어. 이러니 왕이 빨리 돌아와야 한다는 여론이 높아졌어. 독립협회 또한 고종에게 환궁할 것을 촉구했어. 고종이 마침내 결심했어.

"그래. 환궁하리라. 이 손으로 조선을 개혁하리라."

1년여 만에 고종이 덕수궁으로 돌아왔어. 뭔가 큰 결심을 한 듯 고종의 표정은 사뭇 비장했어. 8개월 정도가 지난 후. 고종이 마침내 제국의 수립을 선포했어! 왕보다 지위가 높은 황제의 나라. 고종은 이제 황제로 격상한 거야!

"대한제국의 수립을 만천하에 알리노라. 대한제국은 그 어떤 나라에도 굴하지 않는 당당한 자주 제국이다."

대한제국의 선포1897년와 함께 광무란 연호를 사용했어. 그래서 고종을 고종황제, 광무황제라고도 한단다. 살해된 왕비 민씨가 이때 명성황후로 추존된 거야.

"일본의 강요와 지원으로 이뤄진 갑오개혁을 반성하며, 앞으로는 모든 개혁을 짐이 지휘하겠노라. 모든 권한은 황제에 집중할 것이다. 황제를 호위하고 서울을 방어하기 위해 친위대와 시위대를 두겠노라."

고종이 확 달라졌지? 러시아 공사관에서 깨달음을 얻었던 것일까? 아버지 흥선대원군과 부인 명성황후 사이에서 제 목소리를 내지 못했던 고종이 이제 개혁을 지휘하고 있어. 이 개혁이 바로 광무개혁이야.

광무개혁은 훗날 일본이 간섭하는 바람에 끝맺음을 제대로 하지 못했어. 그래도 왕이 주체가 돼 개혁을 추진했다는 게 큰 의미가 있지. 개혁 내용을 볼까?

"근대적인 토지제도를 수립하기 위하 토지계약문서 지계를 발급한다. 상업을 발달시키기 위해 한성은행을 비롯해 여러 금융기관을 세운다. 산업기술을 발전시키고 근대적 회사를 만들기 위해 선진국에 유학생을 보내 배우도록 한다."

또 하나. 이때의 개혁 중 하나가 공원을 만드는 것이었어. 오늘날의 탑골공원이 바로 이 광무개혁 때문에 탄생한 거야.

대한제국이 탄생하는 데도 독립협회가 많이 이바지했어. 하지만 독립협회의 업적이 여기에서 끝나진 않았어. 어쩌면 더 큰 업적은 따로 있다고 볼 수도 있어. 독립협회는 민중이 참여하는 대형 집회를 열어 '민중이 주도하는 근대개혁'을 이루려 했단다. 이 집회가 바로 만민공동회야 1898년.

이 무렵 우리나라에 가장 큰 영향력을 행사하는 나라는? 그래, 러시아야. 친러파 대신들이 조정도 장악했어. 러시아는 내놓고 한반도를 차지하려 했어. 그들의 터무니없는 요구사항을 들어볼까?

"대한제국은 러시아에 협력해야 하오. 우선 부산 절영도 지금의 영도를 빌려주시오. 우리가 남하정책을 추진하는 데 중간기지로 요긴하게 쓰일 것이오. 러시아 군대를 서울에 상주할 수 있도록 허락해주시오. 경제 협력을 위해 러시아인을 재정고문으로 임명하시오. 별도로 두 나라의 합작으로 한러은행도 만듭시다."

사실 러시아만 이런 요구를 한 게 아니야. 일본, 미국, 영국, 프랑스

등 나머지 열강들도 러시아의 뒤에 숨어서 갖은 요구를 하고 있었단다. 친러파 정부는 러시아의 요구를 대부분 수용했어. 고종도 어쩔 수 없었어. 러시아가 워낙 막강하니까!

독립협회는 외세를 배격한 입헌군주제를 지향하고 있었어. 그러니 열강들과 싸워야 해. 어떻게? 민중의 힘을 모아! 왜 독립협회가 만민공동회를 열었는지 알 수 있겠지?

서울 종로에서 러시아를 규탄하는 민중대회가 열렸어. 무려 1만여 명의 서울 시민이 참석했어. 당시 서울 인구의 20%에 육박하는 인원이 참석한 대형 집회였어. 제1차 만민공동회, 1898년 3월 10일

"러시아를 규탄한다! 절영도에서 물러가라!"

"정부는 러시아 군사교관과 재정고문을 해고하라!"

"당장 한러은행 문을 닫아라!"

역사의 한 페이지를 장식하는 순간이야. 우리 역사상 일반 민중이 이렇게 평화적인 집회를 통해 자주독립의 목소리를 낸 적은 없었어. 당연히 조정은 당황했어. 뿐만 아니야. 러시아와 전 세계도 깜짝 놀랐어.

이틀 후. 시민이 자발적으로 두 번째 만민공동회를 열었어. 민중의 뜻을 알았으니 고종도 러시아의 요구를 거절하기로 했어. 결국, 러시아가 포기했어. 재정고문과 군사교관을 거둬갔으며 한러은행도 폐지했어. 우리 민중이 외세를 물리친 거야!

그 후로도 만민공동회는 여러 차례 열렸어. 더는 독립협회가 주도하지 않아도 됐어. 민중이 스스로 모여 자신들의 요구를 당당하게 외쳤거든.

민중의식이 많이 성장했지? 독립협회는 이 민중의 힘을 활용해 친러 정부를 무너뜨리기로 했어. 친러파 대신들에 대한 민중 탄핵운동이

진행됐어. 그 결과는 놀라웠어. 정부를 축출하는 데 성공한 거야. 마침내 개혁파 내각을 세웠어! 1898년 10월 12일

독립협회는 애국계몽운동의 중심 역할을 했어. 새 개혁 정부와는 당연히 소통이 잘 됐어. 독립협회 지도부와 개혁 정부가 모여 앞날을 토론하기 시작했어.

"갑오개혁 당시 만든 중추원을 개편해 대한제국의 의회를 설립한다. 백성의 요구를 수렴하기 위해 관리가 참석하는 관민공동회를 개최한다. 이런 조치를 통해 대한제국의 자주적 개혁을 이어나간다."

우리 역사상 처음으로 의회가 설립되는 거야! 그것도 백성의 요구를 받아들여서! 하지만 고종은 이런 변화가 맘에 들지 않았어. 독립협회와 민중이 자신을 위협하고 있다고 판단했어. 이 때문에 관민공동회 1898년 10월 28일~11월 3일가 열렸지만, 정부 대신들은 참석할 수 없었어. 그러자 독립협회가 강하게 반발했어.

"시위와 집회는 백성의 권리입니다. 국왕도 이를 막을 수는 없습니다!"

결국, 고종이 뜻을 꺾을 수밖에 없었어. 둘째 날부터 박정양과 민영익 등 개혁 정부의 핵심 대신들이 관민공동회에 참석한 거야.

놀라운 일이 벌어졌어. 관민공동회 개막 연설자가 누구인지 아니? 바로 박성춘이라는 이름의, 백정 출신이었어. 천대받던 백정이 정부 대신들과 나란히 서서 연설하다니, 실로 혁명에 가까운 변화야.

"관리와 백성이 하나로 마음을 합쳐 나라를 이롭게 하고 백성을 편안하게 할 방법을 찾아야 합니다!"

그의 연설에 민중은 환호했어. 세상이 달라졌음을 실감하면서! 이어 대회 참석자들은 국가 개혁을 위한 강령을 채택했어. 바로 헌의 6조야.

"일본인에게 의존하지 않는다. 대한제국이 자주국임을 명확히 하며 국가 주권을 확립한다. 법과 의회에 근거해 근대 개혁을 실행한다. 언론과 집회 자유를 비롯해 자유 민권을 보장한다."

이 헌의 6조에 고종도 서명했어. 중추원을 의회로 개편하고, 의회 의원은 11월 5일 뽑기로 했지. 이 약속을 믿고 관민공동회는 해산했어. 하지만 안타깝게도 이 약속은 지켜지지 않았단다. 개혁파 정부가 하루 전인 11월 4일 붕괴했기 때문이야. 왜 붕괴했냐고? 다시 권력을 잡으려는 친러파들이 고종을 부추겼단다.

"폐하. 독립협회가 거짓을 고하고 있나이다. 독립협회의 목표는 입헌군주제가 아니라 공화정이옵니다. 저들은 황제 폐하를 몰아내려 하고 있나이다."

"뭐라? 내 이 자들을⋯."

결국, 거짓말에 속아 고종이 독립협회를 해체했어. 더불어 관민공동회도 더는 열리지 않았어. 고종은 내친김에 '대한국제'라는 법을 발표했어. 이 법에 따르면 대한제국은 황제의 나라야. 민중의 나라가 아니지.

그래도 잇단 민중대회 덕분에 대한제국은 러시아의 영향력에서 어느 정도 벗어날 수 있었어. 이런 상황이 일본엔 기회가 됐어. 일본은 이때부터 힘을 키워, 결국에는 러시아를 제압한단다. 그리고는 한반도를 집어삼키지. 우리에겐 경술의 국치⋯.

경술국치

슬프고, 또 아픈
1904~1910년의 역사를 말하다

1900년 들어 한반도 주변 정세가 복잡해졌어. 러시아가 만주 일대까지 진출했어. 그런 러시아를 견제하기 위해 영국이 일본과 손을 잡았어. 영국은 일본이 러시아와 전쟁을 벌이면 기꺼이 도와주겠다고 약속했어. 제1차 영일동맹, 1902년

얼마 후 러시아가 한반도와 인접한 뤼순까지 내려왔어. 일본은 고민했어. 러시아와 한판 붙을 것인가, 아니면 만주를 포기할 것인가. 물론 러시아는 일본엔 버거운 상대야. 하지만 이미 청도 격파한 적이 있어. 그러니 러시아도 물리치지 말란 법은 없지. 일본의 결정은…. 전쟁이었어.

고종이 일본의 결정을 눈치챘어. 즉각 중립을 선언했어 1904년 1월.

하지만 일본은 아랑곳하지 않았어. 러시아와 전쟁을 치르기 직전에, 군대를 보내 대한제국 정부를 장악했어!

일본은 뤼순 항을 기습 공격했어. 러시아 군함 두 척이 격파됐어. 이 사건을 계기로 두 나라가 서로에게 선전포고를 했어. 러일 전쟁이 터진 거야. 그 직후에 일본은 대한제국 정부를 윽박질러 한일의정서를 체결했어 1904년 2월.

"일본은 다른 나라가 대한제국을 위협하면 보호한다. 그 대신 군사상 필요한 곳은 일본이 언제든지 빌릴 수 있다. 철도도 세울 수 있다."

이 조약에 따라 일본은 경부선과 경의선을 건설하기 시작했어. 러시아와 싸우려면 군수물자를 신속히, 원활하게 수송해야지? 그런데도 일본은 이 조치들이 한국의 근대화를 위한 것이었다고 나중에 왜곡한단다. 어처구니가 없는 일이야. 이 한일의정서는 일본이 한반도를 식민지로 만들기 위한 프로젝트의 첫 단추였어.

러일 전쟁은 초반부터 대체로 일본에 유리하게 돌아가고 있었어. 일본 군대는 한쪽으로는 만주, 또 한쪽으로는 요동 반도를 맹렬히 공격했어. 러시아는 위축돼 있었지. 이쯤 되자 일본은 러시아를 이길 수 있다는 자신감을 얻었어. 그렇다면? 이제 본격적으로 대한제국을 접수해야지?

한일의정서는 조약이라기보다는 일종의 동맹이었어. 일본은 이것을 정식 조약으로 바꾸기로 했어. 물론 내정을 간섭하기 위한 장치들을 더 넣어서! 이것이 제1차 한일협약이야. 외국인 관리를 두라는 내용이 핵심이라서 외국인용빙협정이라고도 부른단다 1904년 8월.

"대한제국은 일본이 지정하는 재정·외교 고문을 둬야 한다. 외국과 조약을 체결하기 전에는 반드시 일본과 상의해야 한다."

재정과 외교야말로 정부의 핵심이야. 일본이 이 '고문 정치'를 통해 한국에 대해 내정간섭을 하겠다는 본심을 읽을 수 있겠지? 이 조약에 따라 일본인 메가타를 재정고문에, 미국인 스티븐스를 외교고문에 임명해야 했어. 이어 다음 해에는 군사, 경찰, 교육고문도 들였지.

대한제국에 내정간섭을 하면서도 일본은 러시아와 잘 싸우고 있었어. 해가 바뀌어 1905년이 되자 승리는 거의 일본으로 기울었어. 엎친 데 덮친 격으로 러시아에서는 노동자 봉기까지 일어났지. 결국, 대한 해협 전투1905년 5월를 끝으로 사실상 러일 전쟁은 끝이 났어. 얼핏 보기엔 무승부로 보였어. 하지만 실제로는 누구의 승리? 그래, 일본이야.

일본이 식민지 만들기에 속도를 올리기 시작했어. 우선 대한제국의 경제를 장악하자! 이를 위해 재정고문으로 파견된 메가타가 화폐 개혁을 단행했어1905년 7월.

"앞으로 대한제국에서는 일본과 같은 화폐인 '제일은행권'을 쓴다. 따라서 모든 대한국인은 화폐교환소로 가서 보유하고 있는 조선 화폐인 '백동화'를 제일은행권으로 바꿔야 한다."

나 참, 이 정도면 경제 고문이 아니라 재정정책을 담당하는 정부라고 해도 믿겠어. 아주 대한제국의 화폐 제도를 일본의 입맛에 맞게 뜯어고치기 위해 작심했지? 왜 그러겠어? 그래야 일본 기업이 침투하기 편하잖아!

일본은 이때부터 막대한 차관을 대한제국 정부에 강요했어. 돈을 빌려주는 게 뭐가 문제냐고? 세상에 공짜는 없어. 돈을 갚을 능력이 없는데, 자꾸 가져다 쓰라고 하면 결과가 어떻게 되겠어? 파산이야! 일본은 대한제국이 경제적 무능력 상태가 되기를 바라고 있었던 거야.

한반도를 식민지로 만들기 위한 작업을 탄탄히 진행하고 있지? 일본은 국제 세계에서도 치밀하게 움직이고 있었단다. 어쩌면 삼국간섭의 악몽이 떠올라서 그랬을 수도 있어. 일본은 여러 열강으로부터 간섭하지 않겠다는 약속을 잇달아 받아냈어.

먼저 미국. "미국이 필리핀을 지배하는 것을 일본이 묵인하며, 미국은 일본이 한반도를 지배하는 것을 묵인한다."가쓰라 태프트 밀약, 1905년 7월

그다음엔 영국. "일본의 한반도 지배권을 영국이 인정한 제1차 영일동맹이 여전히 유효함을 확인한다."제2차 영일동맹, 1905년 8월

러시아와의 전쟁을 끝내기 위해 강화조약을 체결해야지? 그 조약을 통해 러시아로부터 확답을 받아냈어. "한반도 지배권은 일본이 갖는다. 러시아가 차지했던 중국 이권과 사할린을 일본에 넘겨준다."포츠머스 조약, 1905년 9월

이제 한반도를 차지하는 데 걸림돌이 될 만한 요소는 모두 제거했어. 그러니 더 과감하게 한반도 식민지 프로젝트를 추진해도 되겠지?

"이날, 목 놓아 통곡하노라. 황제가 강하게 거절하였기에 이 조약은 무효다. 돼지와 개만도 못한 을사오적은 나라를 팔아먹는 도적이 아닌가."

한자와 한글을 혼용해 발간된 〈황성신문〉에는 '시일야방성대곡'이란 제목의 격한 사설이 실렸어. 이 사설을 쓴 인물은 장지연인데, 왜 그가 이렇게 격한 반응을 보였을까? 바로 일본에 의해 강압적으로 체결된 제2차 한일협약 때문이었어을사조약 또는 을사늑약, 1905년 11월.

을사조약은 총 5개 조항으로 돼 있는데 핵심은, 일본은 대한제국을 보호국으로 둔다는 규정이었어. 이 말은, 대한제국의 외교권을 박탈한다는 뜻이야. 사실상 조선이 일본 식민지가 되는 거지. 이 조약에서는 또 조선 통치를 담당하기 위한 통감부를 두기로 했어.

일부 관리들은 썩었지만 그렇지 않은 관리들도 있었어. 민영환 같은 인물은 조약의 무효를 외치며 자결했어. 민영환 말고도 많은 사람이 피를 토하며 죽음으로 항거했단다.

민중도 분노했어. 전국적으로 의병 투쟁이 활발하게 일어났어. 이때의 의병을 을사의병이라 부르는데, 유병장의 출신 성분이 다양한 게 특징이야. 최익현은 유림의 대표였지만 신돌석은 평민 출신이었거든. 나라 잃은 분노는 지위, 신분과 관계없다는 얘기야.

이듬해, 통감부가 서울에 설치됐어. 수장인 통감에는 이토 히로부미가 부임했어. 그는 곧 을사조약 체결을 주도한 '을사오적'을 중심으로 정부를 구성했어. 고종은 답답했어. 아니, 속이 터질 것 같았어. 피가 거꾸로 흐르는 심정이었어.

'이 부당한 조약을 무효로 돌릴 방법이 없을까?'

마침 네덜란드 헤이그에서 만국평화회의가 열리기로 돼 있었어. 고종은 이준, 이상설, 이위설을 밀사로 보냈어 1907년 4월.

하지만 이들은 회의장에도 들어가지 못했어. 일본이 방해했기 때문이야. 외교권이 없는 나라의 설움. 일본은 이 사건의 책임을 물어 고종을 끌어내렸어. 이어 그의 아들을 왕으로 올렸는데, 그가 조선의 마지막 국왕이 순종이야.

정치적으로 이토록 큰 설움을 당하고 있던 바로 그 순간. 경제적으로는 전국적인 구국운동이 벌어지고 있었어. 바로 국채보상운동이야

이 운동은 헤이그에 밀사를 파견하기 직전, 대구에서 시작됐어. 〈대한매일신보〉와 〈황성신문〉이 적극 후원했지.

"일본으로부터 지금까지 들여온 차관이 1300만 원이라고 합니다. 일본에 예속되지 않으려면 이 돈을 우리 손으로 갚아야 합니다."

운동이 시작되자 전국에서 성금이 답지했어. 담배를 끊어 모은 돈, 반지와 비녀를 팔아 마련한 돈…. 조국을 위기에서 구하려는 마음이 절절했어. 이렇게 해서 석 달간 600여만 원을 모았어.

일본이 당황했어. 식민지로 만들려고 차관을 끌어온 것인데 갚아버리면 안 되잖아? 일본이 음모를 꾸몄어. 친일단체를 동원해 국채보상운동 주도 세력을 공격하게 했어. 그것으로도 모자랐는지, 이 운동을 주도한 〈대한매일신보〉의 양기탁이 공금을 횡령했다고 발표했어. 물론 조작이야.

결국, 이 국채보상운동은 이 같은 일본의 방해로 최종적으로 성공하지는 못했어. 그래도 이 운동을 통해 우리 국민의 저력을 보여줬다는 점에서는 기억할 만한 의거라고 할 수 있지.

국채보상운동도 진압했고, 을사조약 후속 조치도 착착 진행됐어. 일본은 한 걸음 더 나아갔어. 순종을 협박해 새 조약을 체결한 거야. 바로 제3차 한일협약이야. 물론 이번에도 친일파 대신들이 고종의 허가도 받지 않고 서명했어 정미7조약 또는 한일신협약, 1907년 7월.

"통감이 대한제국의 모든 정치를 담당한다. 이를 위해 일본인 차관을 두도록 한다."

차관 정치를 한다는 뜻이야. 이제 대한제국의 정부는 있으나 마나한 정부가 돼 버렸어. 통감과 일본인 차관이 모든 정치를 하게 됐잖아? 일본은 나아가 후속 조치를 통해 대한제국의 손과 팔을 모두 잘라 버렸어.

신문지법을 제정해 언론을 탄압했고, 보안법을 만들어 집회도 못하게 했어. 경찰권은 차관에게 주어졌어. 뿐만 아니야. 경제 침탈을 본격화하기 위해 동양척식회사를 세웠어 1908년. 마지막 남은 대한제국의 조직. 바로 군대와 사법부까지 없애 버렸어 기유각서, 1909년 7월.

이러니 민중의 속이 타들어 가는 게 당연해. 이번에도 민중은 의병을 조직해 싸웠어. 을미의병, 을사의병에 이어 세 번째 의병이야. 바로 정미의병이지. 이 정미의병에는 특징이 있어. 군대가 해산됐지? 그러자 군인들이 의병에 가담했어. 의병이 마치 군대처럼 조직적으로 움직이기 시작했어. 전국적으로 거의 전쟁에 가까운 투쟁이 이뤄졌지.

하지만 장기전에서 일본을 이길 수는 없었어. 일본은 남한대토벌작전을 펼쳤어 1909년 9월. 이때 의병 대부분이 무너졌지. 남은 의병은 간도를 포함해 만주 지역으로 이동하기 시작했어. 그들이 훗날 독립운동의 주역이 된단다.

국내에서만 의병이 일어난 게 아니야. 러시아 하얼빈에서는 더 통쾌한 의거가 있었어. 바로 민족 영웅 안중근의 활약이 펼쳐졌어. 초대 통감이었던 이토 히로부미가 한반도 문제를 러시아와 논의하기 위해 이곳을 찾았는데, 그를 저격하는 데 성공했어 1909년 10월.

신민회와 같은 애국단체는 만주 지역에 독립운동기지를 만들기 위해 준비하고 있었어. 이게 무슨 뜻이겠니? 일본이 한국을 강제로 병합할 날이 머지않았다는 것을 국내의 민족지도자들도 깨닫고 있었다는 뜻이야.

정말로 그랬어. 경술년. 결국, 일본은 대한제국을 강제로 병합하고야 말았어. 우리 민족에겐 치욕의 날. 그래서 이날을 우리는 경술국치라고 부르지 1910년 8월 29일. 아 참, 한 가지 꼭 알아둬야 할 게 있어. 을사조약이 그랬듯, 이 한일합방조약에도 순종은 서명하지 않았어. 친일파 대신들이 서명했지. 그러니 이 조약 자체가 무효야!

이제 우리 민족은 긴 암흑의 역사로 접어들었어. 하지만 그저 손을 놓고 하늘만 바라본 것은 아니야. 우리 민족의 끊임없는 투쟁. 그 역사를 생생히 기억해야 해.

28 근현대 시대

3·1운동

일제 무단통치에 온몸으로 저항하다

1910년 8월 29일~1945년 8월 15일. 만으로 35년의 일제 강점기. 이 기간 전체가 우리에겐 악몽이나 다름없어. 그렇다 하더라도 시기별로 일제 식민통치는 약간씩 달랐어. 따라서 어떤 식으로 일제 식민통치가 이뤄졌으며, 그에 대응해 우리 민족은 어떤 저항을 했는지를 이해하는 게 핵심이야. 이를 위해 35년의 기간을 시간의 흐름에 맞춰 한꺼번에 살펴볼 거야. 크게 세 단계로 식민통치의 시기를 나눠볼까?

첫째, 1910년대의 무단통치 시대야. 말 그대로 무자비한 통치를 했어. 이 무단통치는 3·1운동을 계기로 바뀌게 돼. 그것이 두 번째인 1920년대의 문화통치야. 엄밀하게 말하면 문화적이라기보다는 회유통치라고 할 수 있지.

이런 분위기는 일제가 만주사변을 일으킨 1931년부터 확 바뀌게 돼. 다시 우리 민족을 억압하는 정도를 넘어 민족 자체를 없애려는 수준으로 악화되지. 이 세 번째 단계가 민족말살통치야.

일본은 대한제국의 국권을 강탈한 후 식민통치기관을 만들었어. 그게 바로 조선총독부야. 이 조선총독부가 식민통치 기간, 정부 역할을 한 셈이지. 물론 일본을 위한 정부였지만. 자, 1910년대부터 다시 하나씩 살펴볼까?

칼을 찬 헌병경찰이 거리를 활보하고 있어. 헌병경찰은 일반 경찰과 달리 즉결 처분권을 갖고 있었어. 범죄를 저질렀다면 바로 처벌할 수 있다는 뜻이야. 무시무시하지?

조선총독부는 대한국인에 한해 매질로 처벌하는 태형을 허용했어. 근대로 진입한 지가 언젠데, 아직 이런 야만스런 형벌을…. 나아가 한국인에겐 언론, 출판, 집회, 결사의 자유를 빼앗았어.

일본의 폭력적 식민통치는 여기에서 그치지 않았어. 일본은 한국 경제를 착취하고, 우리 민족자본의 성장을 억제하며, 일본인의 경제적 이익을 증대시키기 위해 별의별 수를 다 썼어.

우선 토지조사사업1910~1918년을 벌였어. 일제가 밝힌 이 사업의 목적은 토지제도를 근대화하는 것이었어. 하지만 진짜 목적은 다른 데 있었어.

첫째, 토지 소유관계를 명확히 해야 세금 걷기가 쉬워져. 그래야 농촌을 더 착취할 수 있지. 둘째, 전국 토지 현황을 조사하다 보면 기간 내에 신고하지 않은 토지가 생기는데, 그런 토지를 집어삼키려는 목적이었어. 이런 토지들은 일본인 지주와 동양척식주식회사에 헐값으로 넘어갔단다.

이 토지조사사업의 결과 한국 농촌은 완전히 피폐해졌어. 그나마 가지고 있던 작은 밭떼기를 잃은 농부도 많았어. 그들은 친일파 지주의 땅을 소작하거나, 아니면 산으로 도망가 화전을 일궈야 하는 신세가 됐어. 이때 간도 지방으로 떠난 농민도 많았단다.

일제는 이와 함께 회사령도 만들었어 1910년 12월. 회사를 만들려면 반드시 조선총독부의 허가를 받으라는 내용이야. 생각해 봐. 우리 민족 기업가가 회사를 만들겠다고 할 때 조선총독부가 선뜻 '그래라' 할까? 그랬다가 큰 기업으로 성장하면? 당연히 회사를 못 만들게 할 거야.

반면 일본 기업들은 속속 한국으로 들어와 지점을 만들고 있었어. 총독부의 지원을 받는 일본 기업과 제대로 토대도 갖추지 못한 한국 기업이 경쟁할 수나 있을까? 이제 회사령을 만든 일본의 속내를 알겠지? 바로 한국의 산업 기반을 말살시키는 것이야!

교육은 백년지대계라 했어. 미래를 위한 투자라고도 하지. 그만큼 중요하기 때문이야. 그러니 일본이 교육 분야에 손을 안 댈 리가 없겠지? 정말 그랬어. 조선총독부는 30개 조로 구성된 법령을 공포했어 제1차 조선교육령, 1911년.

"전 근대적 교육기관인 서당은 폐쇄한다. 8세가 되면 보통학교에 다니도록 하라. 보통학교는 4년제로 한다. 보통학교를 졸업하면 고등보통학교 고보로 진학할 수 있다. 하지만 대학이나 사립학교 설립은 허용하지 않는다. 배움을 더 원한다면 의학, 공업 등 기술을 다루는 전문학교에 가라."

이 1차 교육령을 요약하자면 "식민지 백성이니 낮은 수준의 교육만 받아라!"였어. 철학이나 사상을 공부하는 고등 교육기관은 허용하지

259

않았지. 왜 그랬을까? 인문과학을 공부하면 일제에 저항하는 민족지도자가 늘어날 것이란 걱정 때문이었어.

아무리 봐도 한국의 아이를 위한 내용은 없어. 이게 전부가 아니야. 교사들이 칼을 차고 교실에서 수업했어! 물론 일본어 공부를 강요했지. 이 1차 교육령을 통해 일본이 노린 게 뭘까? 그건 바로 식민 지배를 원활하게 하기 위한 교육 시스템이었어.

여기까지가 살벌한 1910년대 무단통치 시대의 일본 식민 정책이야. 그렇다면 우리는 어떻게 저항했을까?

1910년대는 일제가 무자비하게 식민통치를 하던 때야. 그러니 국내에서 독립 투쟁을 한다는 게 쉽지 않겠지. 이 무렵에는 주로 해외로 빠져나가 향후 독립운동의 방향을 모색했단다.

대표적인 단체가 바로 신민회야. 앞에서 얘기했듯이 신민회는 경술국치 1년 전부터 미국, 러시아, 만주 등으로 진출을 모색하고 있었어. 왜? 그곳을 독립운동 기지로 삼으려고! 이 신민회는 일제가 조작한 105인 사건의 여파로 결국, 해체되고 말았어 1911년.

해외로 나간 신민회 회원 중 꼭 살펴봐야 할 사람이 이회영이야. 그에게는 5명의 형과 동생이 있었어. 모두 6형제였는데, 그 가족들이 한꺼번에 모여 재산을 정리하고 만주로 이주했어. 정말 대단하지? 독립 투쟁을 위해 모든 부귀영화를 버린 거야! 이회영의 동생 중 한 명인 이시영은 훗날 대한민국의 초대 부통령이 된단다.

이회영이 만주에서 만든 독립운동 단체가 경학사야 1911년. 경학사 회원들은 공동생활을 했어. 황무지도 함께 개간하고, 군사 훈련도 함께했지. 이 경학사가 운영한 군사훈련 기관이 신흥강습소인데, 얼마

지나지 않아 신흥무관학교로 이름을 바꾼단다.

척박한 만주에서 독립운동을 하는 건 쉽지 않았어. 전 재산을 팔았다지만, 그 돈도 1년이 지나자 바닥을 드러냈어. 엎친 데 덮친 격으로 흉년이 닥쳤어. 일본의 압력을 받은 중국 정부는 경학사를 탄압했어. 결국, 경학사는 해체되고 말았어.

오늘날의 러시아 블라디보스토크에 해당하는 연해주에도 독립운동 기지가 들어섰어. 이곳의 독립운동을 총지휘한 인물은 네덜란드 헤이그 만국평화회의에 파견됐던 이상설이야. 그는 일을 권하는 모임이란 뜻의 권업회를 만들었고 1911년, 곧 이를 확대해 대한광복군 정부를 세웠어 1914년. 이 단체는 말 그대로 정부의 역할을 하려 했어. 별도의 군대도 양성했지. 하지만 이 대한광복군 정부도 일제의 눈치를 보던 러시아 정부에 의해 얼마 후 해산되고 말았단다.

미국으로 건너간 민족지도자도 있었어. 바로 안창호야. 안창호는 미국 샌프란시스코에서 흥사단을 출범시켰단다 1913년. 그는 일제로부터 독립하기 위해 실력을 키워야 한다고 주장했어.

제1차 세계대전이 끝나기 얼마 전, 미국의 윌슨 대통령이 민족자결주의를 제창했어 1918년. 민족자결주의는, 모든 민족은 자신의 운명을 스스로 결정할 수 있다는 이념이야. 전 세계의 식민지 백성은 이 이념에 크게 고무됐어.

우리 민족에게도 민족자결주의는 큰 희망으로 여겨졌어. 무단통치의 살벌한 시대를 살아가고 있잖아? 먼저 해외에서 독립 선언 움직임이 나타나기 시작했어.

중국 상하이에 있던 신한청년당은 제1차 세계대전이 끝난 후 파리에서 열린 강화회의에 대표단을 파견했어 1919년 2월. 왜? 독립의 필요성을 국제사회에 알리기 위해서였어.

같은 달, 만주 지린성에서도 민족지도자들의 독립선언이 나왔어. 이게 대한독립선언 무오독립선언 이야. 39명의 민족지도자는 국권을 빼앗긴 후 처음으로 독립을 선언하면서 독립군이 총궐기할 것을 촉구했어.

역시 같은 달, 일본 도쿄 유학생 600여 명도 독립선언을 했어. 이게 2.8 독립선언이야. 이 선언을 시작으로 한 달 내내 유학생들은 시위를 벌였지.

해외의 독립선언 소식이 속속 국내로 전해졌어. 국내의 민족지도자들도 독립선언을 준비하기 시작했어. 천도교와 기독교, 불교 등 주로 종교 지도자들이 거사를 주도했어.

애초 거사 일은 고종의 인산일 장례일 인 3월 3일이었지만 중간에 정보가 새는 바람에 3월 1일로 앞당겼어. 독립선언을 할 장소는 탑골공원으로 정했어. 근데 문제가 생겼어. 참가자가 많을 텐데 일본 경찰과 충돌하면? 피해자가 속출할 거야. 민족지도자들은 이 점을 우려해 태화관이란 음식점으로 장소를 바꿨어. 그곳에서 조용히 독립선언을 하기로 한 거야.

3월 1일 오후 2시가 됐어. 장소가 변경된 사실을 모르는 학생 1천여 명이 탑골 공원에서 기다리고 있었어. 몇 분을 기다렸지만, 민족지도자들이 나타나지 않았어. 일본 경찰의 눈이 있는데, 언제까지 기다리고만 있을 수는 없어. 결국, 학생들은 자발적으로 독립선언서를 낭독했어.

"조선이 독립국이며 조선인이 자주민이란 사실을 선언한다. 우리의 독립선언은 하늘의 명령이며 민족자결주의라는 현시대 흐름에 맞다. 천하의 그 무엇도 우리의 독립 선언을 막을 수 없다.”

학생들은 ‘대한독립만세’를 외치며 거리시위를 벌였어. 시민이 가세하면서 시위대는 수십만 명으로 늘어났어. 출동한 일본 경찰은 폭력 진압에 나섰어. 하지만 일단 불이 붙은 만세 운동을 끌 수는 없었어. 맞아. 범민족적으로 일어난 항일투쟁인 3·1운동이 시작된 거야.

총독부는 학생들이 시위를 못 하게 학교를 닫아버렸어. 그러자 학생들은 고향으로 내려가 만세 운동을 이어나갔어. 이를테면 이화학당에 다니던 유관순은 충남 천안으로 내려가 아우내 장터에서 만세 운동을 이끌었어. 그는 시위를 주도한 혐의로 서대문형무소에 투옥됐어. 그러다가 고문 후유증으로 숨지고 말았지.

일제는 만세 운동을 벌인 민중을 교회에 가두고 불을 지르는 만행을 저지르기도 했어 제암리 학살. 이처럼 일제가 살인진압을 하자 시간이 지나면서 3·1운동이 격렬해지는 양상을 보였어. 일부 지역에서는 경찰서를 습격하거나 불을 지르기도 했지.

3·1운동은 5월까지 계속됐어. 이 기간 일어난 만세 운동은 약 1500여 회. 참여한 인원만 200만 명이 넘어. 그야말로 한국의 모든 민중이 스스로 일어난 항일투쟁인 셈이야. 같은 기간 7500명 이상이 사망했고, 5만 명에 가까운 사람들이 구속됐어. 많은 희생이 따랐다는 이야기야. 아 참, 이 운동의 여파로 만주나 미국 등 해외의 교민들이 독립을 선언하기도 했단다.

한편 민족지도자들은 어떻게 됐을까? 그들은 태화관에 모여 민족대표란 이름으로 독립선언서를 낭독했어. 그리고는 경찰에 전화를 걸어 자수했단다. 민족대표라는 이름에 어울리지 않는 싱거운 결말이지?

263

마지막으로 하나 더. 3·1운동은 인근 중국과 인도에도 큰 영향을 미쳤어. 중국의 5.4운동이나 인도의 반영투쟁이 3·1운동의 영향을 받은 거란다.

임시정부와 청산리 전투

해외에서
문화통치 시대를 저격하다

"앗, 뜨거워라!" "한국 사람들, 화나니까 무섭네!"

3·1운동이 일어나자 일본은 당황했어. 밀어붙이기만 하면 한국 사람들은 닥치고 있을 줄 알았는데…. 일본은 무단통치 체제를 유지할 수 없다는 걸 깨달았어. 그랬다가는 더 큰 저항에 부닥칠 수 있으니까.

3·1운동 이후 새로 임명된 조선 총독은 "한국 문화를 존중하고 한국인의 뜻을 충실히 받아들이겠다!"고 선언했어. 이에 따라 도입된 식민 통치가 바로 문화통치 1919~1931년야. 우선 정책이 어떻게 변했는지 살펴볼까?

"헌병경찰 제도를 보통경찰 제도로 전환한다. 앞으로는 군인 출신만 임명되던 조선 총독의 자리에 문관 출신도 임명할 것을 일본 정부가 약속했다. 언론, 출판, 집회, 결사의 자유를 허용하겠다. 당연히 한국인도 신문을 만들 수 있다. 또한, 한국인 중에서 관리를 많이 뽑을 것이며 일본인 관리와 동등한 대우를 하겠다. 교육의 기회도 늘리겠다."

오, 놀라운 변화야. 정말로 일본이 개과천선해서 문화적으로 한국을 통치하려는 것일까? 천만에! 그 속내를 들여다보면 모두 거짓이란 사실을 알 수 있어. 그래, 말로만 문화통치야! 그저 입에 발린 미사여구지. 실제로는 '회유통치'였어. 본질을 볼까?

첫째, 헌병경찰 제도가 폐지된 것은 맞아. 그 대신 경찰 수는 두 배로 늘었고, 더 악독한 고등경찰 제도가 새로 시행됐어. 문관 출신 총독? 해방을 맞을 때까지 단 한 번도 문관 총독이 임명되지 않았어.

둘째, 우리말 신문을 허용한 것도 사실이야. 덕분에 〈동아일보〉와 〈조선일보〉가 창간됐어 1920년. 하지만 기사 검열이 아주 심했어. 맘에 들지 않는 기사는 빼라고 닦달했지. 이런 게 무슨 언론 자유야? 게다가 일제는 언론과 일부 단체를 동원해 일본의 식민 지배를 정당화하는 공작을 펼치겠다는 꿍꿍이를 갖고 있었어.

셋째, 집회 자유를 허용했다고? 물론 집회는 열 수 있었어. 다만 누가 집회를 여는지 경찰이 다 파악해놓고, 일거수일투족을 감시했어. 나아가 독립운동가라는 의심이 들면 여지없이 체포할 수 있는 법도 만들었어. 바로 치안유지법 1925년인데, 일제는 툭하면 이 법을 적용해 사람들을 잡아들였단다.

넷째, 한국인도 관리가 될 수 있다고? 물론 친일파라면 가능한 일이야. 일제는 민족지도자들에게 접근해 "고위직을 주겠다. 우리와 손을 잡자!"라고 유혹하기까지 했단다. 실제로 일부 민족지도자들은 이 회유에 넘어가 친일파로 변하기도 했어.

다섯째, 교육 기회를 늘린 것도 사실이야. 제2차 조선교육령 1922년을 통해 보통학교 수업연한을 4년에서 일본과 똑같은 6년으로 늘렸거든. 게다가 한국인도 대학을 설립할 수 있도록 했어. 이것이야말로 큰 변화야. 1차 교육령에서는 한국인의 고등교육을 금지했었거든.

하지만 일제는 막상 우리 민족지도자들이 민립대학 사립대학 설립운동을 벌이자 온갖 수단을 동원해 방해했어. 민족정신이 살아날까 봐 걱정된 거야. 일제는 직접 경성제국대학 1924년을 세우고는 이렇게 말했어. "대학이 있으니 이젠 됐지? 대학 설립운동 그만해!"

1920년대로 들어오면서 한국 경제에 큰 타격을 가한 또 하나의 식민 사업이 추진됐어. 바로 산미증식계획이야. 이 사업은 총 2차에 걸쳐 추진됐어 1920~1925년, 1926~1934년.

이 사업은 국내에서 쌀 생산량을 늘려 그중 일부를 일본에 보내는 거야. 이를 위해 농지도 정비하고, 황무지도 개간했어. 농업 설비도 새로 바꼈지. 일본이 왜 이 사업을 벌였을까? 한국의 농촌 경제를 살리기 위해 그랬을 리는 없잖아?

이 무렵 일본에선 공업이 급속도로 발전하고 있었어. 그러다 보니 농촌 인구가 줄었고, 덩달아 쌀이 부족해졌어. 그 부족해진 쌀을 한반도에서 충당하려고 이 사업을 벌인 거지.

여러 노력을 했으니 쌀 생산량이 늘긴 했어. 하지만 아주 비약적으로 늘어나지는 않았어. 그런데도 일본은 애초 계획에 맞춰 쌀을 일본으로 보냈어. 국내 농민은 아랑곳하지도 않고!

그 결과 국내에 쌀이 부족해졌어. 그러니 쌀값은 천정부지로 치솟았어. 가난한 일반 농민들은 쌀로 밥을 지어먹는 것조차 불가능해졌어. 그래도 먹고 살아야지? 일제는 만주에서 잡곡을 수입해 농민들에게 먹으라고 줬어. 열심히 농사지었건만 불량 잡곡으로 끼니를 때워야 한다니. 정말 어처구니가 없어.

훗날 일본의 농민들이 이 사업을 반대했어. 얼마나 헐값에 쌀을 가져갔으면 일본 상인들이 "일본 농업 죽는다!"며 반대했겠니?

이제 1920년대, 우리 민족의 저항을 살펴볼 차례야. 가장 두드러진 점은 문화통치 분위기를 타서 국내외에서 독립운동이 활발했다는 거야. 먼저 국내 상황을 보고, 이어 외국 상황을 살펴보는 게 좋을 것 같아. 우선 대한민국 임시정부부터 살펴볼게.

독립 운동가들은 3·1운동을 치르면서 우리 민족을 대표할 기구가 필요하다고 생각했어. 평화적 시위만으로는 독립을 쟁취할 수 없다는 사실을 깨달은 거야. 여러 곳에서 임시정부가 잇달아 수립됐어.

가장 먼저 러시아 블라디보스토크에서 대한민국의회가 출범했어 1919년 3월. 손병희가 대통령, 이승만이 국무총리에 선출됐어. 서울에서도 한성정부가 출범했어 4월. 집정관에 이승만, 국무총리에 이동휘가 선출됐지. 같은 달, 중국 상하이에서도 임시정부가 출범했어.

의욕은 좋지만, 임시정부가 이렇게 많아서야…. 어디가 진짜냐고 외국인이 물을 수도 있어. 단합된 투쟁을 위해서도 합칠 필요가 있지. 독립 운동가들이 모여 이 점을 논의했어. 그 결과 상하이 임시정부로 합치기로 했어. 이렇게 해서 탄생한 것이 바로 대한민국 임시정부야.

대한민국 임시정부는 민주공화제 정부를 표방했어. 입법부의정원, 행정부국무원, 사법부법원 등 삼권분립 이념을 도입했지. 처음에는 대통령제를 채택했어. 이승만이 대통령에 선출됐고, 이동휘가 국무총리에 선출됐어.

임시정부는 연통제, 교통국, 구미위원부를 설치해 국내외 동포들과 연락을 취했어. 또한, 공채를 발행해 독립운동 자금을 모집한다는 계획도 세웠어. 중국, 미국 등에 사람을 파견해 독립을 호소하는 외교전도 적극 펼쳤어. 물론 큰 성과는 없었지만 말이야.

임시정부는 큰 위기에 처했어. 일제의 탄압이 심해지면서 연통제와 교통국은 거의 와해해 버렸어. 별 성과가 없는 외교전에 의존하다 보니 만주 지역의 독립군과도 연결이 끊어져 버렸어. 게다가 자금까지 바닥이 났어. 결국, 임시정부를 개혁해야 한다는 목소리가 커졌어. 임시정부는 각지의 독립운동단체 대표들이 참여하는 국민대표 회의 1923년를 개최했어. 예상했던 대로 치열한 토론이 벌어졌어.

"지금까지 너무 외교전에만 치우쳤습니다. 심지어 과거 1919년, 우리 나라를 위임 통치해 달라는 청원서를 미국에 낸 사람 이승만이 대통령이잖습니까? 이런 임시정부로는 독립을 쟁취할 수 없습니다. 무장투쟁을 적극 펼치는 새로운 조직이 필요합니다." 창조파

"물론 투쟁 방법에 대해서는 다양한 의견이 있을 겁니다. 하지만 우리에겐 대의명분도 중요합니다. 우리 민족을 대표하는 임시정부를 어렵게 세웠는데, 문제가 있다면 개혁을 하면 됩니다. 새로운 기구나 조직을 만드는 것만이 능사가 아닙니다." 개조파

이 국민대표 회의 이후 무장투쟁을 주장했던 많은 독립 운동가들이 임시정부를 떠났어. 설상가상. 이번엔 대통령 이승만의 위임통치 청원 전력이 문제가 됐어. 임시정부의 많은 인사가 "이승만이 독재하려 한다!"며 비판했어. 결국, 임시정부가 그를 탄핵했어. 대통령 자리에서 쫓아낸 거야 1925년. 임시정부는 그 후 대통령제를 폐지해버렸어.

이런 위기를 넘기면서 임시정부는 묵묵히 독립을 위해 일했어. 일

제의 탄압을 피해 훗날 광복을 맞을 때까지 무려 6회나 청사를 옮겨야 했어. 지금은 혼란스럽지만 1930년대로 들어서면 달라진 모습을 보여 줄 거야. 임시정부의 활약은 조금 있다가 다시 살펴볼게.

평양에서였어. 민족지도자 조만식을 중심으로 우리 토산품을 애용하자는 운동이 시작되었어1920년 7월.

이 운동은 일제의 탄압 속에서 서서히 확산됐어. 한국인들의 경제의식을 일깨우는 계기가 됐어. 이 운동을 더욱 확대해야 한다는 목소리가 나왔어. 그 결과 서울에 '조선물산장려회'를 열게 됐어.

"내 살림 내 것으로! 조선 사람이 짠 것을 입고, 조선 사람이 만든 것을 먹을 것이며, 조선 사람이 지은 것을 씁시다!"

이렇게 해서 시작된 것이 물산장려운동이야1923년. 토산품을 애용하자는 운동이 결국에는 국산품을 쓰자는 운동으로 발전한 셈이지. 이 운동에 참여하는 사람들의 자세를 볼까?

"남자는 무명베 두루마기, 여자는 무명치마를 입는다. 설탕과 소금 등 일부를 빼고는 모두 우리 음식물만 산다. 부득이하게 외국 물건을 산다면 최대한 절약한다."

이 운동은 큰 호응을 얻었어. 국산 제품이 없어서 못 팔만큼 품귀 현상을 빚기도 했단다. 하지만 안타깝게도 결국에는 실패로 돌아갔어. 무엇보다 일제의 탄압이 심했기 때문이야. 하나 덧붙이자면 사회주의자들의 비판도 이 운동이 실패한 원인 중 하나야. 그들의 비판도 들어볼까?1920년대 들어 사회주의가 지식인들 사이에 급속도로 확산됐다.

"누구를 위한 국산품 장려운동인가? 민족기업은 전혀 성장하지 않고 있다. 이 운동으로 일부 상인과 친일 기업가만 돈을 벌고 있다. 오

히려 물가만 크게 올라 민중의 삶만 더 힘들어지고 있다. 중단해야 한
다."

이 주장이 완전히 틀린 것은 아니야. 그래도 이 물산장려운동이 경
제 자립을 위한 한국 민중의 애국운동이었다는 점을 잊어서는 안 돼.

두 번째 기억할 운동. 비슷한 시기에 진행된 민립대학 설립운동
1923년이야. 일제가 문화통치를 표방하면서 제2차 조선교육령을 발표
했지? 우리 손으로 대학을 설립할 수 있다는 조항이 들어있었지?

1920년대 들어 독립 운동가들은 우파의 민족주의 진영과 좌파의
사회주의 진영으로 나뉘었어. 이 중 민족주의 진영은 독립을 쟁취하려
면 민족의 힘을 키워야 한다고 주장했어. 이를 실력양성운동이라고 하
는데, 물산장려운동이나 민립대학 설립운동이 대표적이야.

"조선인의 힘으로 대학을 세우자! 1천만 조선인이 1인당 1원씩 내
자!"

1천만 원이면 대학을 세울 수 있었어. 민족 지도자들은 3년이면 1
천만 원을 모집할 수 있을 거라 생각했지. 첫해에 400만 원이 모였어.
가능할 것도 같지? 하지만 2년 차부터는 성금이 잘 거둬지지 않았어.
백성이 낼 돈이 없었던 거야! 게다가 수해와 가뭄이 겹쳐 경제 상황은
더 나빠졌어.

이런 상황에서 일본이 떡하니 "경성제국대학을 만들겠다!"고 선언
했어. 결국, 이 운동도 유야무야 끝나고 말았단다.

셋째는 6·10만세 운동이야1926년. 순종의 인산일에 맞춰 3·1운동과
같은 거족적인 만세운동을 계획했지. 종교 지도자, 학생, 사회주의자
들이 주축이 됐어.

하지만 이 운동은 전국으로 확산되지 못했어. 일제 경찰이 미리 대

비해놓았기 때문이야. 그 대신 이 6·10운동이 계기가 돼 민족주의 진영과 사회주의 진영이 한자리에 모여 머리를 맞대기 시작했어. 그 결과 사상 최초로 좌우 진영을 망라한 유일당이 탄생했어. 바로 신간회야 1927년.

1920년대 들어 민족주의 진영은 여러 실력 양성운동을 벌였어. 하지만 대체로 큰 성과를 거두지는 못했어. 그러다 보니 민족주의 진영이 둘로 나뉘었어. 한쪽은 일본과 타협해 민족자치를 얻어내자고 주장했어 자치주의. 일제와 타협할 수 없다는 민족주의자들은 그런 개량주의자를 용납할 수 없었어.

사회주의 진영도 힘들기는 마찬가지였어. 일제가 치안유지법을 만들어 대대적으로 사회주의자를 검거했기 때문이야. 사회주의자들은 합법적으로 활동할 무대가 필요했어. 결국, 비타협적 민족주의자와 사회주의자들이 손을 잡았어. 그렇게 해서 신간회가 탄생한 거란다. 초대 회장에는 민족주의 진영의 이상재가 선출됐어.

신간회는 빠른 속도로 세력을 키웠어. 전국에 지회를 세웠고, 회원 수도 급증했지. 일제는 그런 신간회가 두려웠어. 어떻게든 해체하려 했어. 빌미를 잡기 위해 혈안이 됐지. 이 무렵 우리 민족의 거족적인 투쟁이 다시 일어난단다. 그 투쟁은 광주에서 시작됐어.

10월 말이었어. 광주와 나주를 오가는 통학열차에서 일본 학생이 한국 여학생을 희롱했어. 두 나라 남학생들 사이에 시비가 붙었고, 곧 패싸움으로 번졌어. 경찰? 당연히 일본 학생 편을 들었지.

11월 3일, 한국 학생들이 이에 항의하며 시위를 벌였어. 일본은 학생들을 체포하고, 광주에 휴교령을 선포했어. 부당한 억압! 시위는 처음에는 전라도, 나중에는 한반도 전역으로 확산됐어. 이 운동이 3·1운동에 버금가는 광주학생항일운동이란다 1929년.

이 항일운동에 신간회가 뛰어들었어. 조사단을 파견하고, 학생 투쟁 본부를 가동시켰어. 덕분에 항일운동은 활기를 띠었어.

"식민지 교육을 철폐하라! 인문사회과학과 민족문화 공부를 허용하라! 언론, 출판, 집회, 결사의 자유를 보장하라!"

이듬해 1월까지 194개 학교, 5만 4천여 명의 학생이 이 항일투쟁에 참여했단다. 일제는 580여 명을 퇴학시키고 2330여 명을 무기 정학시켰어. 이로써 광주학생항일운동은 끝이 났어.

더불어 신간회도 해체의 길을 밟았어. 첫째는 일본의 탄압이 너무 심해져서야. 신간회가 광주학생항일운동과 관련해 민중대회를 열려 했지만, 일제는 오히려 핵심구성원 40여 명을 체포해버렸어.

둘째는 내부의 이념대립이 커졌기 때문이야. 사회주의 진영은 "민족주의 진영이 개량주의를 닮아가고 있다!"며 비판했어. 결국, 신간회는 1930년대 들어서자마자 스스로 해체를 선언한단다 1931년 5월.

여기까지 1920년대의 국내 투쟁에 대해 살펴봤어. 해외는 어떤 상황이었을까? 이미 살펴본 대한민국 임시정부를 제외한 나머지 이야기를 해줄게. 자, 만주로!

3·1운동이 실패로 돌아갔어. 우리 정부가 필요하다는 인식으로 대한민국 임시정부가 탄생했어. 또 다른 독립 운동가들은 이렇게 생각했어.

"평화적 시위만으로 독립을 쟁취할 수 없다. 무장투쟁을 해야 한다!"

이들은 중국 만주 등으로 망명해 무장 독립단체를 만들었어. 1919~1920년에 수많은 독립단체가 시동을 걸었지. 북만주에는 대한

독립군홍범도과 북로군정서김좌진, 남만주에는 서로군정서이상룡과 지청천와 대한독립단, 대한독립청년단, 광복군사령부 등이 있었어.

1920년대 만주 독립군의 투쟁사는 정말 기가 막혀. 성공과 실패, 위기의 롤러코스터를 몇 번이나 타야 했어. 기막힌 투쟁사의 시작은 북만주의 대한독립군에서 시작해.

대한독립군을 이끌고 있는 홍범도가 함경북도의 일본 순찰소를 공격했어. 화가 난 일본군이 반격했지만, 오히려 된통 당했어. 이 싸움이 봉오동 전투야1920년 6월.

그렇잖아도 3·1운동 이후 만주 지역의 독립군이 늘어나 일본은 골머리를 앓고 있었어. 이참에 대대적인 토벌 작전을 펼치기로 했지. 아주 얍삽한 방법으로!

일본은 중국 마적을 꼬드겨 훈춘의 일본 공사관을 불태우도록 했어. 왜? 독립군의 소행이라고 몰아붙일 수 있잖아! 그러면 토벌 작전을 수행할 명분이 생겨! 중국 마적단은 일본과의 약속대로 훈춘을 습격했어훈춘 사건, 1920년 10월.

시나리오대로! 일본이 대대적 토벌 작전에 돌입했어. 하지만 독립군이 그냥 당하고만 있겠어? 특유의 게릴라전으로 맞섰어. 먼저 김좌진의 북로군정서가 백운평에서 일본군을 격파했어. 곧 홍범도도 대한독립군을 이끌고 이 전투에 합류했어. 전투가 더 커진 느낌이지?

독립군은 치고 빠지면서 일본군을 산으로 유인했어. 마침내 대대적인 전면전! 이 전투에서 독립군은 대승을 거뒀어. 물론 최종 승자는 독립군이었지. 이 전투에서 일본군은 무기와 병력에서 독립군을 압도했지만, 사상자는 독립군의 3배에 이르렀단다. 이게 청산리 전투야! 1920년대의 여러 무장 투쟁 가운데 가장 눈부신 업적을 이룬 '작품'이지.

일본군은 자존심이 상한 것을 넘어 모멸감을 느꼈어. 비열한 보복을 하기 시작했어. 누구에게? 바로 간도에 사는 한국인에게! 일본군은 무려 3만여 명의 한국인을 학살했단다 간도참변. 인간의 탈을 쓰고 어떻게 그럴 수 있지?

독립군도 충격을 받았어. 동포들이 아무런 죄 없이 죽임을 당했잖아? 게다가 약이 오른 일본군의 토벌 작전은 더욱 심해지고 있었어. 결국, 북로군정서와 대한독립군 등 여러 단체는 더 북쪽으로 일단 피하기로 했어.

그들은 얼마 후 소련과의 접경지대, 밀산부 한흥동에 도착했어. 모두 모여 회의를 했어. 독립군이 살 길을 모색해야 하잖아? 토론은 길어졌어. 그 결과가 나왔어.

"독립군을 통합해 대한독립군단을 창립합니다. 서일을 총재, 김좌진과 홍범도 등을 부총재로 선임합니다."

이렇게 해서 총 부대원이 3500여 명에 이르는 대한독립군단이 창설됐어. 그들은 다시 행군을 시작했어. 이윽고 도착한 곳은 소련의 자유시 오늘날의 스바보드니, 자유란 뜻. 대한독립군단은 소련 정부와 협조해 여러 활동을 펼쳤어.

소련 정부가 돌변했어. 독립군의 무장을 해제하고 소련군대로 들어오라는 거야! 병사에게 총을 내려놓으라니! 외국 군대의 병사가 되라니! 어쩌다 이런 일이 벌어진 것일까? 사실 소련은 일본으로부터 연일 항의를 받고 있었어. 왜 한국의 독립군을 도와주느냐는 거야. 소련이 그 압력에 굴복한 셈이지.

우리의 독립군이 그 요구를 받아들이겠니? 절대 아니야. 결국, 소련과 우리 독립군이 총격전을 벌였어. 많은 사상자가 발생했고, 독립군은 무장해제를 당했어. 모멸감과 나라 잃은 설움! 마음에 입은 상처도 아주 컸어. 이 사건이 자유시 참변이야 1921년 6월.

이제 독립군들은 어디로 가야 할까? 어쩔 수 없었어. 처음 있던 자리로 돌아가는 수밖에. 그래, 만주로 돌아왔어. 독립군들은 다시 조직을 가다듬기 시작했어.

자유시 참변에서 살아 돌아온 독립군은 북만주에 신민부를 만들었어. 대한민국 임시정부는 남만주에 직할부대인 참의부를 만들었고, 신민부와 참의부 사이의 지역에서는 정의부가 활동을 시작했어. 신민부, 참의부, 정의부를 통틀어 '3부'라고 불러 1923~1925년.

3부는 단순히 무장투쟁만 했던 단체는 아니었어. 작은 정부처럼 일종의 자치행정을 했단다. 하지만 세 단체의 이념은 서로 달랐어. 가령 신민부는 사회주의자가 많았고, 참의부는 민족주의자가 많았지.

여기서 잠깐. 1920년대 중반 이후의 국내 상황을 떠올려봐. 좌우 이념을 따지지 않고, '민족유일당'을 만들자는 운동이 활발했었지? 그 결과 탄생한 게 신간회였어. 해외에서도 마찬가지였어. 독립 단체들을 하나로 통합하자는 운동이 불기 시작했어.

결과가 아주 좋지는 않았어. 일제의 탄압이 심했던 것도 원인이지만, 이념의 차이를 극복하지 못한 것도 큰 원인이었어. 결국, 국내와 달리 만주에서는 이 통합 작업이 성공을 거두지 못했어. 크게 북만주의 혁신의회 1928년 11월와 남만주의 국민부 1929년 4월로 통합하는 걸로 만족해야 했단다.

만주에서 세우긴 했지만 주로 국내에서 활동한 독립 단체도 있어. 바로 김원봉이 만든 의열단이야. 김원봉은 일제의 무자비한 폭력에는 폭력으로 맞서야 한다고 생각했어. 맹렬히 투쟁한다는 뜻의 비밀결사를 만들었는데, 그게 의열단이야1919년 11월.

의열단은 투쟁의 방법으로 '폭력'을 명시했어. 강령을 쓴 신채호도 이 점을 분명히 했어. "오로지 폭력으로 독립을 얻을 수 있다!"

이에 따라 의열단은 조선총독부를 비롯해 일본 시설과 일본 관리, 친일파를 제거하는 데 주력했어. 어? 이건 테러 아닌가? 아니야. 테러라고 해선 안 돼. 왜? 일제의 더 잔인한 폭력에 맞서 싸운 '정당한 폭력'이었기 때문이야.

1920년대부터 본격적인 활동이 시작됐어. 부산경찰서1920년, 조선총독부1921년, 종로경찰서1923년, 일본 도쿄 궁성1924년, 동양척식주식회사와 식산은행1926년에 잇달아 폭탄을 투척했지.

의열단의 '폭탄 투쟁'은 불발로 끝나는 경우가 많았어. 아직 폭탄의 성능이 뛰어나지도 않았고, 정밀하지도 않았기 때문이야. 그래도 일제의 간담을 서늘케 하기에는 충분했어!

1920년대를 마무리하기 전에 독립투사이자 역사가인 신채호와 박은식을 잠시 살펴보고 넘어갈게.

박은식은 3·1운동이 일어나기 전, 이미 우리의 아픈 역사를 담은 《한국통사》1915년를 쓴 바 있어. 그 뒤를 이어 《한국독립운동지혈사》1920년도 썼지. 박은식은 '혼'을 중히 여겼어.

박은식의 뒤를 이은 신채호는 대표작 중 하나인 《조선사연구초》1929년에서는 '낭가사상'을 강조했어. 여기에 실린 글 가운데 「조선역사상일천년래제일대사건」은 아주 유명해. 고려 중기의 묘청의 난을 재해석한 것인데, 묘청의 낭가사상이 김부식의 사대사상에 패한 것이 역사의 과오라고 했어. 이처럼 신채호는 사대주의 사관을 비판하고 민족주의 사관을 강하게 주장했단다.

이제 1920년대를 끝낼 시간이야. 참으로 많은 저항이 있었지? 그 저항은 1930년대에도 이어져. 더 격렬하게!

30 근현대 시대
윤봉길
의거

민족말살통치의
심장부에 폭탄을 던지다

일제가 드디어 만주를 침략했어. 만주사변이야 1931년. 만주를 장악한 일제는 만주국이란 허수아비 국가를 세운 뒤 중국 본토를 노렸어.

이 사건을 전후로 일본의 한국 식민통치 정책이 바뀌었어. 말로만 문화통치였던 회유통치에서 민족말살통치 1931~1945년로 전환한 거 야. 본격적으로 중국과 전쟁을 벌이기 시작했으니 한반도를 병참기지 군수물자를 보급하는 기지로 활용해야지?

우리 민족이 반발하면? 억압하면 돼! 원래 한국 민족이었다는 사실 조차 잊어버릴 정도로 호되게 몰아붙여. 일본과 한국은 원래 한 뿌리 였다고 역사도 왜곡하고! 가증스러운 일본의 민족말살통치 정책을 하 나씩 살펴볼까?

1930년대로 접어들면서 일제는 한반도의 남쪽에 대대적으로 면화를 재배했어. 북쪽에는 양을 사육했지. 다 이유가 있어. 일본의 공업을 발전시키기 위해 원료가 필요했는데, 그 원료를 한반도에서 조달하려는 거였어. 이를 남면북양 정책이라고 한단다.

만주사변이 터진 후에는 모든 체제를 전시체제로 돌려놨어. 한반도 북부에 군수공장을 세웠고, 부족해진 쌀을 확보하기 위해 다시 산미증식계획을 부활시키기도 했어.

일본은 결국, 중국 본토를 침략했어. 중일전쟁이 터진 거야1937년. 이때부터 상황은 더욱 악화됐어. 국가총동원법1938년을 만들어 사람이든 물자든 가리지 않고 걷어갔지. 한국인들은 국내외의 공장이나 탄광, 기지 건설 현장으로 강제로 끌려갔어징용, 1942년. 한국의 젊은이들을 총알받이로 삼기 위해 강제로 군대에 입대시켰어징병, 1943년. 심지어 여성들은 더 험악한 곳에 데려가 성 노리개로 삼았단다군대위안부는 그전부터 끌고 갔지만, 법을 만든 것은 1944년 무렵이야.

전쟁이 막바지에 이르렀을 때 물자 부족은 심각할 정도였어. 일제는 집집마다 돌아다니며 냄비며 놋그릇, 수저 같은 것을 모두 거둬들여 갔어. 이를 '공출'이라고 해. 쌀도 공출해갔어. 그 대신 식량은 배급했지.

이런 정책을 한국인들이 고분고분 따르겠니? 아니야. 당연히 반발했어. 그러자 일제가 우리 민족성을 파괴하려 했어. 어떻게? 우리 민족성을 말살하는 통치를 통해서!

"모든 한국인을 천황의 신민으로 만들겠다!"

1936년 부임한 새로운 총독의 선언이었어. 아예 한국인이란 생각을 머리에서 지우겠다는 뜻이야. 이를 위해 일본이 벌인 공작을 볼까?

일본인들이 참배하는 '신사'를 면 단위마다 설치해 모든 한국인에게 참배를 강요했어. 우리 신도 아닌, 일본 신에게 무조건 머리를 숙이라는 거야. 한국인도 천황에게 충성한다는 '황국신민서사'를 모든 행사에서, 심지어 학교 조회 때도 암송하도록 했어. 기가 막히지? 끝이 아니야.

"일본과 조선의 조상이 같다일선동조! 일본과 조선은 한몸이다내선일체! 한국인 이름과 성도 모두 일본어로창씨개명!"1938~1939년

미래의 주인공인 학생들을 상대로 세뇌교육을 시행했어. 바로 황국신민화 교육이야. 이를 위해 법을 또 바꿨어제3차 조선교육령, 1938년.

"학교에서 조선어 사용을 금한다. 학교의 모든 명칭은 일본식으로 바꾼다. 일본어와 일본사를 배운다. 황국신민서사를 꼭 암송하며 내선일체를 강조한다. 보통학교는 소학교라 부른다."

아주 노골적이지? 심지어 기독교 계열의 학교에도 신사참배를 강요했어. 성경을 가르치거나 예수 그리스도를 숭배하는 대신 천황만 떠받들라는 거야. 여기에 맞서면? 그런 학교는 폐쇄해버렸어.

일제는 이어 국민학교령1941년을 만들어 소학교의 명칭을 국민학교로 바꿨어. 그다음에는 제3차 조선교육령의 내용을 한층 더 억압적으로 강화한 제4차 조선교육령을 발표했어1943년.

마지막 발악이라는 느낌이 들지? 정말 그랬어. 일본은 끝까지 저항하다 미국이 히로시마와 나가사키에 원자폭탄을 투하하자 결국, 항복을 선언했어1945년 8월 15일. 그래, 우리 민족이 해방을 맞은 거야!

해방의 기쁨을 맛보는 것은 잠시 후로 미루고…. 1930~1945년의 항일 투쟁 역사를 살펴볼까?

국내 상황부터 보자면…. 사실 독립 투쟁이 아주 활발하지는 않았

어. 민족말살통치를 펼치는데, 무단통치 때보다 더 살벌한데, 어떻게 합법적인 투쟁이 가능하겠니? 그나마 민족주의자들이 '글'을 통해 항일운동을 했다는 점을 기억해 둬.

신채호는 1931년에 조선일보에 《조선상고사》를 연재했어. 단군 때부터 삼국시대까지의 이야기를 담았는데, 이 글을 통해 중국에 대한 '사대주의 사관', 일본의 '식민주의 사관'을 신랄하게 비판했단다. 이 글은 해방 후에 하나의 책으로 묶여 출간된단다. 이 책에 나온 유명한 문구 하나.

"역사는 아我와 비아非我의 투쟁이다!"

이처럼 목숨을 걸고 투쟁한 독립 운동가들도 많았지만, 정반대의 길로 간 사람들도 많았어. 우린 그들을 변절자라고 부르지. 이광수, 최남선, 주요한, 김활란, 모윤숙, 송진우, 최린, 윤치호…. 한때 민족지도자로서 국민의 지지와 존경을 받았던 인물들이야. 그렇지만 1940년을 전후해 이들은 자신의 영달을 위해 민족을 버렸어.

"웃으면서 아들과 남편을 전쟁터로 보내자!"

"천황폐하를 위해 총을 잡자!"

"기다리던 징병의 시간. 큰 감격이 아닌가!"

낯부끄러운 이런 말들을 이들은 서슴없이 하고 다녔어. 입에서 침을 튀기면서 말이야! 정말 씁쓸한 일이야. 어떤 사람은 나중에 그렇게 말했대. 일본이 패망할 거라고는 생각도 하지 못했다고….

그래도 중도좌파에 속하는 여운형은 꼿꼿하게 제 갈 길을 갔어. 그는 머잖아 일제가 패망하리라고 직감했어. 나라를 세우기 위한 준비 작업에 돌입해야 한다고 생각했어. 물론 일제의 감시를 피해야 하니까 비밀결사 형태로! 일본제국주의를 몰아냄을 강령의 첫 번째로 내건 이 단체가 '건국동맹'이야 1944년.

1930년대 이후의 해외 독립 활동은 아주 다이내믹해. 우선 만주 지역부터 살펴보고, 이어 중국 관내 지역만리장성의 이남 지역을 이렇게 부르는데, '중국 본토'라는 표현을 쓰기도 한단다으로 넘어갈게.

1920년대 후반 만주 지역의 독립 단체들은 크게 국민부사회주의 계열와 혁신의회민족주의 계열로 나뉘었어. 이 단체들이 1930년대로 접어든 후 어떻게 변했을까?

국민부는 조선혁명당으로 새로 태어나. 산하에 조선혁명군을 뒀어. 이 조선혁명군을 실제로 이끈 인물은 양세봉이었어. 주로 중국과 함께 한중연합군을 구성해 싸웠지. 하지만 큰 성과는 없었어. 왜 그랬을까? 만주 사변 이후 일제의 감시가 삼엄했기 때문이야. 결국, 조선혁명군은 머잖아 중국 본토로 들어가 활동한단다.

혁신의회를 이끌었던 주요 인물은 김좌진이었어. 그런 김좌진이 암살당하자 지청천이 바통을 이어받아 한국독립당을 탄생시켰어1930년 7월. 한국독립당도 산하에 한국독립당군이란 군대를 뒀어. 이 군대 또한 만주에서 오래 버티지 못해 1930년대 중반에 중국 본토로 활동 지역을 옮긴단다.

짐작했니? 1930년대 이후에는 독립군의 주 활동 무대가 중국 관내 지역이었어. 만주를 일본이 장악했기 때문이야. 이제 중국 관내로 가볼까? 먼저 상하이에 있는 대한민국 임시정부부터!

임시정부는 그동안 오랜 침체기를 거쳤어. 국무위원인 김구가 고민 끝에 탈출구를 찾았어. 무장투쟁 단체를 만드는 거야! 이를 위해 창립한 단체가 한인애국단이란다1931년.

처음 한인애국단을 찾은 인물은 이봉창이었어. 그는 일본 도쿄로 건너가 히로히토 왕에게 폭탄을 던졌어. 거사는 안타깝게도 실패했어. 그의 뒤를 이어 투쟁에 나선 인물이 바로 윤봉길이야. 윤봉길에게 김구가 말했어.

"동지. 일제가 자작극 상하이 사변을 일으켜 승리했소. 홍커우 공원에서 승전 기념식을 한다오. 일본군 대장을 포함해 고위 인사들이 대거 참석한다 하오. 일망타진할 좋은 기회요."

공원 입구부터 경기가 삼엄했어. 일본인으로 위장한 윤봉길은 도시락 폭탄을 들고 유유히 입장했어. 기념식이 시작됐어. 바로 그때 윤봉길이 폭탄을 던졌어.

"쾅!"

일본의 피해는 막심했어. 일본군 대장도 현장에서 목숨을 잃었고, 많은 군 장성들이 크게 다쳤단다. 중국 지도자 장제스가 다음과 같이 극찬했어.

"4억 중국인이 해내지 못한 일을 한국인 한 명이 해냈다."

이 사건 이후 중국 국민당 정부는 임시정부를 본격적으로 지원했어. 상황이 좀 나아지려나? 아니야. 일제의 탄압은 더 심해졌어. 임시정부는 여러 차례 도피생활을 해야 했어. 그러다가 충칭에 마지막으로 정착했지 1939년.

임시정부는 이어 정식 군대를 창설했어. 바로 한국광복군이야 1940년. 한국광복군은 일본에 정식으로 선전포고를 했어. 중국과 협력해 직접 전투를 벌였고, 연합군의 일원으로 인도와 미얀마에 가서 싸우기도 했어.

얼마 후 한국광복군의 조직이 커지는 계기가 마련됐어. 만주에 있

던 여러 독립 단체들이 탄압을 피해 중국 관내로 들어왔지? 바로 그들과 힘을 합친 거야. 그 과정을 볼까?

의열단을 조직했던 인물이 누구였지? 바로 김원봉이야. 그 또한 1930년대 이후 활동 무대를 중국 관내로 옮겼어. 중국 난징에서 새로운 투쟁 단체를 만들었는데, 그게 조선민족혁명당이야 1937년. 단체 이름이 조금 과격하지? 그래, 이 조선민족혁명당에는 사회주의자들이 많았단다.

조선민족혁명당도 산하에 군대를 뒀어. 이 군대의 이름이 조선의용대야. '~의용'이 들어간 군대도 대부분 사회주의와 관계가 있단다. 군대 이름에서도 사회주의 성향을 알 수 있겠지?

조선의용대는 직접 전투를 벌이기보다는 후방에서 지원하는 역할을 많이 했어. 이를테면 정보를 수집하거나 대국민 선전 작업을 하는 식이지. 하지만 이마저도 오래 할 수는 없었어. 일본이 난징을 점령했기 때문이야 1938년 10월.

조선의용대도 다른 곳으로 이동할 수밖에 없었어. 이때 많은 사회주의자가 화북지방의 옌안으로 가서 중국 공산당과 합류한 후 조선독립동맹을 출범시켰어 1942년 7월. 이 단체도 당연히 군대를 뒀겠지? 바로 조선의용군이야. 이름이 조선의용대와 비슷하지? 아무래도 뿌리가 같으니 그럴 수밖에 없어.

우두머리였던 김원봉은 옌안으로 가지 않았어. 그는 자신을 따르는 무리를 이끌고 충칭에 있는 대한민국 임시정부로 합류했단다 1942년. 이 조선의용대가 합세하면서 대한광복군은 800여 명에 육박하는 군대로 성장했어.

일제의 패망이 눈앞에 보였어. 대한광복군은 미국전략특수공작대

OSS와 함께 훈련하면서 한반도로 진격할 준비를 하기 시작했어. 안타깝게도 이 계획은 무산되고 말았어. 왜? 일제가 원폭 공격을 견디지 못하고 항복했잖아!

꿈에도 그리던 해방을 맞았어. 민중은 덩실덩실 춤을 췄지. 이제 독립을 쟁취한 거야! 그렇다면 다음 과제는? 맞아, 우리 정부를 세워야지!

31 ·근현대 시대
해방, 대한민국 수립
그리고 6·25

정부탄생과 민족상잔,
기쁨과 슬픔이 교차하다

1945년 8월 15일.

일본의 패망으로 우린 해방을 맞았어. 국내에서 즉시 움직이기 시작한 단체가 있었어. 바로 조선건국동맹이야. 그래, 여운형이 독립을 대비해 만들었던 비밀결사지. 그 건국동맹이 이름을 조선건국준비위원회로 바꾸고 활동에 들어갔어. 먼저 조선총독부와 담판을 지었어.

"감옥에 있는 한국인을 모두 석방하시오. 식량 3개월치를 확보해주시오. 우리의 건국 문제에 관여하지 마시오."

조선총독부는 일본인의 무사 귀환만 보장된다면 뭐든 들어주겠다고 했어. 분노한 한국인이 폭발하면 큰 문제라고 생각했던 거야. 건국준비위원회는 서울에 본부를 두고, 전국에 지부를 세웠어. 전국이 들썩거렸어. 한때 지부가 145곳에 이를 정도로 건국준비위원회의 활약은 눈부셨어.

이 무렵 38도선을 경계로 한반도의 북쪽에는 소련, 남쪽에는 미국이 들어오기로 했어. '점령군'의 자격으로! 일제의 무장을 해제하고, 한반도의 치안을 유지한다는 명분이었지.

건국준비위원회가 속도를 냈어. 전국에 인민위원회를 두고, 정부 수립을 앞당겼어. 서울 종로에서 전국인민대표자대회가 열렸어. 바로 이날, 우리의 첫 정부가 선포됐어. 그 정부가 바로 조선인민공화국이야 1945년 9월 6일.

건국준비위원회는 자진 해체했어. 새 정부의 주석에는 이승만, 부주석에는 여운형이 선정됐어. 하지만 이승만은 이 정부를 인정하지 않았어. 주석에 취임하지도 않았지. 새 정부의 앞날이 순탄하지 않을 것 같지? 정말 그랬어. 바로 남한에 들어온 미국은 극동아시아 사령관 맥아더 명의의 포고령 1호를 발표했어 9월 9일.

"오늘부로 38도 이남의 조선 영토를 점령한다."

점령군의 눈에 조선인민공화국은 좌파의 정부로 보였어. 미국이 그런 정부를 인정할 리가 없지? 결국, 미국은 조선인민공화국을 해체했어. 하지만 우리에겐 대안이 있었어. 바로 충칭에 있는 대한민국 임시정부야. 임시정부 요원들이 귀국하면 새 정부를 바로 구성할 수 있겠지? 미국의 반응은?

"임시정부도 합법 정부로 인정하지 않는다. 임시정부 요원들은 귀국하려면 개인 자격으로 하라. 그 어떤 정부도 남한에는 존재하지 않는다."

헉. 이럴 수가. 대한민국 임시정부마저도 인정하지 않았어! 그러면 누가 남한을 통치해? 바로 미군이야. 그래, 미 점령군의 통치인 미군정이 시작된 거야. 북한은? 당연히 소련군정이 시작됐지. 강대국은 이미 얄타회담 1945년 2월에서 이렇게 정해놓았었어.

"해방을 맞았는데, 또 식민통치 받으란 말이냐! 신탁통치 반대한다!"

남한 전체가 들썩거리기 시작했어. 시위는 급속하게 확산됐어. 한국제회의 결과가 국내에 알려지면서 민중의 분노를 유발했어. 바로 '모스크바 3상회의'야 1945년 12월.

이 회의는 제2차 세계대전 이후 해결해야 할 여러 문제를 논의하기 위해 열린 거야. 미국과 영국, 소련의 외상 외무부 장관이 참석했어. 이 회의에서는 한반도 문제에 대한 논의도 있었어. 도대체 무슨 내용이기에 한국 민중이 그토록 화가 난 걸까?

"한국에 임시정부를 수립한다. 임시정부 수립을 지원하기 위해 미국과 소련 대표들로 미소공동위원회를 설치한다. 한국이 완전히 독립할 때까지 미국, 소련, 영국, 중국 등 4개국이 최고 5년간 신탁통치하는 방안을 협의한다."

회의 내용을 보면 "신탁통치를 한다!"라고 결정한 건 아니야. 그런데 이 내용이 국내에는 "한국에 대해 신탁통치를 한다!"라고 잘못 알려졌어. 게다가 소련이 강력하게 신탁통치를 주장했고, 미국은 반대했다는 이야기도 들려왔어. 이 또한 사실은 아니야. 두 나라 모두 신탁통치를 주장했었거든.

이렇게 해서 남한에는 신탁통치 반대 시위가 연일 일어났어. 처음에는 좌파, 우파 가리지 않고 모두 신탁통치를 반대했어. 그러다가 좌파는 태도를 바꿔 신탁통치 찬성으로 돌아섰어. 모스크바 3상회의 내용을 정확히 알게 된데다, 반대하지 말라는 소련의 지시가 있었기 때문이야.

이 무렵 북한에서는 사회주의 정부를 세우기 위한 작업이 시작됐어. 소련 군정과 김일성 세력의 이념이 같았기에 일사천리로 진행됐지. 민중의 뜻은 묻지도 않았어. 김일성은 곧 북조선 임시인민위원회를 만들고 위원장에 취임했어. 북한에는 사실상 임시정부가 들어선 거야.

반면 남한은 정말 혼란스러웠어. 모스크바 3상회의의 결정에 따라 제1차 미소공동위원회가 열렸어 1946년 3~5월. 논의가 잘 됐을까? 아니야. 두 나라는 한국의 어떤 단체와 협의할 것이냐를 놓고 논쟁을 벌였어.

"모스크바 3상회의를 찬성하지 않는 정당이나 사회단체와는 대화할 수 없다!"소련

"반대하는 단체 대부분이 우파다. 그들을 빼면 좌파만 참여시키란 말이냐? 안 된다. 대중적인 단체라면 누구와도 회의에 참여시켜야 한다."미국

한 달 보름을 논의했지만, 이견은 좁혀지지 않았어. 2차 위원회를 기약하며 결국, 결렬! 좌파와 우파의 대립도 덩달아 심해졌어. 바로 그무렵, 전북 정읍에서 여행 중이던 이승만이 폭탄선언을 했어.

"통일정부를 바라지만 여의치 않다면 남한만이라도 정부를 세워야한다. 그래야 38도선 이북의 소련을 몰아낼 것 아니냐."정읍발언, 1946년 6월

이 발언을 시작으로 이승만과 지지자들은 남한 단독정부 수립 운동을 전개하기 시작했어. 그대로 된다면? 당연히 우리 민족은 분단을 맞

게 돼. 그래선 안 될 일! 좌파와 우파가 비로소 손을 잡았어. 중도좌파의 여운형, 중도우파의 김규식은 좌우합작위원회를 꾸려 통일정부 수립 운동을 전개했어 좌우합작운동, 1946년 10월.

이 운동은 성공했을까? 아니야. 이념의 벽을 뛰어넘지 못했어. 게다가 처음에 이를 지원했던 미국도 곧 발을 빼 버렸어. 결국, 좌우합작운동은 실패로 끝나고 말았단다.

이듬해 제2차 미소공동위원회가 열렸어 1947년 5~10월. 하지만 이번에도 결렬! 미국과 소련은 끝까지 합의를 못 했어. 미소공동위원회도 결국, 해산! 한반도 문제는 유엔으로 이관됐어. 휴. 정말 복잡하지?

소련은 이에 반대했어. 그래도 유엔은 결정을 강행했지. 소련은 항의 표시로 투표에 참여하지 않았어. 유엔 총회는 다음과 같이 결정했어 1947년 10월.

"한반도 전역에서 인구비례에 따른 총선거를 시행한다. 이를 감시 감독하기 위해 유엔 한국 임시위원단을 파견한다."

이 결정에 따라 이듬해 위원단이 한국에 들어왔어 1948년 1월. 하지만 소련은 위원단이 38도선 이북에 들어오는 것을 허용하지 않았어. 유엔이 난감해졌어. 결정을 이행할 수 없게 됐잖아? 이제 어떡해야 할 것이냐를 놓고 유엔 소총회가 격론을 벌였어. 이번에도 소련을 포함한 공산 진영 국가들은 참석하지 않았지. 마침내 최종 결론이 나왔어 1948년 2월.

"선거를 시행할 수 있는 지역에서만이라도 선거를 치른다."

쿵! 분단을 우려하던 민족 지도자들에게는 충격적인 결정이 내려졌어. 하지만 방법이 있을까? 이념 대립이 심해 좌우합작 운동도 물거품이 됐잖아? 그래도 앉아서 비극적인 결과를 기다릴 수만은 없어.

김구와 김규식이 38도선을 넘어 북한으로 갔어 1948년 4월. 북한의 실력자인 김일성, 김두봉과 협상을 했어. 남한만의 단독선거에 반대하며 통일정부를 세우자는 선언을 했지만….

이미 사태는 돌이킬 수 없었어. 김구는 38도선에 드러누워서라도 막겠다고 국민에게 울며 고했어. 제주도에서도 이와 관련해 '4·3사건'이 터졌어. 그래도 남한만의 총선거는 피할 수가 없었어.

1948년 5월 10일.

역사상 첫 민주 선거가 치러졌어. 총 200여 명의 국회의원을 뽑았어. 이들은 한 나라의 골격이 될 헌법을 만드는 일을 해. 그래서 제헌의원이라고 불러.

제헌의원들은 국회를 열었고, 이 제헌국회가 헌법을 만들었어 7월 17일, 이날을 기념하는 게 오늘날의 제헌절이야. 이어 헌법에 따라 국회에서 대통령과 부통령 선거가 실시됐어. 대통령에 이승만, 부통령에 이시영이 당선됐어. 이승만은 곧 내각을 꾸렸고, 마침내 대한민국 정부가 수립됐음을 선포했어 8월 15일. 참고로, 북한도 채 한 달이 못돼 조선민주주의인민공화국을 선포했단다 9월 9일.

자, 대한민국이 공식 탄생했어. 뿌듯한 일이지. 우리만의 정부가 생겼잖아! 물론 아쉬운 점은 많아. 남북 분단을 피할 수 없게 됐잖아? 대한민국이 탄생하는 순간부터 우리에게 '통일'이란 과제가 생긴 셈이야.

대한민국 정부가 가장 먼저 해야 할 일은? 여러 가지가 있겠지만 '과거 청산'만큼 중요한 일도 없을 거야. 친일파가 대한민국 정부를 주물러서는 안 되잖아? 국회가 작업에 돌입했어. 마침내 반민족행위처벌법을 만들었어 1948년 9월.

"일본이 한국을 강제 병합하는 데 앞장선 친일파는 사형 또는 무기 징역에 처한다. 일본 작위를 받거나 독립운동을 탄압한 친일파도 처벌한다. 재산도 몰수한다."

이 일을 담당할 반민족행위특별조사위원회도 출범했어 반민특위, 10월. 이제 부끄러운 과거를 가진 친일파를 확실히 응징할 수 있을까? 안타깝게도 그러지 못했어. 이미 친일파 출신의 상당수가 대한민국 정부에서 일하고 있었기 때문이야. 그들은 반민특위의 활동을 방해했어. 반민특위가 좌파 집단이라며 모략했어.

급기야 경찰이 반민특위 사무실을 습격했어. 반민특위는 사실상 해체되고 말았어. 조사 중인 자료는 모두 검찰로 넘어갔어. 빨리 조사를 끝내라는 압력이 심했어.

이러니 제대로 과거 청산이 될 수 있겠니? 고작 12명만이 친일파로 처벌받았어. 실제로 감옥에서 형을 산 사람은 7명에 불과해. 나머지 5명은 집행유예로 풀려났단다. 제2차 세계대전 때 나치에 협력한 전범은 모두 처형한 프랑스, 네덜란드, 벨기에와 비교하면 그야말로 시늉만 한 셈이야. 그 시늉마저도 하다 말았다고 해야 할까. 반민특위 법도 나중에 흐지부지 사라져 버렸어.

이승만 정부는 토지개혁에도 착수했어. 북한에서는 무상몰수, 무상분배의 토지개혁을 했어. 정부가 토지를 모두 거둔 후 나눠준 거야. 이 소식이 한국 농민들에게 전해졌어. 당연히 우리도 개혁해야 한다는 목소리가 높았겠지?

이 때문에 이승만 정부도 농지개혁법을 시행했어 1949년 6월. 방식은 유상매수, 유상분배. 정부가 지주에게 농지를 사서 농민에게 파는 방법이야. 농민들은 땅값을 5년간 농산물로 돌려줬어.

서서히 공업도 발전하기 시작했어. 아직 중공업은 무리야. 주로 밀가루나 설탕, 섬유와 같은 경공업을 육성하려 했지. 하지만 곧 이마저도 힘들어져. 왜? 6·25전쟁이 터졌으니까!

1950년 6월 25일 새벽 4시.

북한군이 일제히 38선을 넘었어. 북한 전투기는 서울 항공을 날았어. 작전명 '폭풍'. 북한이 전격 남침을 단행하면서 민족의 비극 6·25전쟁이 터졌어!

미국이 바로 유엔 안전보장이사회를 소집했어. 소련은 회의장에 나타나지 않았어. 나머지 이사국들이 결의했어.

"북한의 침략을 비난한다! 남한에 군사 원조를 제공한다! 유엔군을 파견한다!"

유엔 사령관에는 맥아더가 임명됐어. 총 16개 나라에서 병사를 보냈어. 이때가 7월이야. 전쟁이 터지고 한 달도 안 돼 국제사회가 북한에 대한 항전태세를 갖춘 셈이지.

그 사이에 한국 정부는 호되게 당하고 있었어. 3일 만에 서울을 빼앗기고 남으로, 남으로 피신한 끝에 부산까지 밀려났어. 전쟁이 끝날 때까지 부산은 임시 수도의 역할을 했단다.

사실 북한이 전쟁을 일으킨 데는 미국의 책임도 크다는 지적이 있어. 미국 국무장관이 이런 선언을 한 적이 있어.

"미국의 태평양 방위선은 일본까지로 한다. 한반도는 제외한다." 애치슨 선언, 1950년 1월.

북한은 이 선언에 따라 미국이 한반도에 개입하지 않을 거라고 착각했어. 마침 소련의 지원도 든든히 받고 있던 터라, 이참에 남한을 집어삼켜 보자고 판단했던 거지. 물론 오판이었어!

연합군과 국군의 반격이 시작됐어. 그 실마리는 인천상륙작전이었어. 서해안을 돌아 인천에 기습적으로 상륙하는 작전으로 북한군의 허를 찌른 거야 1950년 9월 15일. 우왕좌왕하는 북한군을 몰아붙여서 곧 서울을 수복했어 9월 28일. 우리 국군은 계속 북한군을 압박했고, 곧 38도선을 넘어 북상했어 10월 1일. 이 38도선 돌파일을 기념하기 위해 국군의 날이 생겼단다.

이어 평양을 점령했어 10월 20일. 그다음은 압록강 10월 26일! 백두산이 눈앞에 보였어. 이대로 진격하면 마침내 통일을 이루게 돼.

아! 통일을 눈앞에 두고 국군은 후퇴할 수밖에 없었어. 중국 군대가 개입했기 때문이야. 다시 후퇴에 후퇴. 또 서울을 **빼앗겼어** 1951년 1월 14일. 그러나 이번엔 그리 오래 서울을 적의 수중에 두지 않았어. 바로 국군이 다시 공격에 나서 서울을 되찾았어 3월 5일.

그다음부터는 확 남쪽으로 쫓겨났다가 확 북쪽으로 진격하는 식의 상황은 벌어지지 않았어. 중부 지역을 중심으로 엎치락뒤치락 공방이 이어졌어. 2년 반 동안이나! 그 사이에 휴전 회담이 시작됐어. 이 휴전 회담은 1년을 끌다가 조인됐어. 전쟁이 끝난 거야. 아니, 엄밀히 말하자면 끝난 종전 게 아니라 중단된 휴전 거지 1953년 7월 27일.

전쟁 피해는 너무나도 컸어. 전사자는 국군과 유엔군이 18만 명, 북한군과 중국군이 142만 명에 이르렀어. 민간인 사망자는 남한에서만 약 100만 명. 전쟁 와중에 가족을 잃은 이산가족은 10만 명이나 됐어.

경제적 피해도 컸어. 대한민국 정부가 탄생한 이후 서서히 피어오르던 산업 발전의 열기가 다 식어 버렸어. 생각해봐. 얼마 되지 않은 산업시설이 모두 파괴됐으니….

6·25전쟁에 대해서는 일단 여기까지. 이제 시계를 돌려 전쟁이 일어나기 전으로 돌아가 볼 거야. 왜? 이승만 정부를 마저 살펴봐야 하니까. 나아가 우리나라 역사상 최초로 민중이 봉기해서 독재정권을 타도한 혁명에 대해 살펴보기 위해서야. 그 혁명이 바로 4·19혁명이야.

32 · 근현대 시대
4 · 19혁명

민중의 힘으로
독재자를 끌어내리다

대한민국은 2014년 현재까지 총 9차례 헌법을 고쳤어. 개헌이 이뤄진 원인만 제대로 이해하면 현대사의 흐름도 쭉 꿸 수 있어. 이 점을 명심하고, 앞으로의 이야기에 귀를 기울여 봐.

6·25가 터지기 약 한 달 전, 제2대 국회의원 선거가 치러졌어. 결과는? 여당의 참패! 이승만이 충격에 빠졌어. 왜? 대통령을 국회에서 뽑잖아! 이대로라면 다음 대통령 선거에서 패할 게 뻔하지 제헌헌법에서는 대통령 임기를 4년으로 정했고, 한 번에 한해 연임할 수 있도록 규정했단다.

이승만이 어떻게 할까 고민하고 있는데 6·25전쟁이 터졌어. 정부는 부산으로 피신을 떠났고, 이제 부산이 정치 무대가 됐어. 1차 개헌이 이뤄진 게 바로 이때야. 이승만 정부는 대통령 직선제를 핵심 내용으로 하는 개헌안을 국회에 냈어. 헌법은 국회의원들의 표결을 거쳐야 고칠 수 있거든.

국회가 이 개정안을 거절했어. 이승만은 국회를 해산하겠다며 협박했어. 계엄령까지 발동했어. 온 나라가 전쟁의 소용돌이에 휘말려 있는데, 이승만은 정치 싸움이나 벌이고 있었던 거야.

이승만은 자유당을 창당했어. 자유당은 이승만의 손과 발이 돼 움직였어. 이승만 정부는 대통령 직선제에, 국회가 주장하는 양원제 국회의원을 두 종류로 선출하는 방식를 섞어 헌법을 바꿨어. 물론 야당은 반대했지. 그렇다면 강제로! 경찰이 국회의사당을 포위했어. 표결이 진행됐고, 결국, 개헌에 성공했어. 정부와 국회 개헌안에서 몇몇 사항을 추렸다고 해서, 이 개헌을 발췌개헌이라 불러 1952년 7월.

이어 한 달 만에 정부통령 선거가 실시됐어. 무소속 후보 세 명이 나왔지만, 선거운동 기간이 너무나도 짧았어. 게다가 이승만은 이렇게 공포감을 조성하기도 했어.

"지금 우리는 전쟁 중입니다. 전쟁 중에 장수를 바꾸면 패할 것입니다! 저를 한 번 더 밀어주십시오!"

결과? 당연히 이승만이 대통령에 당선됐어. 연임에 성공한 거야. 이 정도까지만 하면 딱 좋을 텐데…. 이승만은 4년 후 다시 대통령 자리에 욕심을 냈어. 하지만 헌법에서는 3선 세 번 대통령을 하는 것을 금지하고 있지? 이승만 정부는 새 개헌안을 제출했어.

"초대 대통령에 한해 3선 제한을 하지 않는다. 죽을 때까지!"

종신 대통령을 하겠다는 심보지? 야당은 당연히 반대. 이승만은 국회의원을 최대한 끌어모았어. 헌법을 고치려면 재적의원 전체 의원 수의 3분의 2로부터 찬성표를 받아야 하기 때문이야. 의원 수가 총 203명이었으니 136명이 찬성하면 개헌할 수 있는 거지.

마침내 국회 표결이 시작됐어. 투표함이 개봉됐어. 결과는 135명의 찬성. 의결정족수 의결에 필요한 인원에서 1명이 모자라지? 그러니 개헌은 불가! 야당은 환호성을 질렀어. 그런데 이승만 정부가 황당한 주장을 하기 시작했어.

"203의 3분의 2는 135.333…이다. 수학에서는 소수점 이하 숫자가 5를 넘으면 반올림하지만 5가 안 되면 버린다. 그러니 재적의원의 3분의 2는 136명이 아니라 135명이다. 개헌안은 통과된 것이라 해석해야 한다."

야당이 집단 반발하며 국회의사당을 퇴장했어. 이승만의 사주를 받은 국회는 자유당 의원만으로 새로 투표를 했어. 그 결과는 당연히 찬성. 이렇게 해서 2차 개헌이 이뤄졌어. 다른 말로는 사사오입 개헌이라고도 하지 1954년 11월.

새 헌법에 따라 1년 6개월 후 정부통령 선거가 치러졌어. 자유당에서는 이승만과 이기붕이 각각 대통령과 부통령 후보로 나왔어. 여기에 맞서 민주당에서는 신익희와 장면이 출마했지. 이와 별도로 무소속으로 조봉암이 출마했어.

선거 막바지에 이르렀을 때 돌발 상황이 발생했어. 신익희가 갑자기 사망한 거야. 그 결과 이승만은 땅 짚고 헤엄치는 것처럼 수월하게 대통령에 당선됐어. 하지만 부통령 선거에서는 장면이 이기붕을 눌렀어. 대통령은 여당, 부통령은 야당에서 배출한 셈이야.

여기서 잠깐. 이 대통령 선거에서 특히 주목해야 할 사람이 있어. 바로 조봉암이야. 비록 대통령 선거에서 패했지만, 30%의 득표율을 기록했어. 이승만은 조봉암이 곧 막강한 경쟁자로 떠오를 거라 생각했어. 그렇다면? 제거해야지!

정부는 조봉암에게 간첩 누명을 씌우고는, 처형해 버렸어. 조봉암이 만든 진보당도 해체했지. 이게 진보당 사건이야1958년. 조봉암이 북한의 지령을 받아 활동했다는데, 사실일까? 아니야. 60여 년이 지난 2011년이었어. 대법원은 뒤늦게 조봉암에 대해 무죄를 선고했어. 그래, 이승만 정부가 조작한 사건인 셈이야.

4년이 흘렀어. 또다시 대통령 선거 시즌이 다가왔어. 이승만 대통령은 또 출마했어. 사사오입개헌을 통해 언제든 출마할 기회를 잡았잖아? 자유당 부통령 후보는 4년 전 장면에게 패했던 이기붕이었어.

이번에도 4년 전과 비슷한 사건이 터졌어. 민주당의 대통령 후보 조병옥이 선거 한 달여 전에 심장마비로 사망한 거야. 또다시 이승만은 땅 짚고 헤엄치는 선거를 치르게 됐어. 그렇다면? 이번에는 부통령 선거에 올인!

투표가 벌어지기 전에도 온갖 협박과 회유가 기승을 부렸어. 마침내 투표일. 모든 투표가 끝나고 개표를 하기 시작했어. 이승만 정부는 민주 국가에서 있을 수 없는 일들을 자행했어. 투표함을 통째로 바꿔치기하거나, 뭉텅이로 이기붕을 찍은 표를 투표함에 집어넣었어. 어떤 선거구에서는 전체 유권자 수를 합친 것보다 이기붕의 표가 더 많이 나왔다는구나. 어처구니가 없지? 이게 그 유명한 3·15부정선거야1960년.

부정선거에 항의하는 시위가 시작됐어. 가장 먼저 경남 마산에서! 경찰은 시민을 향해 총을 쏘았어. 80여 명의 사상자가 발생했어. 얼마 후 마산 앞바다에서 눈에 최루탄이 박힌 고교생의 시신이 떠올랐어.

결국, 민중이 폭발했어. 시위가 전국에서 동시다발적으로 터져 나왔어. 이승만 정부는 그런 시위대를 깡패를 동원해 진압했어. 민중의 분노는 더욱 커졌어. 더는 참을 수 없는 상황! 이젠 혁명밖에 없어!

4월 19일의 날이 밝았어. 대학생 2만여 명이 경무대청와대로 행진했어.

"이승만과 이기붕은 물러가라! 부정선거 주범들을 처벌하라!"

경찰이 또 총을 쏘았어. 시위대도 맞섰어. 경찰서가 불에 탔어. 이어 대학교수들도 시위에 가담했어. 화가 난 시민도 동참했어. 이승만 정부는 당황했어. 국민의 반발이 이 정도일 거라고는 꿈에도 생각하지 못했거든.

결국, 대통령이 두 손을 들었어. 이승만은 하야물러남 성명을 발표하고 하와이로 떠났어. 이기붕은 가족들과 함께 권총 자살을 했지. 이승만 정부가 무너졌어! 민중의 손으로 대업을 이룬 거야. 그래, 혁명에 성공했어! 이 사건이 바로 4·19혁명이야 1960년 4월 19일.

당장 새 정부를 꾸려야 해. 언제까지 정부를 비워둘 수는 없잖아? 우선 외무장관 허정이 과도 정부를 꾸렸어. 과도 정부는 헌법 개정 작업에 착수했어. 이번 개정의 핵심은? 대통령제를 손질하는 거야. 또다시 이승만 같은 정치인이 등장해 장기독재를 하지 못하도록!

그 결과 대한민국 출범 후 처음으로 의원내각제가 도입됐어. 국회는 참의원상원과 민의원하원, 양원제로 구성하기로 했지. 이게 3차 개헌이야 1960년 6월.

새 헌법에 따라 총선거가 치러졌어. 민주당이 집권당이 됐어. 의원내각제에서는 총리가 1인자야. 그 총리에는 장면이 선출됐어. 이로써 장면 정부가 출범했어.

장면 정부는 곧 다시 헌법을 개정했어. 제4차 개헌이야 1960년 11월. 헌법을 개정한 지 얼마나 됐다고 또 개헌했느냐고? 다 사정이 있어.

4·19혁명에 성공한 후 부정축재자 부정하게 재산과 권력을 얻은 사람와 반민주행위자를 처벌하기 시작했어. 3·15부정선거를 자행한 자유당 인사들에 대해서도 처벌해야 한다는 목소리가 높았어. 이런 민중의 요구를 반영해 실제로 이들에 대한 재판이 열렸어.

그런데 3차 개헌 후 문제가 생겼어. 대통령제에서 의원내각제로 정부 형태를 바꾸는 개헌 와중에 이승만 정부의 부패 사범들을 처벌할 법적 근거가 없어져 버렸어. 민주주의의 적인 그들을 더는 재판할 수 없게 된 거야!

이 점을 해결하기 위해 장면 정부는 이들을 처벌하기 위한 특별법을 만들었어. 사실 엄밀하게 따지면 이런 일은 불가능해. 원래 법은 제정된 이후부터 적용되는 게 정상이야. 과거의 일에 새 법을 적용할 수는 없지. 법적 용어로 말하자면, 법은 과거로 소급 적용할 수 없어.

왜 장면 정부가 특별법을 만들었는지 알겠지? 소급 적용하겠다는 뜻이야. 과거로 거슬러 올라가 3·15부정선거 주모자들을 모두 처벌하겠다는 이야기지. 그래서 이 4차 개헌을 '소급입법개헌'이라고도 불러.

장면 정부가 반민주행위자들의 처벌에 이렇게 열을 올린 이유가 뭘까? 민중의 요구가 컸기 때문이야. 민중은 민주주의를 외쳤고, 통일을 부르짖었어. 이승만 정부 때 억눌렸던 자유와 민주주의, 통일의 열망이 한꺼번에 분출된 거야.

민주당은 민중의 이 모든 요구를 수용하지 못했어. 오히려 자기들끼리 정치 다툼을 벌였어. 그러니 사회는 아주 혼란스러워 보였어. 특

히 군인들에게! 6·25전쟁이 끝난 지 10년도 지나지 않았잖아? 일부
군인들은 사회가 썩었다고 내뱉었어. 그들은 위험한 모험을 감행했어.
바로 군사정변을 일으키는 거야.

33
5ˉ16군사정변

박정희 장기집권,
명암이 교차하다

5대, 6대, 7대, 8대 그리고 9대 대통령. 1963년 12월부터 사망하는 1979년 10월까지 만으로 16년간 대한민국 대통령을 지낸 인물. 바로 박정희야. 장기집권하면서 경제를 발전시켰지만, 정치를 후퇴시켰다는 평가를 받고 있지. 그 박정희가 역사에 등장했어. 그 시작이 바로 5·16 군사정변이야.

1961년 5월 16일 새벽. 육군 소장 박정희와 군인들이 탱크를 앞세워 서울로 진격했어. 이렇게 해서 5·16군사정변이 시작됐어.

군인들은 순식간에 정부를 장악하고는, 군사혁명위원회를 설치했어. 이어 혁명공약을 발표했어.

"반공을 국시국가의 기본 정책로 삼는다. 미국과 유대관계를 강화한다.

307

부패를 없앤다. 그리고 모든 사태가 수습되면 우리 군인은 민간에 정부를 넘기고 민간이양 군대로 돌아간다."

이틀 후 군사혁명위원회는 국가재건최고회의로 이름을 바꿨어. 국가의 재건 방법을 논의하는 가장 높은 기구란 뜻이야. 그러니 입법부, 행정부, 사법부는 존재할 필요가 없어. 국가재건최고회의가 그 모든 역할을 하면 되니까!

이제 군대에 의한 통치, 즉 군정이 시작됐어. 군정은 모든 제도를 손질하기 시작했어. 물론 군부의 리더인 박정희가 대통령에 오를 수 있도록 모든 준비 작업을 진행했지. 헌법을 고치는 것도 그런 작업 중 하나라고 볼 수 있어.

국가재건최고회의가 만든 헌법 개정안은 거의 새 헌법 수준이었나 봐. 헌법 전문까지 포함해 대폭 뜯어고쳤어. 이 개헌안은 국민투표를 거쳐 최종적으로 확정했어. 군부가 꽉 쥐고 있는데, 찬성이 안 나오면 그게 이상한 일이지. 이게 제5차 개헌이야 1962년 12월.

5차 개헌에서 가장 크게 달라진 점은 다시 대통령제로 돌아왔다는 거야. 국회도 다시 단원제로 환원했지. 개헌도 했으니 약속한 대로 권력을 민간에 넘기고 군인은 빠질 시간이 됐어. 이 약속을 지켰을까?

군부가 주도해서 새 정당 민주공화당을 만들었어. 박정희는 군대를 떠나 민주공화당에 가입했어. 이에 따라 신분이 군인에서 민간인으로 바뀌었어. 그제야 군부의 약속이 거짓이었음을 국민은 깨달았어. 왜? 박정희가 대통령 선거에 출마했기 때문이야. 말로만 민정이양이었지, 실제로는 자기들이 권력을 움켜쥐겠다는 거잖아?

1963년 12월 대통령 선거에서 예상했던 대로 박정희가 당선됐어. 군인 출신의 대통령이 탄생한 거야. 박정희 정부의 이야기를 본격적으로 해볼까?

박정희가 가장 염두에 둔 것은 경제야. 하루빨리 산업을 발전시켜 후진국에서 탈출하기 위해서였어.

이를 위해 시행한 사업이 바로 경제개발계획이야. 이 사업은 원래 장면 정부 때 기획된 거였어. 하지만 제대로 추진해보지도 못하고 5·16군사정변으로 무너졌지. 박정희는 국가재건최고회의 시절, 이 사업을 5년 단위로 시작했어 제1차 경제개발5개년 계획, 1962년 1월.

경제를 육성하려면 뭐가 필요할까? 바로 자본이야. 돈이 없으면 아무것도 할 수 없지. 돈이 풍부하다면 경제 살리기가 그나마 수월할 거야. 문제는, 돈이 나올 곳이 국내에는 없다는 거야. 그렇다면 외국으로 눈을 돌려야 해. 어디로? 일본과 미국으로!

첫째, 일본과 국교를 회복하는 내용의 한일협정 한일기본조약을 체결했어 1965년 6월. 이게 돈과 무슨 관련이 있느냐고? 있지! 그것도 아주 밀접한 관련이 있어.

이 무렵 일본은 고도 경제 성장을 하고 있었어. 가까운 한국과 빨리 국교를 회복하기를 원했지. 그래야 무역을 할 수 있잖아? 당연히 한국과 과거사 문제를 어느 정도 매듭짓는 게 일본에겐 좋겠지? 자기들이 잘못한 게 많잖아!

뭐, 국제 세계에서 계속 얼굴을 안 보고 살 것도 아니고…. 미국도 일본과 한국이 빨리 '화해'하기를 원했어. 왜? 소련과 냉전을 벌이고 있었잖아. 한국과 일본이 국교를 회복하고, 미국과 함께 소련의 공산 진영과 대결하는 게 미국이 원하는 것이었어. 그 때문에 1950년대부터 한일 국교 회복을 위한 회담이 계속됐단다.

분명 일본과는 국교를 회복하는 게 맞아. 하지만 과거사 문제는 엄중하게 따져야 하고, 보상을 받아낼 것은 명확히 받아내야 해. 문제는, 우리가 너무 양보했다는 거야. 일본에 대한 재산 청구권, 재일교포의 법적 지위와 대우, 문화재 환수, 어업 문제 등 여러 분야에서 일본에 유리하게 협정이 체결됐어.

이러니 우리 학생들과 민중들이 기를 쓰고 조약 체결을 반대할 수밖에 없어. 전국적으로 반대 시위가 격렬하게 일어났단다. 이토록 반대가 심한 데도 왜 우리 정부는 조약 체결을 강행했을까?

이미 말했던 대로 돈 때문이야. 조약 체결의 대가로 일본으로부터 정부 차관 1억 달러과 민간 차관 1억 달러 외에 무상 원조 3억 달러까지 받았거든. 극단적으로 비판하는 사람들은 "정부가 돈을 받고 나라를 팔았다!"고 말하기도 했단다.

둘째, 미국으로부터 차관 제공 등 경제적 지원을 약속받고 베트남에 군대를 파견했어. 베트남 전쟁 1964~1973년이 터지자 미국은 우방 국가들에 참전을 요청했어. 우리 정부도 군대를 보냈지. 대한민국 군대가 해외로 파병되는 첫 순간이야 1964년 9월. 하지만 처음에는 전투병이 아니라 의무병이나 태권도 교관을 보냈어.

전쟁이 매우 급하게 돌아가기 시작했어. 더 많은 병사가 필요해. 미국은 또다시 한국에 병력 파견을 요청했어. 이번엔 전투병으로! 우리 정부는 주한 미국대사 브라운과 협상을 벌였고, 다음과 같이 합의했어 브라운 각서, 1966년 3월.

"병력 파병에 드는 비용은 미국이 부담한다. 미국은 한국 군대 장비를 현대화한다. 베트남 전쟁에 필요한 물자는 한국에서 조달한다. 베트남에서 시행되는 건설 등의 사업에 한국인을 참여시킨다. 이와 별도로 미국은 한국에 차관을 제공한다."

전쟁이 터지면 많은 물자가 필요해. 경제를 살리기에 아주 좋은 기회지. 6·25전쟁이 일본 경제에 큰 도움을 줬듯, 베트남 전쟁은 한국 경제에 큰 도움을 줬어. 이른바 '월남특수'가 이어졌고, 대한민국 경제는 활활 타오르는 듯했어.

하지만 이 전쟁에 참전한 게 옳은가에 대해서는 논란이 남아있어. 훗날 전쟁이 끝날 때까지 한국은 무려 32만 명의 병사를 파견했어. 미국 다음으로 병력을 많이 보낸 나라야! 5천여 명이 사망했고, 1만 5천여 명이 부상당했어. 고엽제 문제나 라이따이한 한국 병사들이 현지 여성과 의 사이에서 낳은 자식 문제는 큰 사회적 문제가 되고 있지.

한일기본조약 체결과 베트남전쟁 파병 문제는 정치권을 넘어 대한민국의 가장 큰 이슈로 떠올랐어. 마침 대통령 선거를 앞두고 있었으니, 이 이슈는 더욱 뜨거워졌지. 야당이 집중적으로 문제점을 물고 늘어졌어. 하지만 박정희가 이겼어. 연임에 성공한 거야.

2년이 흘렀어. 박정희가 다음 집권을 준비하기 시작했어. 하지만 헌법에서는 대통령 중임까지만 허용하고 있어. 3선은 불가! 그렇다면 헌법을 바꿔야 해. 그래, 다시 개헌을 추진한 거야.

당연히 야당은 반대하겠지? 대학가에서도 개헌 반대 시위가 확산되고 있었어. 하지만 박정희는 밀어붙었어. 결국, 제6차 개헌이 이뤄졌어. 대통령의 3선을 허용하는 게 핵심이야. 그래서 이 개헌을 삼선개헌이라고 부른단다 1969년 10월.

2년 후 대통령 선거가 치러졌어. '40대 기수론'을 주장하며 야당 후보 김대중이 선전했지만, 결과는 박정희의 승리. 박정희는 세 번째 대통령 임기를 시작했어.

박정희를 거론할 때 빠뜨리면 안 되는 게 있어. 바로 경제발전과 성장이야. 많은 성과를 거둔 원동력 중 하나가 경제개발계획이야. 간단하게라도 살펴보고 넘어가야겠지?

제1차 경제개발 5개년계획1962~1966년 때는 주로 산업 인프라를 구축하는 데 신경을 많이 썼어. 전력이나 석탄과 같은 에너지원, 화학이나 비료, 전기기계와 같은 생산설비를 확충하는 데 주력했지. 물론, 농업은 적극 육성했어. 먹고 사는 건 기본이니까!

이런 사업을 펼치려면 돈이 많이 필요해. 그래서 어떻게 했지? 맞아, 일본을 비롯해 외국으로부터 자본을 끌어들였어. 대학생들이나 지식인들, 야당이 많이 반대했었지?

제2차 경제개발 5개년계획1967~1971년의 목표는 1차 때와 크게 다르지 않아. 더 많은 산업 인프라를 세우고, 산업을 고도화하며, 식량을 자급한다! 이 2차년도 경제성장률은 무려 10.5%를 기록했어. 요즘 경제성장률은 기껏해야 3% 정도밖에 안 돼. 이때 얼마나 가파르게 성장했는지 짐작할 수 있겠지?

제2차 계획 때부터 시작된 또 하나의 지역 살리기 프로젝트가 있어. 바로 새마을 운동이야1970년. 근면, 자조, 협동을 3대 슬로건으로 외친 이 운동은 농촌에서 시작됐어. 성과가 꽤 좋았어. 그러자 정부는 공장, 직장, 도시로까지 새마을 운동을 확대했어.

이런 노력들 덕분에 1970년대 초반이 되자 한국 사회가 많이 달라져 있었어. 우선 서울부터 부산까지 한달음에 갈 수 있는 고속국도가 착공 2년 만에 완공됐어경부고속국도, 1970년. 도시의 규모도 점점 커졌어. 1970년대 중반이 되자 도시 인구가 우리나라 전체 인구의 절반을 넘어섰어. 이제 농촌사회가 아니라 도시사회가 된 거야.

전국 구석구석까지 전기도 보급됐어. 1960년대만 하더라도 도시 지역의 절반 정도는 전기가 들어가지 못했어. 농촌? 전기가 들어가는 곳이 10% 정도밖에 되지 않았지. 그러던 것이 1970년대 후반이 되면 전기가 들어가지 않는 곳이 없을 정도로 달라졌어.

산업도 눈부시게 발달했어. 항만과 공항과 같은 기반 시설이 속속 들어섰어. 서해안에서 간척사업을 벌여 영토를 넓혔어. 이런 상황에서 제3차 경제개발 5개년계획 1972~1976년이 시작됐어.

제3차 계획의 핵심은 중화학공업 육성과 수출 확대야. 당시 중동 전쟁의 여파로 석웃값이 크게 치솟는 '석유파동'이 있었어. 하지만 박정희 정부는 중동 지방의 건설 현장에 인부를 보내고 외국 자본을 끌어들이며, 수출을 더욱 강화하는 정책으로 맞섰어. 그 결과 연평균 경제성장률이 무려 11%에 이르는 기록을 만들었단다.

길고 긴 일제강점기. 이어 터진 민족상잔의 비극. 국토는 황폐해지고 산업 기반 시설은 부족했는데 불과 20여 년 만에 그런 상황이 싹 바뀌었어. 활화산처럼 경제는 활황이었어. 정말 놀라움 그 자체야. 외국 언론들은 이런 모습을 '한강의 기적'이라며 극찬했어.

하지만 짙은 그늘도 있었어. 노동자의 삶이 열악해진 거야. 제품 경쟁력을 높이기 위해 임금은 최대한 낮췄어. 나라가 잘 살기 위해 강력한 수출 드라이브 정책을 펼치니 쉬는 날도 없이 일만 해야 해. 노동자의 인권은 완전히 사라져 버렸어. 경제와 인권을 바꾼 것일까?

노동자를 위한 근로기준법이 있지만 지켜지지 않았어. 나이 어린 소녀들도 공장에서 일했어. 휴일은 고작 2주에 하루. 청계천 의류공장의 재단사였던 전태일이 열악한 노동환경을 개선해달라는 진정서를 노동청에 냈지만 묵살당했어.

결국, 전태일은 근로기준법을 담은 법전을 불사르고, 이어 자신의 몸에 불을 붙였어. 죽음으로서, 불의를 세상에 알리려 했던 거야 1970년 11월.

이 젊은 노동자의 죽음은 큰 파문을 불러왔어. 그 후 노동운동은 크게 성장했어. 민주주의와 인권에 대한 국민의 의식도 높아졌지. 하지만 박정희는 별로 개의치 않았어. 오히려 독재 체제를 구축하기 위한 작업에 돌입했단다.

1972년 7월 4일.

남한과 북한 정부가 서울과 평양에서 동시에 성명을 발표했어. 바로 통일에 대한 원칙을 담은 7·4남북공동성명이야.

"자주적으로 해결한다. 평화적 방법으로 한다. 민족적으로 단결한다."

자주, 평화, 민족대단결의 3대 원칙이 선포됐어. 남북한은 더는 서로 비방하지 않고 교류를 늘리기로 했어. 서로 이견도 조율하고 통일 문제를 논의하기 위한 남북조절위원회도 설치하기로 했지. 국민은 금방이라도 통일이 달성될 것처럼 흥분했어.

어? 그런데 돌아가는 상황이 이상해. 박정희 정부가 7·4남북공동성명을 계기로 개헌을 추진한 거야. 왜? 통일을 준비한다는 명목으로!

"이제 통일을 준비해야 한다. 북한에 밀리지 않으려면 대통령을 중심으로 뭉쳐야 한다. 대통령을 반대하는 정치 세력은 제거해야 한다."

위험한 발상이지? 그렇지만 밀어붙였어. 제7차 개헌이 이뤄진 거야. 이 개헌을 통해 탄생한 헌법이 그 유명한 유신헌법이야 1972년 11월. 유신헌법이 시행되면서 대한민국의 민주주의는 빠른 속도로 과거로 돌아갔어. 마치 왕정 국가가 된 듯한 느낌이야.

"통일주체국민회의에서 모든 통일정책을 논의한다. 이 기구의 의장은 대통령이 맡는다. 이 기구는 국회의원의 3분의 1을 선출한다. 대통령도 이 통일주체국민회의에서 선출한다. 대통령의 임기는 6년으로 한다."

법치국가에선 상상도 하지 못할 일이 벌어지기 시작했어. 뜬금없이 통일주체국민회의란 게 등장했지? 대통령이 이 회의기구의 의장인데, 이 기구에서 대통령을 뽑아! 자신이 자신을 대통령으로 선출하는 거야. 게다가 국회의원의 3분의 1을 임명할 수 있어. 완벽한 독재 체제가 만들어졌지?

참고로 북한의 김일성도 비슷한 시기에 사회주의 헌법을 만들었어. 7·4남북공동성명을 계기로 남북의 지도자가 동시에 '종신독재' 체제를 구축한 셈이야.

박정희 정부는 이 유신헌법을 '한국적 민주주의'라고 선전했어. 하지만 국민은 바보가 아니야. 박정희가 종신독재 하기 위해 유신헌법을 만들었다는 건 삼척동자도 알고 있었어. 그러니 반대 운동이 심할 수밖에 없었어.

그러자 박정희 정부는 긴급조치라는 것을 발동했어. 이게 뭐냐고? 사회가 혼란해지면 대통령이 헌법에 보장된 국민의 기본권을 정지시킬 수 있는 규정이야. 대통령의 판단에 따라 학교도 폐쇄할 수 있고, 국민의 야간외출도 금지할 수 있는 거지. 황당하지? 박정희는 이런 긴급조치를 아홉 번이나 공포했어.

이런 유신독재 체제하에서 대통령 선거는 하나마나야. 통일주체국민회의에서 대통령을 뽑았지? 단 2표만이 무효표였고, 나머지 2300

여 표가 모두 찬성! 박정희는 4선 대통령이 됐어.

1970년대 정치사는 암흑, 그 자체였어. 그래서 '민주주의 암흑시대'라고 부르지. 왜 그런지는 이미 설명했어. 그래 유신 독재 때문이야.

국민은 제대로 숨도 쉴 수 없었어. 민주주의를 열망하면 감옥으로 끌려가야 했지. 야당 지도자가 대낮에 납치돼 죽을 고비를 넘겨야 했어.

유신헌법을 폐지하라며 전국에서 시위가 벌어졌어. 심지어 고등학생들까지 시위에 가담했어. 그때마다 박정희는 긴급조치를 발령했어. 법을 위반하면 군법회의에 넘긴다고 협박했지. 일반 국민을 군인을 심판하는 군법회의장에 보낸다니!

유신 체제에 반대하다 의문의 죽임을 당한 사람들이 적지 않았어. 북한 간첩으로 몰려 처형된 사람들도 있었어. 이런 죽음 일부는 시간이 한참 흐른 뒤, 조작과 음모에 의한 희생이었음이 밝혀졌어. 하지만 여전히 많은 죽음이 규명되지 않고 있단다. 안타까운 일이지.

그러거나 말거나. 박정희는 다음 임기를 준비하고 있었어. 어차피 통일주체국민회의에서 선출하는데 의장이 자기 자신이니…. 걱정할 필요는 없겠지? 예상대로 박정희는 대통령에 선출됐어. 다섯 번째 임기야 1978년 7월.

역사는 박정희의 계속된 집권을 허용하지 않았어. 결국, 박정희는 총탄에 희생되고 말았어. 그 사건이 10·26사태야.

34 근현대 시대
10·26과 12·12
그리고 5·18과 6·29

10월 26일 저녁 7시 30분경, 중앙정보부에서 관리하는 안가의 은밀한 방.

대통령 박정희와 중앙정보부장 김재규, 경호실장 차지철 등이 저녁 회식 중이었어. 술이 몇 잔 오갔는데, 그만 말다툼이 생기고 말았어. 박정희와 차지철이 김재규를 타박했어. 화가 난 김재규가 주머니에서 총을 꺼내 둘에게 발사했어. 급히 대통령을 병원으로 옮겼지만 사망했어. 이 사건이 10·26사태야1979년.

대통령이 사망했으니 국가 비상사태야. 육군참모총장 정승화는 김재규를 체포한 후 보안사령관 전두환에게 조사하라고 했어. 이어 합동수사본부가 꾸려졌고, 전두환이 합동수사본부장에 취임했어.

전두환은 며칠 후 김재규가 단독으로 범행을 저질렀다고 발표했어.

317

이로써 대통령 시해 사건에 대한 수사는 종결됐어. 이제 군인들은 군대로 돌아가야겠지? 하지만 안 그랬어. 전두환과 그를 따르는 신군부 가기 박정희 시절의 군부와 구분하기 위해 이렇게 부른다 가 권력을 노리기 시작했어.

대통령이 없으니 새로 대통령을 뽑아야겠지? 유신헌법은 아직 유효해. 그러니 통일주체국민회의가 다시 열렸어. 국무총리였던 최규하를 거의 만장일치로 대통령에 선출했어. 하지만 이 대통령은 허수아비에 불과했어. 왜? 일주일 후 신군부가 반란을 일으켰기 때문이야.

12월 12일. 신군부가 군인의 수장인 정승화를 제거하기 위한 작전에 돌입했어. 결과는 성공. 모든 권력은 신군부의 수중에 들어갔어. 이 사건이 12·12군사반란이야.

신군부의 리더 전두환은 대통령에 오르기 위한 사전 작업에 착수했어. 막강한 중앙정보부장에 오른 후 언론부터 길들이려 했어. 대학가의 동향과 야당 정치인의 근황을 조사했어.

해가 바뀌고 봄이 됐어. 대학가가 개학했어. 전두환의 퇴진을 촉구하는 시위가 본격적으로 일어났어. 5월로 접어든 후로는 전국에서 이런 시위가 일어났어. 서울역에는 무려 10만여 명의 대학생이 집결했어. 그들은 이렇게 외쳤어.

"계엄령을 해제하라! 민주화를 이행하라! 전두환은 물러나라!"

당시 국무총리가 시위대의 요구를 수용하겠다고 약속했어. 모두 덩실덩실 춤을 추었지. 민주화를 다시 이뤄냈다는 뿌듯함! 이 사건을 '서울의 봄'이라 부른다 1980년 5월. 시위대는 정부의 약속을 믿고 해산했어.

이 약속은 지켜지지 않았어. 왜? 정부의 약속이 나오고 며칠이 지난 뒤 신군부가 다시 반란을 일으켰기 때문이야. 신군부는 신속하게 정부를 장악했어. 이윽고 전국에 비상계엄을 선포했어. 대학교엔 휴교령이 떨어졌고, 집회와 시위는 모두 금지됐어. 정치활동? 당연히 금지! 이 사건이 5·17군사반란이란다.

하지만 이 순간에도 전국의 민주화 투쟁은 계속되고 있었어. 특히 광주 지역이 격렬했어. 신군부는 광주에 공수부대를 보냈어. 민간인 시위 진압을 위해 군대를, 그것도 특수훈련을 받은 군대를 투입한 거야! 진압 작전명은 '화려한 휴가'라나.

처음 전남대학교에 공수부대가 투입된 날은 5월 18일이야. 공수부대의 잔인한 진압에 시민이 자발적으로 시위에 참여했어. 군인들은 처음에는 곤봉을 휘둘렀어. 그러다가 곧 조준사격을 하기 시작했어. 시위대도 무장할 수밖에 없었어. 시위대가 시민군으로 탈바꿈한 거야.

10일째 되던 5월 27일, 계엄군 탱크가 광주 시내로 진입했어. 계엄군과 시민군이 총격전을 벌였어. 시민군은 이미 죽음을 각오하고 있었어. 계엄군을 상대로 이긴다는 것은 불가능하잖아! 결국, 도청을 지키던 시민군은 대부분 사망했어. 이렇게 광주에서의 항쟁은 끝이 났단다.

당시 신군부는 이 항쟁을 '광주폭동'이라 불렀어. 8년이 지난 후에야 5·18광주민주화운동이란 이름을 얻었고, 국가기념일로도 지정됐단다.

10·26사태에서, 12·12군사반란으로, 해를 넘겨 서울의 봄에서 다시 5·17군사반란으로, 그리고 다시 5·18광주민주화운동으로…. 불과 7개월 사이에 참으로 많은 사건이 일어났지?

이어 전두환은 박정희가 권력을 차지할 때 썼던 방법을 그대로 갖다 썼어. 박정희가 국가재건최고회의를 만들었었지? 마찬가지로 전두환은 국가보위비상대책위원회를 만들었어. 이게 뭐하는 기구냐고? 입법, 행정, 사법을 아우르는 최고 권력기관이었어. 전두환은 사회 혼란을 수습하려면 어쩔 수 없다고 했어. 눈 가리고 아웅 하는 격이지.

국보위는 야당 정치인의 리더인 김영삼을 강제로 정계 은퇴시켜버렸어. 대통령 최규하도 사실상 강제적으로 하야하도록 했지. 자, 대통령 자리가 비었어. 빨리 후임자를 뽑아야지?

다시 통일주체국민회의가 열렸어. 어? 유신 체제 때 만들어진 기구인데, 아직 남아있어? 당연하지. 아직 헌법이 개정되지 않았잖아. 어쨌든 대통령 후보로 전두환이 출마했어. 결과는 보나마나야. 100%의 지지로 전두환이 대통령에 당선됐지_{1980년 8월}.

대통령 전두환은 이어 개헌 작업에 들어갔어. 대통령이 됐는데 굳이 헌법을 바꿀 필요가 있느냐고? 당연하지. 유신헌법을 그냥 놔둘 순 없잖아? 제8차 개헌을 단행했어_{1980년 10월}.

"유신헌법을 폐지하고, 통일주체국민회의를 해산한다. 대통령 임기는 7년으로 하되, 중임을 허용하지 않는다_{대통령 단임제}. 대통령은 별도의 선거인단에서 선출한다_{대통령 간선제}."

헌법이 새로 만들어졌으니 대통령도 다시 뽑아야지? 사실 새로 선거를 한다고 해서 전두환이 패배할 가능성은 없어. 한 번의 이벤트를 더 치르는 것에 불과하지. 이번엔 대통령 선거인단을 따로 뽑았고, 그 선거인단이 대통령을 뽑았어. 복잡하다고? 그래 봤자 결과는 뻔해. 그래, 전두환이 다시 대통령에 선출됐어_{1981년 2월}. 기록상으로 보면 전두환은 두 차례에 걸쳐 대통령을 한 셈이야.

전두환 정부는 '정의사회 구현과 복지사회 건설'을 슬로건으로 내세웠어. 하지만 대한민국은 여전히 정의사회와 거리가 멀었어. 그러니 반정부 투쟁이 그치지 않았어.

어느덧 7년이 지나 1987년이 됐어. 새 대통령을 뽑아야 하는 해야. 전두환은 야당에 정권을 빼앗길 것이 걱정됐어. 그랬다가는 자신이 쌓아놓은 부와 권력을 빼앗길 수도 있잖아? 부당하게 얻은 거라면 그렇게 하는 게 당연해!

결국, 전두환은 헌법을 고치지 않겠다고 발표했어. 이게 4·13호헌이야. 국민은 뒤통수를 맞은 느낌이었어. 선거인단이 아닌, 국민이 직접 대통령을 뽑기를 간절히 원하고 있었거든. 전국적으로 호헌 조치를 거두고 대통령 직선제를 받아들이라는 시위가 발생했어.

범국민적 저항에 부닥친 전두환 정부가 결국, 두 손을 들었어. 대통령 직선제를 받아들이겠다고 약속했어. 이게 6·29민주화선언이야. 이 선언에 따라 대통령 직선제와 대통령 5년 단임제를 핵심으로 하는 제9차 개헌이 이뤄졌어 1987년 10월.

국민이 직접 대통령을 뽑게 됐어. 그렇다면 군사정권을 끝장낼 좋은 기회야. 하지만 그러지 못했어. 야당 후보가 단일화하는 데 실패했기 때문이야. 그 결과 신군부의 핵심 멤버였던 노태우가 대통령에 당선됐지.

노태우 정부는 '보통 사람의 시대'를 슬로건으로 내세웠어. 정말로 보통 사람들의 시대가 됐는지는 확실하지 않아. 다만 노태우 정부 때 남북한 관계가 많이 좋아진 점은 높이 사야 해.

물론 그럴 만한 계기가 있었어. 노태우 정부 때인 1980년대 후반부터 1990년대 초반까지 전 세계적으로 냉전 체제가 와르르 무너졌어. 동유럽과 소련에서 공산당이 권력을 잃었어. 그래, 소련 중심의 공산주의가 사라진 거야. 이제 남아있는 공산주의 국가라고는 중국과 북한, 베트남 정도?

이런 분위기였으니 노태우 정부도 공산 국가들과 교류하는 게 당연해. 소련, 중국과 잇달아 국교를 수립했어. 중국과 국교를 수립하기 1년 전, 남한과 북한이 동시에 유엔 가입을 하기도 했단다 1991년 9월.

어느덧 노태우 대통령이 임기 중반을 넘기고 있었어. 몇몇 정당이 합쳐져 거대 여당을 만들었어. 바로 민주자유당이야. 여기에는 오랫동안 민주주의를 위해 싸워 온 야당 지도자 김영삼도 포함돼 있었어.

김영삼이 여당 대표로 대통령 선거에 나섰어. 그는 야당 후보인 김대중을 누르고 대통령에 당선됐어.

IMF 사태

이제 통일과 평화,
번영의 미래로!

김영삼 정부는 '문민정부'를 슬로건으로 내세웠어. 그전까지의 대통령
은 모두 군인 출신이었어. 김영삼 정부가 군사정권을 끝낸 첫 민간정부
란 뜻이야.

김영삼 정부의 업적 가운데 금융실명제가 있어 1993년 8월. 은행 거
래를 할 때는 반드시 자신의 이름으로만 거래를 하라는 제도야. 당연
한 거 아니냐고? 요즘에야 그렇지. 하지만 과거에는 차명 다른 사람의 이
름이나 가명으로도 은행거래를 할 수 있었단다. 왜 이런 제도를 만들
었느냐고? 부정한 돈거래를 막기 위해서야. 자기 이름으로만 거래하
면 아무래도 부정한 돈거래가 줄어들지 않을까?

김영삼 정부 막바지인 1997년 1월부터 이상한 일이 벌어지기 시작

했어. 갑자기 대기업들이 픽픽 부도를 맞는 거야. 한보그룹, 삼미그룹, 진로그룹, 기아그룹, 해태그룹, 뉴코아그룹이 연이어 무너졌어.

정부가 조사해보니 우리가 보유한 달러가 거의 없었어. 달러가 없으면 국제무역이 불가능해. 더 조사해보니 문제가 한둘이 아녔어. 기업들은 금융권으로부터 엄청난 액수의 돈을 빌려 덩치를 키우고 있었어. 속 빈 강정! 그동안 경제성장을 향해, 앞만 보고 달려오느라 내실을 다지지 못했던 게 한이 됐어. 하지만 지금 와서 어쩌겠어?

달리 선택이 없었어. 김영삼 정부는 국제통화기금IMF에 도와달라고 손을 내밀었어. 그러는 동안에도 고려증권, 한라그룹, 대우그룹, 쌍용차그룹이 다시 쓰러졌어.

IMF는 한국에 '돈구제금융'을 빌려주는 대신 '내정간섭기업체질과 경제구조 개선 요구'을 하기 시작했어. 기업은 구조조정을 강도 높게 벌였어. 많은 직원이 해고됐어. 가장이 일자리를 잃었으니 빈곤층도 늘어났어. 우리가 '경제식민지'로 전락하는 이 사건을 'IMF 외환위기'라고 한단다1997년 12월.

국민은 무능한 정부를 심판했어. 대통령 선거에서 여당이 아닌 야당 후보를 뽑은 거야. 대한민국 역사상 처음으로 평화적인 정권교체가 일어났어. 이렇게 해서 김대중 정부가 들어섰지.

김대중 정부는 '국민의 정부'라는 슬로건을 내세웠어. 김대중 정부는 IMF 외환위기를 슬기롭게 극복했어. 물론 전 국민이 금 모으기 운동을 벌이며 적극 도와줬기 때문에 가능한 일이었지만. 어쨌든 한국 경제가 다시 제자리로 돌아갈 수 있었어.

김대중 정부의 또 다른 업적. 바로 북한과의 화해 정책을 강하게 밀어붙였어. 이 정책을 '햇볕정책'이라 불렀단다. 당연히 남북 정상회담

박정희
민주공화당

新한국창조!

1 김영삼

이제는
안정입니다

1 노태우

전 두 환

4

2 김대중
경제를 살립시다!

새로운 대한민국!
2   노무현

2 이명박

?

박근혜 ①

도 추진했어.

결국, 남북의 정상이 만났어! 분단 이후 처음 있는 일이야. 김대중 대통령은 북한의 김정일 국방위원장과 평양에서 회담했어. 역사적인 첫 남북정상회담이야 2000년 6월 15일. 두 정상의 성명은 전국으로 생방송 됐어.

"남북은 서로 교류와 협력을 증진한다. 한반도에 평화를 정착시킨다."

이 회담 결과 남북은 북한 땅인 개성에 남한이 자본을 대고, 북한이 노동력을 대는 공단을 만들기로 했어. 그게 바로 현재 운영되고 있는 개성공단이야.

2002년 12월, 제16대 대통령선거가 치러졌어. 많은 사람이 야당의 이회창 후보가 당선될 거로 예측했어. 이 예측이 틀렸어. 노무현 후보가 아슬아슬하게 승리한 거야.

노무현 정부가 출범하면서 내건 슬로건은 '참여정부'야. 노무현 정부도 여러 분야에서 개혁을 시도했지만 반대 세력과 많이 충돌했어. 이를테면 행정수도를 지방으로 이전할 것이냐, 이라크에 한국군을 파병할 것이냐. 한미자유무역협정 FTA 을 추진할 것이냐…. 정국은 늘 이런 문제로 시끄러웠고, 결국, 대한민국 역사상 처음으로 대통령이 탄핵당하는 사태까지 발생했단다.

2007년 12월, 제17대 대통령선거에서 기업가 출신인 이명박 후보가 당선됐어. 국민은 경제가 살아나기를 염원하면서 이명박 후보를 지지했던 거야. 하지만 이명박 정부도 미국 쇠고기 수입 문제로 취임 초부터 홍역을 치러야 했어. 게다가 임기 중 노무현 전 대통령이 자살하는 바람에 반대 세력으로부터 집중적으로 공격을 받기도 했어.

2012년 12월, 제18대 대통령선거에서 최초의 여성 대통령이 탄생했어. 박정희 전 대통령의 딸인 박근혜가 대통령이 된 거야.

역사는 과거가 아니라 현재 진행형이란다. 역사에 대한 해석이나 평가 또한 현재 진행형이야. 특히 최근 몇십 년 사이에 벌어진 일에 대해서는 지금 잘했다, 못했다고 딱 잘라서 말할 수 없어.

그래도 확실한 점은 있어. 우리 대한민국은 발전하고 있다는 사실이야. 도움만 받던 작은 나라에서 최강의 문화대국, 베풀 줄 아는 경제대국으로 성장하고 있어. 그러니 대한민국의 장래는 어둡지 않아.

단, 우리에게 주어진 지상과제 하나는 꼭 완수해야 해. 바로 통일이야. 통일의 대업만 이룬다면 대한민국의 미래는 지금보다 더 밝아질 거야.

고조선 탄생부터 IMF까지, 청소년을 위한 한 권으로 보는 한국사

역사 아는 십대가 세상을 바꾼다

초판 1쇄 발행 2015년 1월 5일
초판 8쇄 발행 2021년 12월 20일

지은이 김상훈
펴낸이 민혜영 | **펴낸곳** 카시오페아
주소 서울시 마포구 월드컵로14길 56, 2층
전화 02-303-5580 | **팩스** 02-2179- 8768
홈페이지 www.cassiopeiabook.com | **전자우편** editor@cassiopeiabook.com
출판등록 2012년 12월 27일 제385-2012-000069호
편집 최유진, 진다영, 공하연 | **디자인** 이성희, 최예슬 | **마케팅** 허경아, 홍수연, 김철, 변승주
본문그림 차승민 | **외주디자인** 김진디자인

© 김상훈 2014
ISBN 979-11-85952-07-9

「이 도서의 국립중앙도서관 출판예정도서목록(CIP)은 서지정보유통지원시스템 홈페이지(http://seoji.
nl.go.kr)와 국가자료공동목록시스템(http://www.nl.go.kr/kolisnet)에서 이용하실 수 있습니다.
(CIP제어번호: CIP2014035181)」

* 잘못된 책은 구입한 곳에서 바꾸어 드립니다.
* 책값은 뒤표지에 있습니다.